"十四五"职业教育国家规划教材

"十三五"职业教育国家规划教材

师资实践基地系列教材——信息与网络安全

网络安全项目实践

主　编　徐雪鹏
副主编　岳大安　孙雨春
参　编　赵　飞　包　楠　张　鹏　李晓隆

机械工业出版社

本书是"十四五"职业教育国家规划教材

本书是神州数码技能教室项目的配套指导教材，也是信息安全实践基地的指定训练教材。本书共4章，分别为网络安全基本理论、局域网安全、防火墙和虚拟专用网络安全。

本书可作为各类职业院校信息安全专业的教材，也可作为信息安全从业人员的参考用书。

本书配有微课视频（扫描书中二维码观看），本书还配套电子课件，选用本书的教师可以从机械工业出版社教育服务网（www.cmpedu.com）免费注册下载或联系编辑（010-88379194）咨询。

图书在版编目（CIP）数据

网络安全项目实践/徐雪鹏主编．—北京：机械工业出版社，2017.4（2025.6重印）

师资实践基地系列教材．信息与网络安全

ISBN 978-7-111-56396-9

Ⅰ．①网… Ⅱ．①徐… Ⅲ．①计算机网络—网络安全—教材 Ⅳ．①TP393.08

中国版本图书馆CIP数据核字（2017）第059669号

机械工业出版社（北京市百万庄大街22号　邮政编码100037）

策划编辑：梁　伟　　　责任编辑：李绍坤　范成欣

责任校对：马立婷　　　封面设计：鞠　杨

责任印制：常天培

河北虎彩印刷有限公司印刷

2025年6月第1版第16次印刷

184mm×260mm・10.5印张・231千字

标准书号：ISBN 978-7-111-56396-9

定价：39.00元

电话服务　　　　　　　　　网络服务

客服电话：010-88361066　　机 工 官 网：www.cmpbook.com
　　　　　010-88379833　　机 工 官 博：weibo.com/cmp1952
　　　　　010-68326294　　金 书 网：www.golden-book.com

封底无防伪标均为盗版　　机工教育服务网：www.cmpedu.com

关于"十四五"职业教育国家规划教材的出版说明

为贯彻落实《中共中央关于认真学习宣传贯彻党的二十大精神的决定》《习近平新时代中国特色社会主义思想进课程教材指南》《职业院校教材管理办法》等文件精神，机械工业出版社与教材编写团队一道，认真执行思政内容进教材、进课堂、进头脑要求，尊重教育规律，遵循学科特点，对教材内容进行了更新，着力落实以下要求：

1. 提升教材铸魂育人功能，培育、践行社会主义核心价值观，教育引导学生树立共产主义远大理想和中国特色社会主义共同理想，坚定"四个自信"，厚植爱国主义情怀，把爱国情、强国志、报国行自觉融入建设社会主义现代化强国、实现中华民族伟大复兴的奋斗之中。同时，弘扬中华优秀传统文化，深入开展宪法法治教育。

2. 注重科学思维方法训练和科学伦理教育，培养学生探索未知、追求真理、勇攀科学高峰的责任感和使命感；强化学生工程伦理教育，培养学生精益求精的大国工匠精神，激发学生科技报国的家国情怀和使命担当。加快构建中国特色哲学社会科学学科体系、学术体系、话语体系。帮助学生了解相关专业和行业领域的国家战略、法律法规和相关政策，引导学生深入社会实践、关注现实问题，培育学生经世济民、诚信服务、德法兼修的职业素养。

3. 教育引导学生深刻理解并自觉实践各行业的职业精神、职业规范，增强职业责任感，培养遵纪守法、爱岗敬业、无私奉献、诚实守信、公道办事、开拓创新的职业品格和行为习惯。

在此基础上，及时更新教材知识内容，体现产业发展的新技术、新工艺、新规范、新标准。加强教材数字化建设，丰富配套资源，形成可听、可视、可练、可互动的融媒体教材。

教材建设需要各方的共同努力，也欢迎相关教材使用院校的师生及时反馈意见和建议，我们将认真组织力量进行研究，在后续重印及再版时吸纳改进，不断推动高质量教材出版。

机械工业出版社

前　言

当前，信息技术产业欣欣向荣，处于空前繁荣的阶段，但是危害信息安全的事件也在不断发生，信息安全的形势非常严峻，黑客入侵、利用计算机实施犯罪、恶意软件侵扰、隐私泄露等，是我国信息网络空间面临的主要威胁和挑战。我国已经成为世界信息产业大国，但是还不是信息产业强国，在信息产业的基础性产品研制、生产方面还比较薄弱，例如，现在我国计算机操作系统等基础软件和CPU等关键性集成电路还部分依赖国外的产品，这就使得我国的信息安全基础不够牢固。

随着计算机和网络在军事、政治、金融、工业、商业等行业部门的广泛应用，社会对计算机和网络的依赖越来越大，如果计算机和网络系统的安全受到破坏，不仅会带来巨大的经济损失，还会引起社会的混乱。因此，确保以计算机和网络为主要基础设施的信息系统的安全已成为世人关注的社会问题和信息科学技术领域的研究热点。

党的二十大报告指出"国家安全是民族复兴的根基，社会稳定是国家强盛的前提。必须坚定不移贯彻总体国家安全观"。随着社会的高度信息化、网络化，国家安全面临着新的问题：保护信息数据、保护计算机网络、保护信息系统等。因此，学习和使用网络信息系统安全技术十分重要。

本书以培养学生的职业能力为核心，以工作实践为主线，以项目为导向，采用任务驱动、场景教学的方式，面向企业信息安全工程师人力资源岗位设置教材内容，建立以实际工作过程为框架的职业教育课程结构。本书共有4章，分别为网络安全基本理论、局域网安全、防火墙、虚拟专用网络安全。

第1章：网络安全基本理论，主要介绍了网络安全模型、网络攻击的分类、黑客的分类以及黑客入侵思路。

第2章：局域网安全，主要介绍了MAC攻击及其解决方案、DHCP攻击及其解决方案、ARP攻击及其解决方案、生成树攻击及其解决方案、VLAN攻击及其解决方案、Routing Protocol攻击及其解决方案、LAN非授权访问攻击及其解决方案。

第3章：防火墙，主要介绍了IP应用非授权访问攻击及其解决方案、DoS/DDoS攻击及其解决方案。

第 4 章：虚拟专用网络安全，主要介绍了网络被动监听攻击及其解决方案、IPSec VPN、IKE、SSL VPN。

本书由徐雪鹏担任主编，岳大安和孙雨春任副主编，参加本书编写的还有赵飞、包楠、张鹏和李晓隆。

由于编者水平有限，书中难免存在不当和疏漏之处，敬请读者批评指正。

编　者

二维码索引

序号	视频名称	图形	页码	序号	视频名称	图形	页码
1	1.2 使用 PGP 描述网络安全 CIA 模型之私密性、完整性案例		4	4	2.2 通过 BackTrack5 渗透测试工具进行 DHCP 协议渗透测试		23
2	1.2 配置 Linux 描述网络安全 CIA 模型之可用性案例		4	5	2.3 通过 BackTrack5 渗透测试工具进行 ARP 协议渗透测试		29
3	2.1 通过 BackTrack5 渗透测试工具实现 Ethernet 协议渗透测试		15	6	2.5 通过 Scapy 实现 IEEE802.1Q 渗透测试		45

目　　录

前言
二维码索引
第1章　网络安全基本理论 1
　1.1　网络安全的重要性 1
　1.2　网络安全 CIA 模型 4
　1.3　网络攻击的分类 5
　1.4　黑客的分类 6
　1.5　黑客入侵思路 8
第2章　局域网安全 14
　2.1　MAC 攻击及其解决方案 15
　　2.1.1　MAC 攻击介绍 15
　　2.1.2　MAC 攻击解决方案 1：Port-Security 20
　　2.1.3　MAC 攻击解决方案 2：AM 22
　2.2　DHCP 攻击及其解决方案 23
　　2.2.1　DHCP 攻击介绍：DHCP Starvation 23
　　2.2.2　DHCP 攻击介绍：DHCP Spoofing 26
　　2.2.3　DHCP 攻击解决方案：DHCP Snooping 27
　2.3　ARP 攻击及其解决方案 29
　　2.3.1　ARP 攻击介绍：ARP DoS 29
　　2.3.2　ARP 攻击介绍：The Man in the Middle ARP 30
　　2.3.3　ARP 攻击解决方案 1：AM 32
　　2.3.4　ARP 攻击解决方案 2：DAI 33
　　2.3.5　ARP 攻击解决方案 3：Isolated VLAN 34
　2.4　生成树攻击及其解决方案 36
　　2.4.1　STP 攻击介绍：STP Spoofing 36
　　2.4.2　STP 攻击介绍：STP BPDU DoS 39
　　2.4.3　STP 攻击解决方案 1：Root Guard 40
　　2.4.4　STP 攻击解决方案 2：BPDU Guard 42
　　2.4.5　STP 攻击解决方案 3：BPDU Filter 43
　2.5　VLAN 攻击及其解决方案 45
　　2.5.1　VLAN 攻击介绍：Nested VLAN Hopping 45

2.5.2　VLAN 攻击解决方案：Native VLAN 48
2.6　Routing Protocol 攻击及解决方案 49
2.6.1　Routing Protocol 攻击介绍：Routing Protocol Spoofing 49
2.6.2　Routing Protocol 攻击解决方案：Routing Protocol Strong Authentication 51
2.7　LAN 非授权访问攻击及其解决方案 53
2.7.1　LAN 非授权访问攻击介绍 53
2.7.2　LAN 非授权访问攻击解决方案：IEEE 802.1x 57

第 3 章　防火墙 69
3.1　IP 应用非授权访问攻击及其解决方案 69
3.1.1　IP 应用非授权访问攻击介绍 69
3.1.2　IP 应用非授权访问攻击解决方案 1：Packet Filter Firewall 72
3.1.3　IP 应用非授权访问攻击解决方案 2：Stateful Packet Filter Firewall 74
3.2　DoS/DDoS 攻击及其解决方案 77
3.2.1　SYN Flood 攻击介绍 77
3.2.2　SYN Flood 攻击解决方案：SYN Proxy 80
3.2.3　SYN Flood 攻击解决方案：Unicast Reverse Path Forwarding 82
3.2.4　Land 攻击和解决方案 83
3.2.5　Smurf/Fraggle 攻击和解决方案 86

第 4 章　虚拟专用网络安全 88
4.1　网络被动监听攻击及其解决方案 88
4.1.1　网络被动监听攻击介绍 88
4.1.2　密码学原理 89
4.2　IPSec VPN 103
4.2.1　IPSec 介绍 103
4.2.2　IPSec Transport Mode 107
4.2.3　IPSec Tunnel Mode：L2L IPSec VPN 108
4.2.4　GRE Over IPSec 114
4.3　IKE 119
4.3.1　IKE 介绍 119
4.3.2　PKI 介绍 129
4.4　SSL VPN 139
4.4.1　SSL 139
4.4.2　SSL VPN 的访问模式 147

参考文献 156

登场人物介绍：

小李（姓名李子涛）：小李从小就对数字不敏感，小学时数学简单，他凭着一点小聪明还可以混个不错的分数，上了中学他还被不明真相的数学老师选中参加市里的华罗庚数学金杯赛。然而当小李沉着地看完试卷之后，才发现原来自己只知道"考生姓名"和"考生学校"这两个问题的答案。自此之后，小李终于彻头彻尾地明白了自己的终极归宿。高中毕业之后，小李的第一志愿不幸落空，他满腹悲愤地进入了一所理工大学的计算机系。小李一心向文，结果却要去学技术含量很高的计算机。更加让人想不到的是，命运对他眷顾良多，小李大学毕业后竟然被 TaoJin（韬金）电子商务公司录取。从业几年之后，小李居然也对计算机有了一点自己的心得，这也算是他人生中一段"东隅桑榆"的际遇。

Yueda（岳总，姓名岳大安）：Yueda 是 TaoJin（韬金）电子商务公司的 CSO（Chief Security Officer，首席安全官），主要负责监控、协调公司内部的信息安全工作，还负责制定公司安全措施和安全标准。此外，Yueda 还需要经常举办或参加相关领域的活动，如参与业务连续性、预防损失、诈骗预防和保护隐私等议题的相关活动。

Mr.White（白先生）：黑客并非都是黑的，那些用自己的黑客技术来做好事的黑客们叫"白帽黑客"。Mr.White（白先生）在某安全公司工作，负责检测计算机系统的安全性。Mr.White（白先生）被 TaoJin（韬金）电子商务公司首席安全官 Yueda 聘请来测试 TaoJin（韬金）电子商务公司的系统，以便进行安全审查。

故事梗概：

Yueda 为对 TaoJin（韬金）电子商务公司的系统进行全面的安全审查，聘请了某安全公司的白帽黑客 Mr.White 对系统进行了全面的渗透测试。渗透测试就是为了证明网络防御按照预期计划正常运行而提供的一种机制。不妨假设，公司定期更新安全策略和程序，时时给系统安装补丁程序，并采用了漏洞扫描器等工具，以确保所有补丁程序都已安装好。如果早已做到了这些，那么为什么还要请外方进行审查或渗透测试呢？因为渗透测试能够独立地检查网络策略，也就是给系统安了一双"眼睛"，保障公司对抗黑客对系统攻击的网络防御策略是有效的。通过 Mr.White 对系统进行了一系列的渗透测试，Yueda 指导员工小李实施了一系列安全有效的网络防御策略。

第1章　网络安全基本理论

场景

TaoJin（韬金）电子商务公司首席安全官 Yueda 要面向社会招聘若干网络安全工程师，负责公司内部的信息安全工作。Yueda 将招聘需求提交至 TaoJin（韬金）公司人力资源部，招聘需求如下。

岗位职责：

1．负责对客户网络、系统进行安全评估和安全加固。
2．在出现网络攻击或安全事件时，提供紧急响应服务，帮助用户恢复系统及调查取证。
3．针对客户网络架构，提出合理的网络安全解决方案。
4．能够解决客户日常安全问题。
5．负责完成领导交办的其他工作。

任职条件：

1．精通网络通信 TCP/IP、Windows 操作系统、Linux 操作系统。
2．至少懂得一种 Web 开发语言（PHP、Java、ASP.NET）。
3．精通网络安全技术，深入了解基础网络安全、防火墙、VPN（Virtual Private Network，虚拟专用网络）、WAF（Web Application Firewall，网站应用级入侵防御系统）、IPS（Intrusion Prevention System，入侵防御系统）、FS、系统加固等安全技术。
4．具备较强的撰写技术文档、技术分析报告及提供解决方案、评审技术方案的能力。
5．具有责任感、团队合作精神及沟通能力，具有较强的学习能力及自我管理能力。

小李在前程无忧网站看到了招聘需求，便投了简历。TaoJin（韬金）人力资源部专员看到了小李的简历，便电话通知小李前来公司面试。

面试前几天，小李认真地阅读了任职条件中的每一条要求，他想起任职条件中的每一条在学校上学时都学过相应的知识，便将当初上课时候用过的书和笔记统统翻了出来，对照着每条要求，进行了认真复习和准备。

1.1　网络安全的重要性

场景

小李到 TaoJin（韬金）公司面试的那天，面试小李的面试官为 Yueda。Yueda 问小李的第一个问题是："请你说一说我们公司为什么需要信息安全，换句话说，你觉得我们公司为什么聘用你？"

小李想起来当时在学校上网络安全课时，老师曾经讲过的关于网络安全基本理论的几张 PPT，他的回答如下：

第一，从网络结构上来说，过去的网络是封闭的，没有 Internet 的入口点；而现在的网络有很多互联网的入口点，自然有风险，所以需要网络安全。

第二，从黑客技术上来说，过去要实施一些简单的网络攻击，需要很多的知识，如网络编程。现在我们能够很轻松地获取各种攻击软件、渗透测试套件，有些软件只需要知道怎么用就行了，无须知道原理，这样就可以很轻松发起网络攻击。

第三，从资产价值来看，过去计算机上的数据并没有太多的价值。例如，我上学时计算机里的游戏、MP3、图片等，就算丢失也无所谓。现在不一样了，尤其是电子商务出现以后，对于电子商务公司来说，数据对于公司而言至关重要，需要保障持续地为客户服务。

Yueda：不错，现在我们公司就是这样一家电子商务公司，恰恰需要网络安全方面的人才帮助我们解决一系列的问题。

理论：网络安全的重要性

信息是信息论中的一个术语，常常把消息中有意义的内容称为信息。1948 年，美国数学家、信息论的创始人仙农在题为"通讯的数学理论"的论文中指出："信息是用来消除随机不定性的东西"。1948 年，美国著名数学家、控制论的创始人维纳在《控制论》一书中，指出："信息就是信息，既非物质，也非能量。"

安全是指不受威胁，没有危险、危害、损失，人类的整体与生存环境资源的和谐相处，互相不伤害，不存在危险的危害的隐患，是免除了不可接受的损害风险的状态。安全是在人类生产过程中，将系统的运行状态对人类的生命、财产、环境可能产生的损害控制在人类能接受水平以下的状态。

信息安全是指信息网络的硬件、软件及其系统中的数据受到保护，不受偶然的或者恶意的原因而遭到破坏、更改、泄露，系统连续可靠正常地运行，信息服务不中断。信息安全主要包括以下 5 个方面的内容，即需保证信息的保密性、真实性、完整性、未授权复制和所寄生系统的安全性。

信息安全的根本目的就是使内部信息不受外部威胁，因此信息通常要加密。为保障信息安全，要求有信息源认证、访问控制，不能有非法软件驻留，不能有非法操作。

信息安全是一门涉及计算机科学、网络技术、通信技术、密码技术、信息安全技术、应用数学、数论、信息论等多种学科的综合性学科。

信息作为一种资源，它的普遍性、共享性、增值性、可处理性和多效用性，使其对于人类具有特别重要的意义。信息安全的实质就是要保护信息系统或信息网络中的信息资源免受各种类型的威胁、干扰和破坏，即保证信息的安全性。根据国际标准化组织的定义，信息安全性的含义主要是指信息的完整性、可用性、保密性和可靠性。信息安全是任何国家、政府、部门、行业都必须十分重视的问题。但是，对于不同的部门和行业来说，其对信息安全的要求和重点却是有区别的。

随着科技的发展各方面信息量的急剧增加，并要求大容量、高效率地传输这些信息。为了适应这一形势，通信技术发生了前所未有的"爆炸性"发展。目前，除有线通信外，短波、超短波、微波、卫星等无线电通信也正在越来越广泛地应用。

日益繁多的事情托付给计算机来完成,敏感信息正经过脆弱的通信线路在计算机系统之间传送,专用信息在计算机内存储或在计算机之间传送,电子银行业务使财务账目可以通过通信线路查阅,执法部门从计算机中了解罪犯的前科,医生们用计算机管理病历,所有这一切,最重要的问题是不能在非法(非授权)获取(访问)不加防范的条件下传输信息。

传输信息的方式有很多,有局域网、互联网和分布式数据库,有蜂窝式无线、分组交换式无线、卫星电视会议、电子邮件及其他各种传输技术。信息在存储、处理和交换过程中,都存在泄密或被截收、窃听、篡改和伪造的可能性。不难看出,单一的保密措施已很难保证通信和信息的安全,必须综合应用各种保密措施,即通过技术的、管理的、行政的手段,实现信源、信号、信息3个环节的保护,藉以达到信息安全的目的。

信息安全本身包括的范围很大。大到国家军事政治等机密安全,小到如防范商业企业机密泄露、防范青少年对不良信息的浏览、防范个人信息的泄露等。网络环境下的信息安全体系是保证信息安全的关键,包括计算机安全操作系统、各种安全协议、安全机制(数字签名、信息认证、数据加密等),直至安全系统,其中任何一个安全漏洞便可以威胁全局安全。信息安全服务至少应该包括支持信息网络安全服务的基本理论以及基于新一代信息网络体系结构的网络安全服务体系结构。

在计算机领域中,网络就是用物理链路将各个孤立的工作站或主机连在一起,组成数据链路,从而达到资源共享和通信的目的。凡是将地理位置不同并具有独立功能的多个计算机系统通过通信设备和线路而连接起来,且以功能完善的网络软件(网络协议、信息交换方式及网络操作系统等)实现网络资源共享的系统,都可以称为计算机网络。

网络的安全是指通过采用各种技术和管理措施,使网络系统正常运行,从而确保网络数据的可用性、完整性和保密性。网络安全的具体含义会随着"角度"的变化而变化。例如,从用户(个人、企业等)的角度来说,他们希望涉及个人隐私或商业利益的信息在网络上传输时受到机密性、完整性和真实性的保护。

网络安全从其本质上来讲就是网络上的信息安全。从广义来说,凡是涉及网络上信息的保密性、完整性、可用性、真实性和可控性的相关技术和理论都是网络安全的研究领域。网络安全是一门涉及计算机科学、网络技术、通信技术、密码技术、信息安全技术、应用数学、数论、信息论等多种学科的综合性学科。

随着计算机技术的迅速发展,在计算机上处理的业务也由基于单机的数学运算、文件处理以及基于简单连接的内部网络的内部业务处理、办公自动化等发展到基于复杂的内部网(Intranet)、企业外部网(Extranet)、全球互联网(Internet)的企业级计算机处理系统和世界范围内的信息共享和业务处理。在系统处理能力提高的同时,系统的连接能力也在不断提高。但在连接能力、流通能力提高的同时,基于网络连接的安全问题也日益突出,整体的网络安全主要表现在以下几个方面:网络的物理安全、网络拓扑结构安全、网络的系统安全、应用系统安全和网络管理的安全等。

通常,系统安全与性能和功能是一对矛盾的关系。如果某个系统不向外界提供任何服务(断开),则外界对其是不可能构成安全威胁的。但是,企业接入国际互联网络,提供网上商店和电子商务等服务,等于将一个内部封闭的网络建成了一个开放的网络环境,各种安全包括系统级的安全问题也随之产生。

构建网络安全系统，一方面由于要进行认证、加密、监听、分析、记录等工作，因此会影响网络效率，并且降低客户应用的灵活性；另一方面也增加了管理费用。

但是，来自网络的安全威胁是实际存在的，特别是在网络上运行关键业务时，网络安全是首先要解决的问题。

采用适当的安全体系设计和管理计划，能够有效降低网络安全对网络性能的影响并降低管理费用。

选择适当的技术和产品，制订灵活的网络安全策略，在保证网络安全的情况下，提供灵活的网络服务通道。

网络安全产品有以下几大特点：①网络安全来源于安全策略与技术的多样化，如果采用一种统一的技术和策略也就不安全了；②网络的安全机制与技术要不断地变化；③随着网络在社会各方面的延伸，进入网络的手段也越来越多，因此网络安全技术是一个十分复杂的系统工程。为此建立有中国特色的网络安全体系，需要国家法规和政策的保障支持及集团联合研究开发。安全与反安全就像矛盾的两个方面，总是不断地向上攀升，所以安全产业将来也是一个随着新技术发展而不断发展的产业。

1.2 网络安全 CIA 模型

扫码看视频　　扫码看视频

场景

Yueda：现在请回答我的第 2 个问题，你觉得需要怎样做，公司的系统才是安全的？

小李想起在上课时老师曾讲过信息安全 CIA 模型图（见图 1-1）。

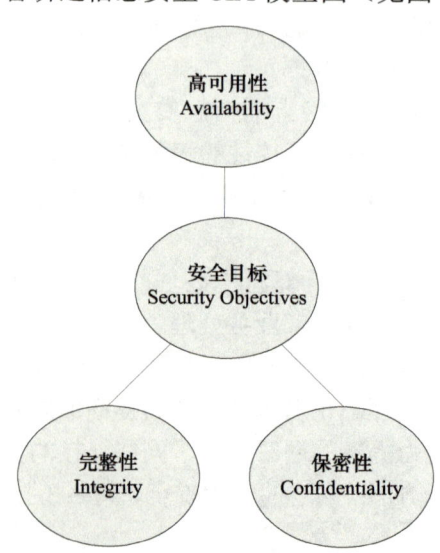

图 1-1　信息安全目标 CIA

他向 Yueda 回答了信息安全目标 CIA 模型的概要。

首先，保密性是为了通过物理或逻辑的访问控制方式限制用户对系统的访问。

其次，完整性是为了保障系统中的数据是没有被修改过的。

再次，可用性是为了保障系统是时时可以被访问的。
Yueda：很好！简单明了。

理论：网络安全 CIA 模型

（1）保密性（Confidentiality）

保密性又称机密性，是指个人或团体的信息不为其他不应获得者获得。在计算机中，许多软件（包括邮件软件、网络浏览器等）都有保密性相关的设定，用以维护用户资讯的保密性。

（2）完整性（Integrity）

数据完整性是指在传输、存储信息或数据的过程中，确保信息或数据不被未授权的篡改或在篡改后能够被迅速发现。

（3）可用性（Availability）

数据可用性是一种以使用者为中心的设计概念。易用性设计的重点在于让产品的设计能够符合使用者的习惯与需求。以互联网网站的设计为例，希望让使用者在浏览的过程中不会产生压力或感到挫折，并能让使用者在使用网站功能时，用最少的努力发挥最大的效能。基于这个原因，任何有违信息的"可用性"都算是违反信息安全的规定。

对信息安全的认识经历了数据安全阶段（强调保密通信）、网络信息安全时代（强调网络环境）和信息保障时代（强调不能被动地保护，需要有保护——检测——反应——恢复 4 个环节）。

1.3 网络攻击的分类

场景

Yueda：很好！现在请回答我的第 3 个问题，作为网络安全工程师，一般需要防御黑客对公司的系统做出哪些攻击？

小李想起在学校时，教网络安全的老师把网络攻击分为 2 种，他的回答如下。

Passive：为被动攻击，指黑客不进行主动发包，只对网络流量做出监听，获取数据信息。

Active：为主动攻击，是指黑客向系统注入代码获取系统权限的攻击方式。

理论：网络攻击的分类

1. 主动攻击

主动攻击会导致某些数据流的篡改和虚假数据流的产生。这类攻击可分为篡改、伪造消息数据和终端（拒绝服务）。

（1）篡改消息

篡改消息是指一个合法消息的某些部分被改变、删除，消息被延迟或改变顺序，通常用以产生一个未授权的效果。例如，修改传输消息中的数据，将"允许甲执行操作"改为"允许乙执行操作"。

（2）伪造

伪造是指某个实体（人或系统）发出含有其他实体身份信息的数据信息，假扮成其他实体，从而以欺骗方式获取一些合法用户的权利和特权。

（3）拒绝服务

拒绝服务即通常说的 DoS（Deny of Service），会导致对通信设备的正常使用或管理被无条件地终端，通常是对整个网络实施破坏，以达到降低性能、终端服务的目的。

2．被动攻击

被动攻击中攻击者不对数据信息做任何修改。截取/窃听是指在未经用户同意和认可的情况下，攻击者获得了信息或相关数据。被动攻击通常包括窃听、流量分析、破解弱加密的数据流等攻击方式。

（1）流量分析

流量分析攻击方式适用于一些特殊场合，如敏感信息都是保密的，攻击者虽然从截获的消息中无法得到消息的真实内容，但攻击者还能通过观察这些数据报的模式，分析确定出通信双方的位置、通信的次数及消息的长度，获知相关的敏感信息。

（2）窃听

窃听是最常用的手段。目前应用最广泛的局域网上的数据传送是基于广播方式进行的，这就使一台主机有可能收到本子网上传送的所有信息。当计算机的网卡工作在杂收模式时，它就可以将网络上传送的所有信息传送到上层，以供进一步分析。如果没有采取加密措施，则通过协议分析，就可以完全掌握通信的全部内容。窃听还可以用无线截获方式得到信息，通过高灵敏接收装置接收网络站点辐射的电磁波或网络连接设备辐射的电磁波，通过对电磁信号的分析恢复原数据信号从而获得网络信息。虽然有时数据信息不能通过电磁信号全部恢复，但是肯定能够得到极有价值的情报。

由于被动攻击不会对被攻击的信息做任何修改，留下痕迹的很少，或者根本不留下痕迹，因此非常难以检测。所以抗击这类攻击的重点在于预防，具体措施包括采用虚拟专用网 VPN，采用加密技术保护信息以及使用交换式网络设备等。被动攻击不易被发现，因此常常是主动攻击的前奏。

1.4 黑客的分类

场景

Yueda：很好！你了解对系统进行攻击的黑客都分为哪些种类吗？

小李立刻做出了回答：

白帽黑客，攻击他们自己的系统，或被聘请来攻击客户的系统以便进行安全审查。

黑帽黑客，与白帽黑客相反，黑帽黑客（Black Hat Hacker）就是人们常说的"黑客"或"骇客"了。他们往往利用自身技术，在网络上窃取别人的资源或破解收费的软件，以达到获利。

这种破坏了整个市场的秩序，或者泄露了别人的隐私，属于违法行为，应当加以制止。

灰帽黑客是指使用计算机或某种产品系统中的安全漏洞，而其目的是引起其拥有者对系统漏洞的注意。

小　李：按照我的理解，灰帽黑客可能会变成白帽黑客，也可能会变成黑帽黑客，这就是矛盾的两方面吧！

Yueda：聪明！可以这么理解。实际上，黑客还有更详细的分类，如图 1-2 所示。

图 1-2　黑客的分类

理论：黑客的分类

"黑客"大体上应该分为"正""邪"两类，正派黑客依靠自己掌握的知识帮助系统管理员找出系统中的漏洞并加以完善，而"邪"派黑客则是通过各种黑客技能对系统进行攻击、入侵或者做其他一些有害于网络的事情。因为"邪"派黑客所从事的事情违背了《黑客守则》，所以他们真正的名字叫"骇客"（Cracker）而非"黑客"（Hacker）。

黑客的行为主要有以下几种：

（1）学习技术

互联网上的新技术一旦出现，黑客就必须立刻学习，并用最短的时间掌握这项技术，这里所说的掌握并不是一般的了解，而是阅读有关的"协议"、深入了解该技术的原理。

（2）伪装自己

黑客的一举一动都会被服务器记录下来，所以黑客必须伪装自己，使得对方无法辨别其真实身份，这需要有熟练的技巧，用来伪装自己的 IP 地址、使用"跳板"逃避跟踪、清理记录扰乱对方线索、巧妙躲开防火墙等。

如果有朝一日你成为了真正的黑客，千万别对网络进行攻击，毕竟黑客的成长是一种学习，应当把技术用在安全防范上，而不是用来违法犯罪。

（3）发现漏洞

漏洞对黑客来说是最重要的信息，黑客要经常学习别人发现的漏洞，努力自己寻找未知漏洞，并从海量的漏洞中寻找有价值的、可被利用的漏洞进行试验，当然他们最终的目的是来修补上这个漏洞。

（4）利用漏洞

对于正派黑客来说，漏洞要被修补。黑客利用漏洞可以做下面的事情。

1）获得系统信息：有些漏洞可以泄露系统信息，暴露敏感资料，从而进一步入侵系统。

2）入侵系统：通过漏洞进入系统内部或取得服务器上的内部资料，或完全掌管服务器。

3）寻找下一个目标：一个胜利意味着下一个目标的出现，黑客应该充分利用自己已经掌管的服务器作为工具，寻找并检测下一个系统。

4）做一些好事：正派黑客在完成上面的工作后，就会修复漏洞或者通知系统管理员，做出一些维护网络安全的事情。

1.5 黑客入侵思路

场景

Yueda：要想真正进行信息安全防御，首先就要了解黑客入侵的思路。一般地，为了验证公司的信息安全工作做得是否有效，这方面公司会请专业的白帽黑客通过渗透测试的方法来测试系统是否安全。接下来问2个问题：第一，什么是渗透测试？第二，能谈一谈你对黑客入侵思路的理解吗？

小李：渗透测试是为了证明网络防御按照预期计划正常运行而提供的一种机制。不妨假设，你的公司定期更新安全策略和程序，及时给系统安装补丁程序，并采用了漏洞扫描器等工具，以确保所有补丁程序都已安装好。如果早已做到了这些，为什么还要请外方进行审查或渗透测试呢？因为渗透测试能够独立地检查网络策略，换句话说，就是给系统安了一双"眼睛"。而且，进行这类测试的都是寻找网络系统安全漏洞的专业人士。

Yueda：很好！接下来能谈一谈你对黑客入侵思路的理解吗？

小李想起了在学校网络安全课上，老师当时做的演示，如图1-3所示。

Step1：实施探测（Perform Reconnaisance）

Step2：识别操作系统、应用程序（Identify Operating System&Applications）

Step3：获取对系统的访问（Gain Access To The System）

Step4：提权（Login With User Credentials，Escalate Privileges）（可选）

Step5：创建其他用户名、密码（Setup Additional Username&Password）

Step6：创建后门（Setup "Back Door"）

Step7：使用系统（Use The System）

图1-3 黑客的思路

Yueda：很好！不过你只是说出了操作步骤，那么具体的渗透测试操作你实践过吗？

小李：在学校的宿舍，曾经用自己的笔记本式计算机安装虚拟机做过一些测试。

Yueda：很好！我的问题基本就是这些了，接下来请公司信息安全部门的同事为你搭建测试环境，你来实际演示实践过的渗透测试操作的过程，你觉得如何？

小李：我尽力而为吧，这个方面之前实践的也不是很多。

Yueda：没关系，我觉得你之前对我的提问回答得已经很不错了，接下来想了解你是否具备一些网络安全实践能力。你先休息一下，我安排同事为你搭建安全测试环境。

半个小时后，TaoJin（韬金）电子商务公司信息安全部门工程师为小李搭建好了渗透测试环境，使用的是 Vmware 中的两台虚拟机，其中一台是 Kali Linux，另一台是 Windows 服务器，两台虚拟机之间做了桥接，也就是设置为同一个子网内。注：Kali Linux 是基于 Debian 的 Linux 发行版，设计用于数字取证和渗透测试，由 Offensive Security Ltd. 维护和资助，最先由 Offensive Security 的 Mati Aharoni 和 Devon Kearns 通过重写 BackTrack 来完成，BackTrack 是他们之前写的用于取证的 Linux 发行版。Kali Linux 预装了许多渗透测试软件，包括 nmap（端口扫描器）、Wireshark（数据包分析器）、John the Ripper（密码破解器）以及 Aircrack-ng（一个应用于对无线局域网进行渗透测试的软件）。

Yueda：现在你在这个环境上对自己刚才介绍的渗透测试步骤简单实践一下吧。

小李首先使用了 Kali Linux 下的 Nmap 对目标 Windows 服务器做了一下扫描，如图 1-4 和图 1-5 所示。

屏幕显示这台计算机安装的操作系统是 Windows 2000，而且还开放了 80 端口。

小　李：你们这个 Kali Linux 下有没有安装漏洞扫描程序，我想看一看目标系统是否存在漏洞。

Yueda：可以，不过这个 Kali Linux 下目前没有安装，这样，我再给你加上一台带有漏洞扫描程序的虚拟机吧。

信息安全部门的工程师又在小李的测试环境上加上了一台带有漏洞扫描程序 Nessus 的虚拟机。

```
root@bt:~# nmap -v -n -A 202.100.1.10

Starting Nmap 6.01 ( http://nmap.org ) at 2015-04-05 10:20 CST
NSE: Loaded 93 scripts for scanning.
NSE: Script Pre-scanning.
Initiating ARP Ping Scan at 10:20
Scanning 202.100.1.10 [1 port]
Completed ARP Ping Scan at 10:20, 0.01s elapsed (1 total hosts)
Initiating SYN Stealth Scan at 10:20
Scanning 202.100.1.10 [1000 ports]
Discovered open port 1025/tcp on 202.100.1.10
Discovered open port 445/tcp on 202.100.1.10
Discovered open port 21/tcp on 202.100.1.10
Discovered open port 135/tcp on 202.100.1.10
Discovered open port 80/tcp on 202.100.1.10
Discovered open port 139/tcp on 202.100.1.10
Discovered open port 443/tcp on 202.100.1.10
Discovered open port 1026/tcp on 202.100.1.10
Completed SYN Stealth Scan at 10:20, 0.09s elapsed (1000 total ports)
Initiating Service scan at 10:20
Scanning 8 services on 202.100.1.10
Completed Service scan at 10:20, 48.59s elapsed (8 services on 1 host)
Initiating OS detection (try #1) against 202.100.1.10
NSE: Script scanning 202.100.1.10.
Initiating NSE at 10:20
```

图 1-4　使用 Nmap 扫描 1

图 1-5　使用 Nmap 扫描 2

小李使用 Nessus 对目标系统进行了漏洞扫描,扫描后生成了系统漏洞报告,如图 1-6～图 1-8 所示。

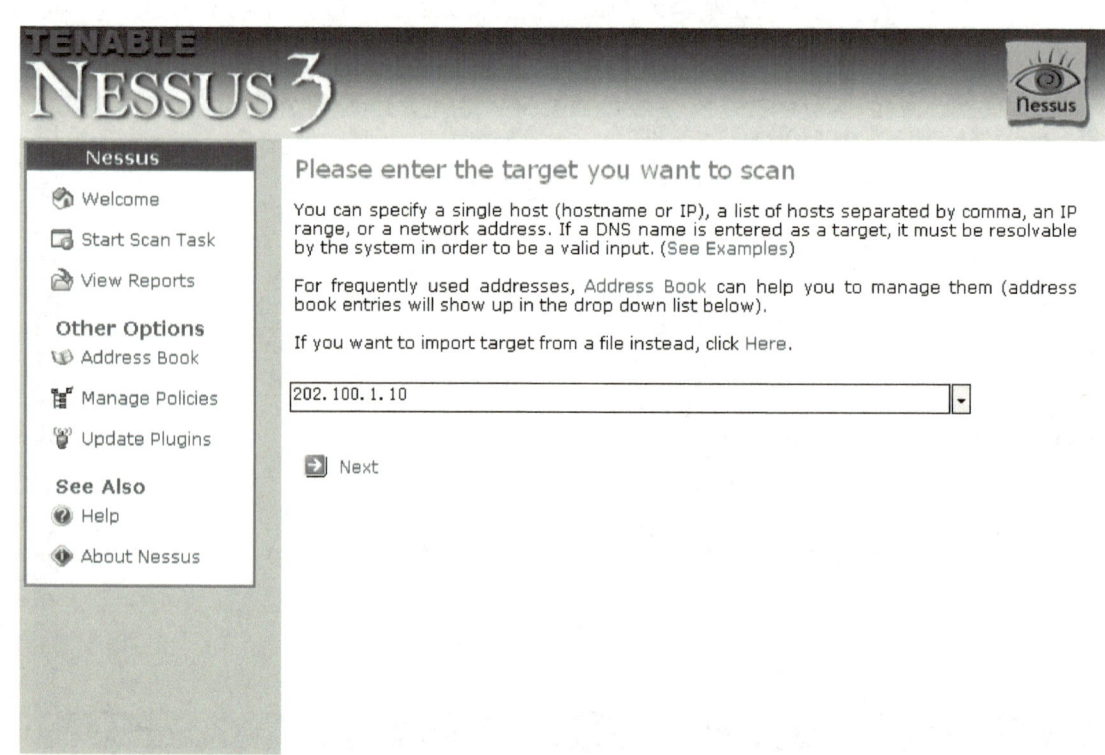

图 1-6　Nessus 指定目标主机 IP

第 1 章　网络安全基本理论

图 1-7　Nessus 对指定目标主机 IP 进行漏洞扫描

图 1-8　Nessus 对指定目标主机 IP 进行漏洞扫描后的系统漏洞报告，漏洞编号为 MS01-033

Yueda：接下来你打算怎么做呢？

小　李：发现了漏洞，接下来就可以针对漏洞发起攻击了，只是目前我还不了解应该如何做？

Yueda：非常好！接下来我会安排技术部门对你的基础知识技能进行一次全面的测试，其中包括网络、操作系统、数据库、Web编程4个方面，如果测试通过，你才算真正通过面试。

小 李：好的！谢谢面试官！

在Yueda的安排下，技术部门对小李进行了一次全面的考试，考试是以试卷结合实际操作的形式进行的，其中包括网络、操作系统、数据库、Web编程4个方面，小李顺利通过了这次考试。

理论：黑客入侵思路

对于网络安全来说，成功防御的一个基本组成部分就是要了解安全威胁。就像防御工事必须进行总体规划一样，网络安全管理人员必须了解黑客的工具和技术，并利用这些知识来设计应对各种攻击的网络防御框架。

根据来自国际电子商务顾问局白帽黑客认证的资料显示，成功的黑客攻击包含了5个步骤：搜索、扫描、获得权限、保持连接和消除痕迹。

（1）搜索

搜索可能是耗费时间最长的阶段，有时可能会持续几个星期甚至几个月。黑客会利用各种渠道尽可能多地了解企业类型和工作模式，主要包括以下内容：互联网搜索、社会工程、垃圾数据搜寻、域名管理/搜索服务、非侵入性的网络扫描。这些类型的活动由于是处于搜索阶段，因此是很难防范的。很多公司提供的信息都属于很容易在网络上发现的。而员工也往往会受到欺骗而无意中提供了相应的信息。随着时间的推移，公司的组织结构以及潜在的漏洞就会被发现，整个黑客攻击的准备过程就逐渐接近完成了。这里提供了一些保护措施，可以让黑客攻击的准备工作变得更加困难，包括确保系统不会将信息泄露到网络上、确保纸质信息得到妥善处理、接受域名注册查询时提供通用的联系信息、禁止对来自周边局域网/广域网设备的扫描企图进行回应。

（2）扫描

一旦攻击者对公司网络的具体情况有了足够的了解，就会开始对周边和内部网络设备进行扫描，以寻找潜在的漏洞，其中包括开放的端口、开放的应用服务、操作系统在内的应用漏洞、保护性较差的数据传输、每一台局域网/广域网设备的品牌和型号。

在扫描周边和内部设备时，黑客往往会受到入侵防御（Intrusion Detection System，IDS）或入侵检测（Intrusion Prevention System，IPS）解决方案的阻止，但情况也并非总是如此。熟练的黑客可以轻松绕过这些防护措施。下面提供了防止被扫描的措施，可以在所有情况使用：关闭所有不必要的端口和服务；关键设备或处理敏感信息的设备，只允许响应经过核准设备的请求；加强管理系统的控制，禁止直接访问外部服务器，在特殊情况下需要访问时，也应该在访问控制列表中进行端到端连接的控制；确保局域网/广域网系统以及端点的补丁级别是足够安全的。

（3）获得权限

攻击者获得了连接的权限就意味着实际攻击已经开始。通常情况下，攻击者选择的目标是可以为攻击者提供有用信息或者可以作为攻击其他目标的起点。在这两种情况下，攻击者都必须取得一台或者多台网络设备某种类型的访问权限。

除了上面提到的保护措施外，安全管理人员应当尽一切努力，确保最终用户设备和服务器没有被未经验证的用户轻易连接。这其中包括了拒绝拥有本地系统管理员权限的商业客户以及对域和本地管理的服务器进行密切监测。此外，物理安全措施可以在发现实际攻击的企图时，拖延入侵者足够长的时间，以便内部或者外部人员（即保安人员或者执法机构）进行有效的反应。

最后，应该明确的一点是，对高度敏感的信息进行加密保护是非常关键的。即使由于网络中存在漏洞，导致攻击者获得信息，但没有加密密钥的信息也就意味着攻击的失败。不过，也不能认为仅依靠加密就可以保证安全了。对于脆弱的网络安全来说，还可能存在其他方面的风险。

（4）保持连接

为了保证攻击的顺利完成，攻击者必须保持连接的时间足够长。虽然攻击者到达这一阶段也就意味成功地规避了系统的安全控制措施，但这也会导致攻击者面临的漏洞增加。

对于入侵防御（IDS）或入侵检测（IPS）设备来说，除了用来对入侵进行检测外，还可以利用它们进行挤出检测。挤出检测包括对通过外部网站或内部设备传输的文件内容进行检测和过滤；对未受到控制的连接到服务器或者网络上的会话进行检测和阻止；寻找连接到多个端口或非标准的协议；寻找不符合常规的连接参数和内容；检测异常网络或服务器的行为，特别需要关注的是时间间隔等参数。

（5）消除痕迹

在实现攻击的目的后，攻击者通常会采取各种措施来隐藏入侵的痕迹，并为今后可能的访问留下控制权限。因此，要关注反恶意软件、个人防火墙和基于主机的入侵检测解决方案，禁止商业用户使用本地系统管理员的权限访问台式机。在任何不寻常活动出现时发出警告。

第2章 局域网安全

场景

一周后,小李收到了 TaoJin 电子商务公司人力资源部人事专员发来的员工录用通知书。

录用通知书

李子涛先生:

通过本公司的招聘选拔程序,您已被确定符合<u>网络安全工程师</u>岗位条件并得到录用。首先欢迎您的加盟,其次请您仔细阅读以下内容,按要求备齐相关资料,在指定时间内到本公司人力资源部办理入职报到手续。

一、个人须准备及提交的资料:

1. 本人近一年相片8张(红底小1寸)。
2. 本人户口簿、身份证、毕业证、学位证、职称证或职业资格证(如有)等有效证件的原件、复印件(人力资源部验证后归还原件并留取复印件)。
3. 近期(3个月内有效)体检合格证明。
4. 北京市中国银行的存折或卡的原件、复印件(本人须签上姓名)。
5. 最后任职公司离职证明(必须提供,应届生除外)。

二、入职办理:

1. 入职办理时间:<u>2017</u>年<u>3</u>月<u>10</u>日<u>10:00</u>时。
2. 提示说明:个人须提供的资料不齐全或虚假者不予办理入职手续。
3. 薪资(以下描述包含绩效薪资在内,为税前薪资)。试用期薪资<u>3500元</u>/月,转正薪资<u>5000元</u>/月(该薪资由若干薪资结构组合而成)。

入职人须首先到公司人力资源部报到并办理手续,未在公司人力资源部办理入职手续者不得直接前往用人部门上岗,违反者公司将不予录用且不承担任何费用。

北京韬金电子商务公司
人力资源部
<u>2017</u>年<u>3</u>月<u>5</u>日

在小李来 TaoJin 电子商务公司工作的第一天,Yueda 和小李又进行了一次面对面的谈话:

Yueda: 从今天起你就是 TaoJin 电子商务公司的员工了,你的工作主要是对公司内部网络的安全性负责,主要包括公司电子商务数据的私密性、完整性和可用性3个方面。至于具体应该如何实现,接下来公司会有一系列的具体问题等待你去解决,在这个过程中,我会作为你的指导人,同时我会聘请某安全公司的一位白帽黑客白先生来对公司的系统进行渗透测试，用于验证你的工作效果。

小　李：是不是说我必须做到，让白先生没有任何机会通过渗透测试攻破公司的系统，我的工作才算达标？

Yueda：是的，你理解的非常到位。你只有3个月的试用期，如果3个月之内，在我的指导下，你的工作能够达标，那么3个月之后，你就可以继续留在TaoJin电子商务公司工作。

小　李：明白！岳总，非常感谢您对我的信任，为了感谢您为我提供的这次工作机会，我一定不会让您失望的。

Yueda：我也希望自己不会看错人，希望你能够一直留在公司，同时也能够在公司实现你个人的发展目标。

2.1　MAC攻击及其解决方案

2.1.1　MAC攻击介绍

场景

在会议室里，Yueda、小李、白先生进行了一次碰头会。

白先生：根据贵公司对我提出的要求，我首先对公司的局域网进行了MAC flooding（MAC地址泛洪）的渗透测试，发现公司的局域网没有对此做出安全防护措施，我可以轻松监听到局域网中用户发送的用户名和密码信息，并对此信息进行收集。

小　李：轻松监听到局域网中用户发送的用户名和密码信息，那实在是太可怕了。你是如何做到的呢？

白先生：根据交换机的工作原理，通过交换机进行主机间通信，需要经过以下步骤。

步骤1：PC.A发送ARP请求包，请求PC.B的MAC地址，如图2-1所示。

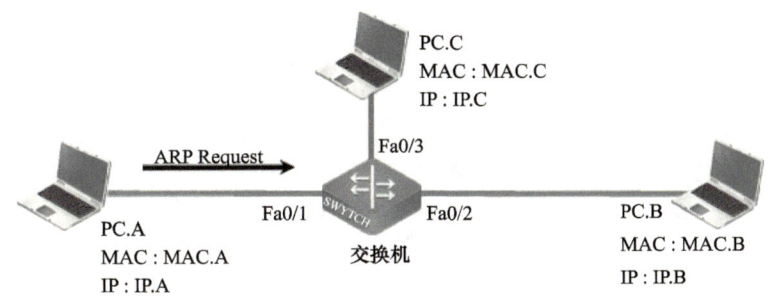

PC.A发送ARP Request，请求PC.B的MAC
Packet Type：Broadcast（广播）

图2-1　步骤1

步骤2：交换机收到PC.A的ARP请求包，于是学习到PC.A的MAC地址表条目，也就是PC.A连接的端口Fa0/1映射至PC.A的MAC地址MAC.A，如图2-2所示。

步骤3：由于ARP请求包为广播包，于是交换机将该广播包泛洪至除了入口外的其余所有接口，也就是PC.B和PC.C都会收到该ARP请求，如图2-3所示。

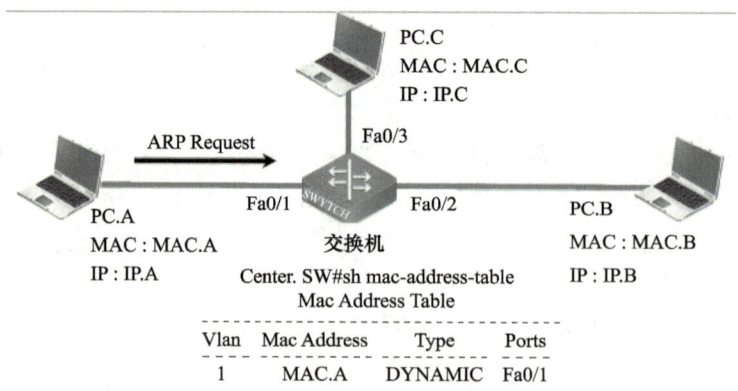

更新本地 MAC 地址表

图 2-2　步骤 2

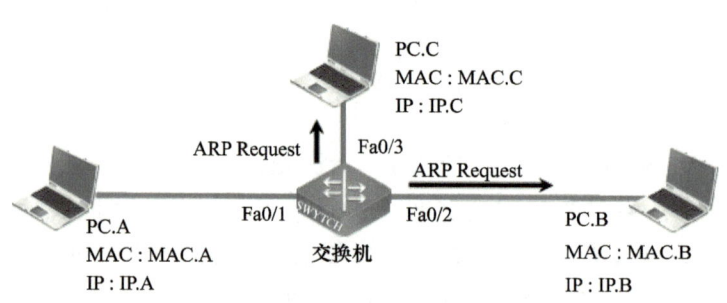

泛洪 ARP Request

图 2-3　步骤 3

步骤 4：由于该 ARP 请求的是 PC.B 的 MAC 地址，因此只有 PC.B 会对该 ARP 请求做出应答，如图 2-4 所示。

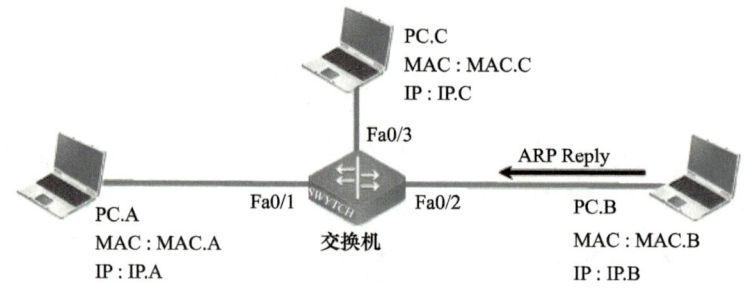

PC.B 回应 ARP Reply
Packet Type：单播

图 2-4　步骤 4

步骤 5：同时也只有 PC.B 会缓存 PC.A 的 ARP 缓存信息（IP.A → MAC.A），如图 2-5 所示。

步骤 6：交换机收到了 PC.B 对 PC.A 的 ARP 请求做出的应答，于是学习到 PC.B 的 MAC 地址表条目，也就是 PC.B 连接的端口 Fa0/2 映射至 PC.B 的 MAC 地址 MAC.B，如图 2-6 所示。

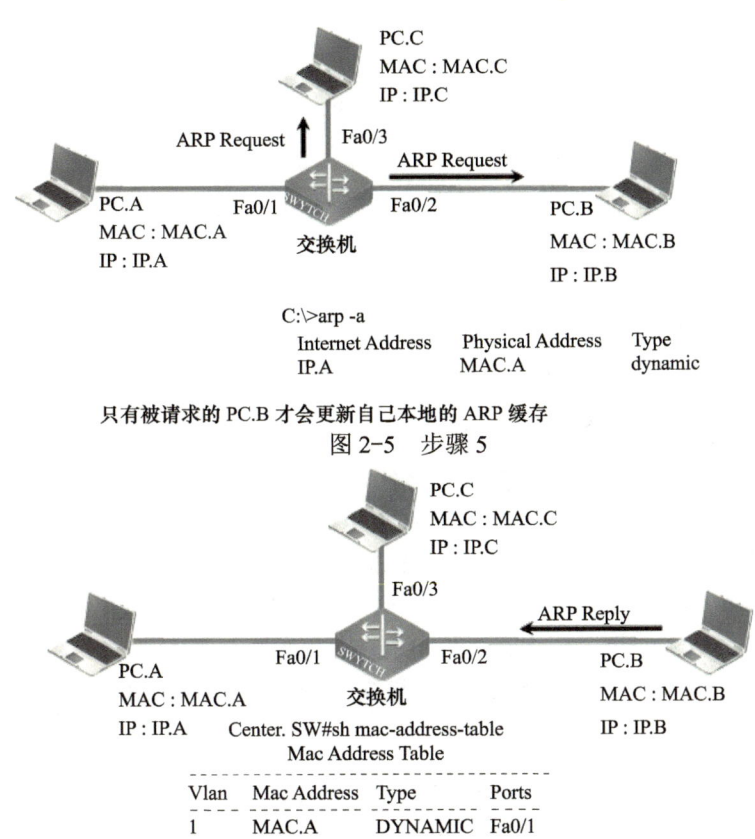

只有被请求的 PC.B 才会更新自己本地的 ARP 缓存

图 2-5　步骤 5

更新本地 MAC 地址表

图 2-6　步骤 6

步骤 7：由于 PC.B 对 PC.A 的 ARP 请求做出的应答为发送至 PC.A 的 MAC 地址 MAC.A 的单播地址，因此交换机为转发该信息会进行查找 MAC 地址表。由于交换机之前学习过了 PC.A 连接的端口 Fa0/1 映射至 PC.A 的 MAC 地址 MAC.A，因此交换机会将该信息向端口 Fa0/1 进行转发，于是 PC.A 收到了 PC.B 的 IP 地址对应的 MAC 地址（IP.B → MAC.B），如图 2-7 和图 2-8 所示。

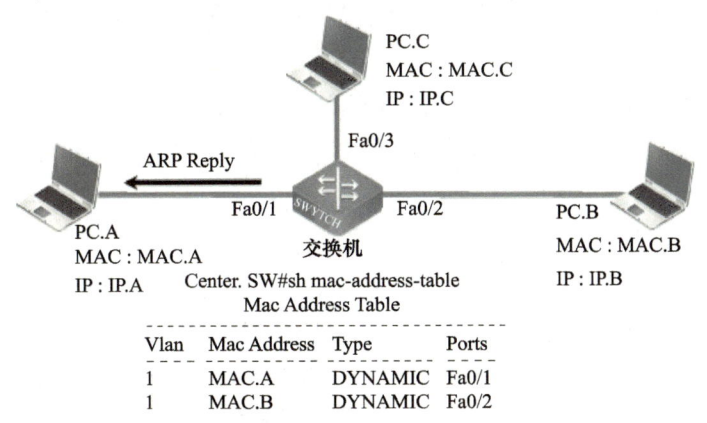

已经知道 MAC.A 对应的接口为 Fa0/1，只有 PC.A 收到 ARP Reply

图 2-7　步骤 7（1）

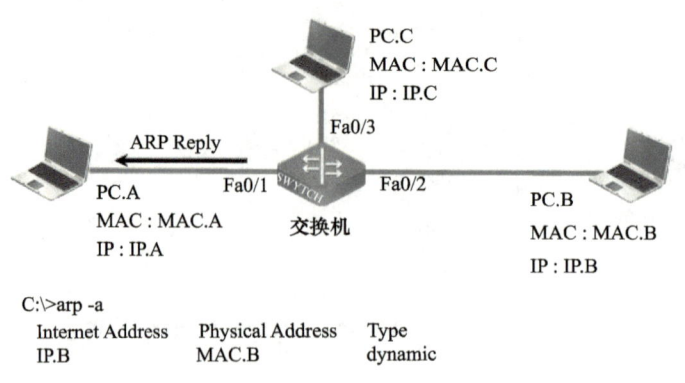

PC.A 更新 ARP 缓存信息

图 2-8　步骤 7（2）

步骤 8：如图 2-9 所示，现在来看，PC.A 将数据发送给 PC.B，会发送数据帧至 MAC.B；PC.B 将数据发送给 PC.A，会发送数据帧至 MAC.A。对于发送至 MAC.A 的数据帧，交换机查找 MAC 地址表后，只会发送给端口 Fa0/1；对于发送至 MAC.B 的数据帧，交换机查找 MAC 地址表后，只会发送给端口 Fa0/2，所以对于第三方黑客，比如，将自己的计算机连接至交换机，是无法监听到任何 PC.A 将数据发送给 PC.B 或 PC.B 将数据发送给 PC.A 的信息的。

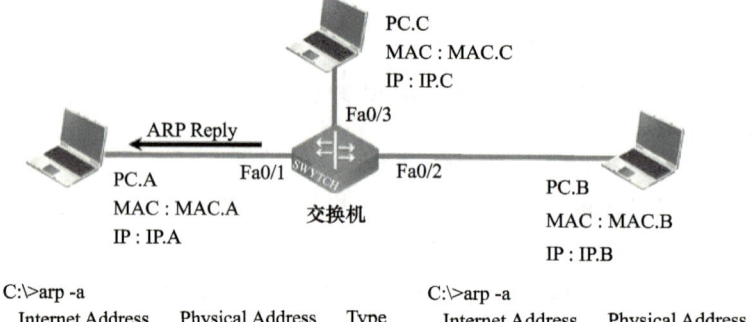

MAC.A 与 MAC.B 之间的数据帧会在 Fa0/1 和 Fa0/2 之间进行转发，其余接口无法收到。

图 2-9　步骤 8

但是，下面的情况是完全不一样的，我在对贵公司的局域网进行渗透测试时，用到了一个称为 MAC flooding（MAC 地址泛洪）的攻击。下面对 MAC flooding（MAC 地址泛洪）攻击进行介绍。

MAC flooding（MAC 地址泛洪）攻击原理：

在网络环境中，不得不提的一个攻击方式是 MAC flooding（MAC 地址泛洪）攻击。这里主要介绍 MAC Flooding 的原理和防范方法，可以有效帮助网络工程师提高所在网络的安全性。

在典型的 MAC flooding 中，攻击者能让目标网络中的交换机不断泛洪大量不同源 MAC 地址的数据包，导致交换机内存不足以存放正确的 MAC 地址和物理端口号相对应的关系表。如果攻击成功，则所有新进入交换机的数据包会不经过交换机处理直接广播到所有的端口

（类似 Hub 集线器的功能）。攻击者能进一步利用嗅探工具（如 Wireshark）对网络内所有用户的信息进行捕获，从而能得到机密信息或者各种业务敏感信息。可见 MAC flooding 攻击的后果是相当严重的。

图 2-10 所示是 MAC 地址泛洪攻击实例。大家都知道交换机需要对 MAC 地址进行不断的学习，并且对学习到的 MAC 地址进行存储。MAC 地址表有一个老化时间，默认为 5min，如果交换机在 5min 之内都没有再收到一个 MAC 地址表条目的数据帧，则交换机将从 MAC 地址表中清除这个 MAC 地址条目；如果收到新的 MAC 地址表条目的数据帧，则刷新 MAC 地址老化时间。因此在正常情况下，MAC 地址表的容量是足够使用的。

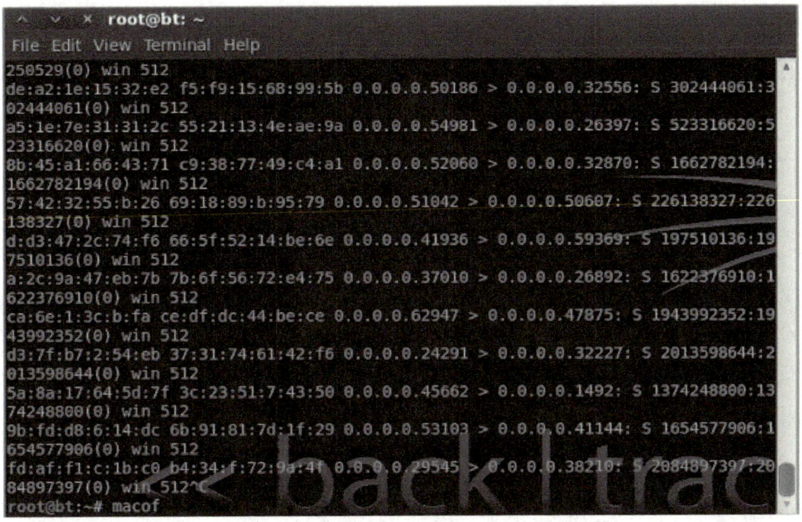

图 2-10　MAC 地址泛洪攻击实例

如果攻击者通过程序伪造大量包含随机源 MAC 地址的数据帧发往交换机（有些攻击程序 1min 可以发出十几万份伪造 MAC 地址的数据帧），交换机根据数据帧中的 MAC 地址进行学习（一般交换机的 MAC 地址表的容量也就几千条），则交换机的 MAC 地址表瞬间被伪造的 MAC 地址填满，如图 2-11 所示。在交换机的 MAC 地址表填满后，若交换机再收到数据，则不管是单播、广播还是组播，交换机都不再学习 MAC 地址。如果交换机在 MAC 地址表中找不到目的 MAC 地址对应的端口，则交换机将像集线器一样，向所有的端口广播数据。这样攻击者就可以轻而易举地获取全网的数据包，这就是 MAC 地址的泛洪攻击，而这里的应对方法就是限定映射的 MAC 地址数量。

```
DCRS-5650-28(R4)#show mac-address-table count vlan 1
Compute the number of mac address....
Max entries can be created in the largest capacity card:
Total      Filter Entry Number is: 16384
Static     Filter Entry Number is: 16384
Unicast    Filter Entry Number is: 16384

Current entries have been created in the system:
Total      Filter Entry Number is: 16384
Individual     Filter Entry Number is: 16384
Static     Filter Entry Number is: 0
Dynamic    Filter Entry Number is: 16384
DCRS-5650-28(R4)#_
```

图 2-11　MAC 地址泛洪攻击后，交换机的状态

2.1.2　MAC 攻击解决方案 1：Port-Security

场景

在会议室里，Yueda、小李、白先生 3 人的碰头会仍然在继续。

Yueda： 白先生，关于你刚才对公司的局域网所进行的渗透测试方式已经看过了，这确实是公司的局域网存在的一个很大的漏洞，不过我认为，问题也不是不好解决，根据你刚才对渗透测试所使用网络攻击的介绍，只要公司限制了局域网交换机的端口所学习的 MAC 地址条目，就可以抵御你的这种攻击。

白先生： 是的，没错，可是你们有什么好的办法可以做到这些吗？

Yueda： 小李，你去找一下我们公司信息安全部门的同事，查一查关于公司网络交换机的相关资料，看一看公司内部局域网所使用交换机的哪些特性可以实现刚才提到的这个功能。

小　李： 好的。我这就去办。

小李联系了公司信息安全部门的同事，取得了 TaoJin 电子商务公司内部局域网所使用交换机相关的操作手册，交换机型号为 DCN（神州数码网络）DCRS5650 交换机。他仔细阅读了该型号交换机的操作手册，发现该型号的交换机有一个叫作端口安全（Port-Security）的特性，可以实现 Yueda 提到的功能。

关于交换机端口安全（Port-Security）的特性介绍如下。

交换机端口安全（Port-Security）工作原理：

未提供端口安全性的交换机将让攻击者连接到系统上未使用的已启用端口，并执行信息收集或攻击。交换机可被配置为像集线器那样工作，这意味着连接到交换机的每一台系统都有可能查看通过交换机流向与交换机相连的所有系统的所有网络流量。因此，攻击者可以收集到含有用户名、密码或网络上的系统配置信息的流量。

在部署交换机之前，应保护所有交换机端口或接口。端口安全性限制端口上所允许的有效 MAC 地址的数量。如果为安全端口分配了安全 MAC 地址，那么当数据包的源地址不是已定义地址组中的地址时，端口不会转发这些数据包。

如果将安全 MAC 地址的数量限制为一个，并为该端口只分配一个安全 MAC 地址，那么连接该端口的工作站将确保获得端口的全部带宽，并且只有地址为该特定安全 MAC 地址的工作站才能成功连接到该交换机端口。

如果端口已配置为安全端口，并且安全 MAC 地址的数量已达到最大值，那么当尝试访问该端口的工作站的 MAC 地址进入时，会被发现不同于任何已确定的安全 MAC 地址时，则会发生安全违规。

在所有交换机端口上实施安全措施，可以实现以下目的：
- 在端口上指定一组允许的有效 MAC 地址。
- 在任一时刻只允许一个 MAC 地址访问端口。
- 指定端口在检测到未经授权的 MAC 地址时自动关闭。

配置端口安全性有很多方法。下面介绍可在神州数码交换机上配置端口安全性的方法。

1）静态安全 MAC 地址：静态 MAC 地址是使用 switchport port-security mac-address mac-address 接口配置命令手动配置的。以该方法配置的 MAC 地址存储在地址表中，并添加到交换机的运行配置中。

2）动态安全 MAC 地址：动态 MAC 地址是动态获取的，并且仅存储在地址表中。以该方式配置的 MAC 地址在交换机重新启动时将被移除。

3）粘滞安全 MAC 地址：可以将端口配置为动态获得 MAC 地址，然后将这些 MAC 地址保存到运行配置中。

粘滞安全 MAC 地址有以下特性。

1）如果使用 switchport port-security mac-address sticky 接口配置命令在接口上启用粘滞获取，则接口将所有动态安全 MAC 地址（包括那些在启用粘滞获取之前动态获得的 MAC 地址）转换为粘滞安全 MAC 地址，并将所有粘滞安全 MAC 地址添加到运行配置。

2）如果使用 no switchport port-security mac-address sticky 接口配置命令禁用粘滞获取，则粘滞安全 MAC 地址仍作为地址表的一部分，但是已从运行配置中移除。已经被删除的地址可以作为动态地址被重新配置和添加到地址表中。

3）如果使用 switchport port-security mac-address sticky mac-address 接口配置命令配置粘滞安全 MAC 地址，则这些地址将添加到地址表和运行配置中。如果禁用端口安全性，则粘滞安全 MAC 地址仍保留在运行配置中。

4）如果将粘滞安全 MAC 地址保存在配置文件中，则当交换机重新启动或者接口关闭时，接口不需要重新获取这些地址。如果不保存粘滞安全地址，则它们将丢失。如果粘滞获取被禁用，则粘滞安全 MAC 地址被转换为动态安全地址，并从运行配置中被删除。

5）如果禁用粘滞获取并输入 switchport port-security mac-address sticky mac-address 接口配置命令，则会出现错误消息，并且粘滞安全 MAC 地址不会添加到运行配置。

若出现以下任一情况时，则会发生安全违规。

1）地址表中添加了最大数量的安全 MAC 地址，有工作站试图访问接口，而该工作站的 MAC 地址未出现在该地址表中。

2）在一个安全接口上获取或配置的地址出现在同一个 VLAN 中的另一个安全接口上。

根据出现违规时要采取的操作，可以将接口配置为以下 3 种违规模式之一。

1）保护：当安全 MAC 地址的数量达到端口允许的限制时，带有未知源地址的数据包将被丢弃，直至移除足够数量的安全 MAC 地址或增加允许的最大地址数。不会得到发生安全违规的通知。

2）限制：当安全 MAC 地址的数量达到端口允许的限制时，带有未知源地址的数据包将被丢弃，直至移除足够数量的安全 MAC 地址或增加允许的最大地址数。在此模式下，会得到发生安全违规的通知。具体而言就是，将有 SNMP（Simple Network Management Protocol，简单网络管理协议）陷阱发出、syslog 消息记入日志以及违规计数器的计数增加。

3）关闭：在此模式下，端口安全违规将造成接口立即变为错误禁用（error-disabled）状态，并关闭端口 LED。该模式还会发送 SNMP 陷阱、将 syslog 消息记入日志以及增加违规计数器的计数。当安全端口处于错误禁用状态时，先输入 shutdown 再输入 no shutdown 接口配置命令可使其脱离此状态。此模式为默认模式。

通过端口安全性防止 MAC 地址泛洪攻击典型的配置如下：

> Switch（config）#mac-address-learning cpu-control
> Switch（config）#no mac-address-learning cpu-control（默认）
> Switch（config-if-ethernet1/0/2）#switchport port-security
> Switch（config-if-ethernet1/0/2）#no switchport port-security（默认）
> Switch（config-if-ethernet1/0/2）#switchport port-security maximum 5
> Switch（config-if-ethernet1/0/2）#switchport port-security maximum 1（默认）

场景

小　李：岳总，我觉得交换机以上特性可以实现您刚才提到的功能。

Yueda：那就试试看吧，记得首先在线下做测试，如果测试没有问题，则再到实际的网络中进行实施。白先生，你来配合小李做一下测试吧！

白先生：好的。

经过小李和白先生的测试，发现交换机端口安全技术确实可以抵御白先生的 MAC flooding（MAC 地址泛洪）渗透测试。于是小李将此交换机的安全特性在 TaoJin 电子商务公司内部的局域网交换机上进行了部署，成功地完成了领导安排的第一项任务。

Yueda：这项任务完成得不错。再接再厉，记得在（办公自动化 Office Automation，OA）系统中写工作日志，以后在本公司所做的每项任务均是如此。这样，今后再遇到类似的问题，均可以在 OA 系统中有据可查。

小　李：谢谢领导。没有问题。

2.1.3　MAC 攻击解决方案 2：AM

场景（在 Yueda 的办公室）

Yueda：小李，关于刚才解决 MAC flooding（MAC 地址泛洪）攻击的方法，发现公司局域网所使用的交换机还有其他特性也可以解决这个问题，你去查一查，以作为公司今后解决该问题的备选方案。

小　李：好的。岳总，我这就去办。

Yueda：另外还有一点，对于解决问题的方法，你要积极主动地去发掘，不能等我告诉你了你才去做，这样就不好了，你觉得呢？

小　李：是的。之前是我疏忽了，没有发现还有其他的解决问题的方法。

小李又仔细阅读了 DCN（神州数码网络）DCRS5650 交换机的操作手册，关于该交换机的另外一个安全特性引起了他的注意。

AM（Access Management，访问管理）工作原理：

AM（Access Management，访问管理）是指当交换机收到 IP 报文或 ARP 报文时，它用收到报文的信息（源 IP 地址或者源 MAC-IP 地址）与配置硬件地址池相比较，如果在配置硬件地址池中找到与收到的报文相匹配的信息（源 IP 地址或者源 MAC-IP 地址），则转发该报文，否则丢弃。之所以在基于源 IP 地址的访问管理上增加基于源 MAC-IP 的访问管理，是因为对主机而言，IP 地址是可变的。如果只有 IP 绑定，则用户可以把主机 IP 地址改为转发 IP，从而使本主机发出的报文能够被交换机转发。因为 MAC-IP 可以与主机唯一绑定，所以为了防止用户恶意修改主机 IP 地址来使本主机发出的报文能被交换机转发，MAC-IP 的绑定是必要的。通过 AM 的端口绑定特性，网络管理员可以将合法用户的 IP（MAC-IP）地址绑定到指定的端口上。进行绑定操作后，只有指定 IP（MAC-IP）地址的用户发出的报文才能通过该端口转发，增强了用户对网络安全的监控。由于 AM 可定义交换机端口→主机 MAC →主机 IP 之间的映射，因此当交换机配置的 AM 的端口收到未授权的源 MAC 地址数据帧，交换机不会将其源 MAC 地址放入 MAC 地址表中，这样有效阻止了 MAC 地址泛洪攻击和 MAC 地址欺骗攻击。典型的 AM 配置如下。

1）交换机全局模式下启用 AM

  am enable（默认：deny any mac-ip）

2）端口启用 AM，过滤源 MAC-IP 地址：

  Interface Ethernet1/0/2
  am port
  am mac-ip-pool 00-0c-29-8f-46-42 192.168.1.99
  Interface Ethernet1/0/4
  am port
  am mac-ip-pool 00-16-31-f2-bb-78 192.168.1.100
  …

场景

小　李：岳总，我觉得交换机以上这个特性也可以实现您刚才提到的功能。

Yueda：那就试试看吧，找白先生来配合你做一下测试，我先打电话和他沟通，今后关于此类问题，你直接去找他即可。

小　李：好的。

经过小李和白先生的测试，他们发现交换机 AM 技术确实也可以抵御白先生的 MAC flooding（MAC 地址泛洪）渗透测试。

Yueda：这项任务完成得不错，接下来不用我说应该干什么了吧。

小　李：在 OA 系统中写工作日志。

Yueda：非常好。

小　李：谢谢领导。

2.2　DHCP 攻击及其解决方案

扫码看视频

2.2.1　DHCP 攻击介绍：DHCP Starvation

场景

在会议室里，Yueda、小李、白先生进行了每天一次的例会。

白先生：根据贵公司对我提出的要求，我又对公司的局域网中的 DHCP 服务器进行了 DHCP Starvation 的渗透测试，发现公司的局域网没有对此做出安全防护措施；我可以轻松使公司局域网中的 DHCP 服务器处于无效工作状态。

小　李：你是如何做到的呢？

白先生：DHCP 服务器主要的作用是为公司的局域网中用户的终端分配 IP 地址，这个过程需要经过以下步骤：

1）用户访问网络使用终端向其所在网络发送 DHCP Discovery 数据包，用于请求这个终端所使用的访问网络的 IP 地址，如图 2-12 所示。

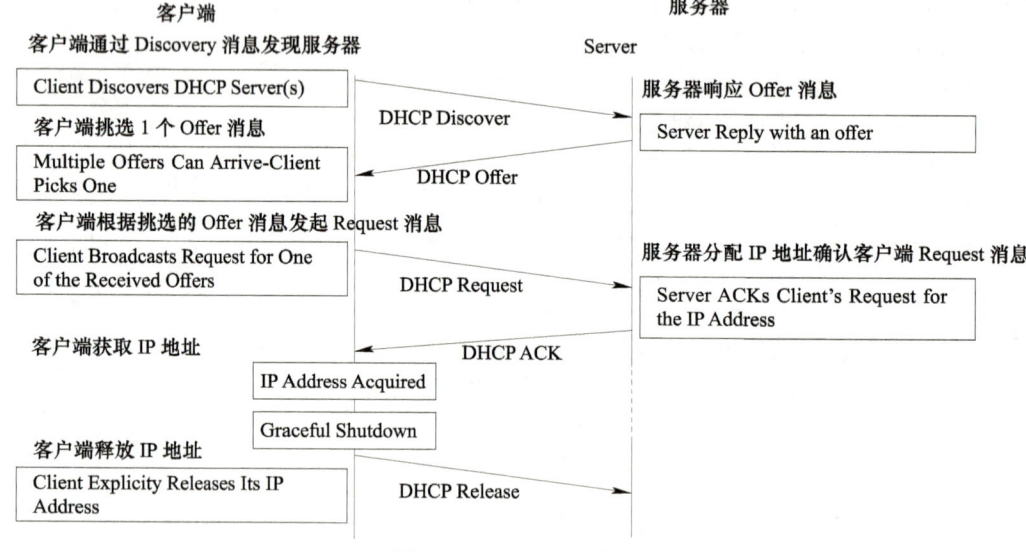

图 2-12　DHCP 工作过程

如图 2-13 所示，从这个包可以看出，用户终端没有任何 IP 地址，为 0.0.0.0，但是它通过一个 Client MAC 地址去向 DHCP 服务器申请 IP 地址。

```
⊟ Bootstrap Protocol
    Message type: Boot Request (1)
    Hardware type: Ethernet
    Hardware address length: 6
    Hops: 0
    Transaction ID: 0x89eba190
    Seconds elapsed: 3584
  ⊞ Bootp flags: 0x0000 (Unicast)
    Client IP address: 0.0.0.0 (0.0.0.0)
    Your (client) IP address: 0.0.0.0 (0.0.0.0)
    Next server IP address: 0.0.0.0 (0.0.0.0)
    Relay agent IP address: 0.0.0.0 (0.0.0.0)
    Client MAC address: 00:0c:29:8f:46:42 (Vmware_8f:46:42)
    Server host name not given
    Boot file name not given
    Magic cookie: (OK)
    Option 53: DHCP Message Type = DHCP Discover
    Option 116: DHCP Auto-Configuration (1 bytes)
  ⊞ Option 61: Client identifier
    Option 50: Requested IP Address = 202.100.1.10
    Option 12: Host Name = "acer-5006335e97"
    Option 60: Vendor class identifier = "MSFT 5.0"
  ⊞ Option 55: Parameter Request List
    Option 43: Vendor-Specific Information (2 bytes)
    End Option
```

图 2-13　DHCP Discovery

2）DHCP 服务器收到这个请求，会为用户终端回送 DHCP Offer。

如图 2-14 所示，从这个包可以看出，DHCP 服务器为刚才那个用户终端的 MAC 分配的 IP 地址为 202.100.1.100，并且这个 IP 携带了一些选项，如子网掩码、网关、DNS、DHCP 服务器 IP、租期等信息。

3）用户终端收到这个 Offer 以后，确认需要使用这个 IP 地址，会向 DHCP 服务器继续发送 DHCP Request。

如图 2-15 所示，从这个包可以看出，用户终端请求 IP 地址 202.100.1.100。

```
⊟ Bootstrap Protocol
   Message type: Boot Reply (2)
   Hardware type: Ethernet
   Hardware address length: 6
   Hops: 0
   Transaction ID: 0x89eba190
   Seconds elapsed: 0
 ⊞ Bootp flags: 0x0000 (Unicast)
   Client IP address: 0.0.0.0 (0.0.0.0)
   Your (client) IP address: 202.100.1.100 (202.100.1.100)
   Next server IP address: 202.100.1.20 (202.100.1.20)
   Relay agent IP address: 0.0.0.0 (0.0.0.0)
   Client MAC address: 00:0c:29:8f:46:42 (Vmware_8f:46:42)
   Server host name not given
   Boot file name not given
   Magic cookie: (OK)
   Option 53: DHCP Message Type = DHCP Offer
   Option 1: Subnet Mask = 255.255.255.0
   Option 58: Renewal Time Value = 4 days
   Option 59: Rebinding Time Value = 7 days
   Option 51: IP Address Lease Time = 8 days
   Option 54: Server Identifier = 202.100.1.20
   Option 3: Router = 202.100.1.1
   Option 6: Domain Name Server = 202.106.0.20
   End Option
   Padding
```

图 2-14　DHCP Offer

```
⊟ Bootstrap Protocol
   Message type: Boot Request (1)
   Hardware type: Ethernet
   Hardware address length: 6
   Hops: 0
   Transaction ID: 0x89eba190
   Seconds elapsed: 3584
 ⊞ Bootp flags: 0x0000 (Unicast)
   Client IP address: 0.0.0.0 (0.0.0.0)
   Your (client) IP address: 0.0.0.0 (0.0.0.0)
   Next server IP address: 0.0.0.0 (0.0.0.0)
   Relay agent IP address: 0.0.0.0 (0.0.0.0)
   Client MAC address: 00:0c:29:8f:46:42 (Vmware_8f:46:42)
   Server host name not given
   Boot file name not given
   Magic cookie: (OK)
   Option 53: DHCP Message Type = DHCP Request
 ⊞ Option 61: Client identifier
   Option 50: Requested IP Address = 202.100.1.100
   Option 54: Server Identifier = 202.100.1.20
   Option 12: Host Name = "acer-5006335e97"
 ⊞ Option 81: FQDN
   Option 60: Vendor class identifier = "MSFT 5.0"
 ⊞ Option 55: Parameter Request List
   Option 43: Vendor-Specific Information (3 bytes)
   End Option
```

图 2-15　DHCP Request

4）如图 2-16 所示，DHCP 服务器再次收到来自这个用户终端的请求，会回送 DHCP ACK 包进行确认，至此用户终端获得 DHCP 服务器为其分配的 IP 地址。

```
⊟ Bootstrap Protocol
   Message type: Boot Reply (2)
   Hardware type: Ethernet
   Hardware address length: 6
   Hops: 0
   Transaction ID: 0x89eba190
   Seconds elapsed: 0
 ⊞ Bootp flags: 0x0000 (Unicast)
   Client IP address: 0.0.0.0 (0.0.0.0)
   Your (client) IP address: 202.100.1.100 (202.100.1.100)
   Next server IP address: 0.0.0.0 (0.0.0.0)
   Relay agent IP address: 0.0.0.0 (0.0.0.0)
   Client MAC address: 00:0c:29:8f:46:42 (Vmware_8f:46:42)
   Server host name not given
   Boot file name not given
   Magic cookie: (OK)
   Option 53: DHCP Message Type = DHCP ACK
   Option 58: Renewal Time Value = 4 days
   Option 59: Rebinding Time Value = 7 days
   Option 51: IP Address Lease Time = 8 days
   Option 54: Server Identifier = 202.100.1.20
   Option 1: Subnet Mask = 255.255.255.0
 ⊞ Option 81: FQDN
   Option 3: Router = 202.100.1.1
   Option 6: Domain Name Server = 202.106.0.20
   End Option
   Padding
```

图 2-16　DHCP ACK

白先生：了解了这一点以后，请看一下关于 DHCP Starvation 的介绍。

DHCP Starvation 攻击原理：

如图 2-17 和图 2-18 所示，DHCP Starvation 是用虚假的 MAC 地址广播 DHCP 请求的。用诸如 Yersinia 这样的软件可以很容易做到这点。如果发送了大量的请求，则攻击者可以在一定时间内耗尽 DHCP Servers 可提供的地址空间。这种简单的资源耗尽式攻击类似于 SYN flood。接着，攻击者可以在他的系统上仿冒一个 DHCP 服务器来响应网络上其他客户的

DHCP 请求。耗尽 DHCP 地址后不需要对一个假冒的服务器进行通告，如 RFC 2131 所说："客户端收到多个 DHCP OFFER，从中选择一个（如第一个或用上次向他提供 offer 的那个 Server），然后从里面的服务器标识（Server Identifier）项中提取服务器地址。客户收集信息和选择哪一个 Offer 的机制由具体实施而定。"

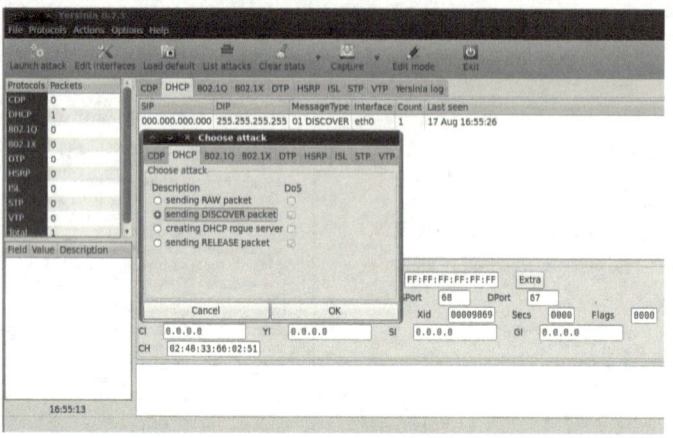

图 2-17　DHCP 耗尽攻击

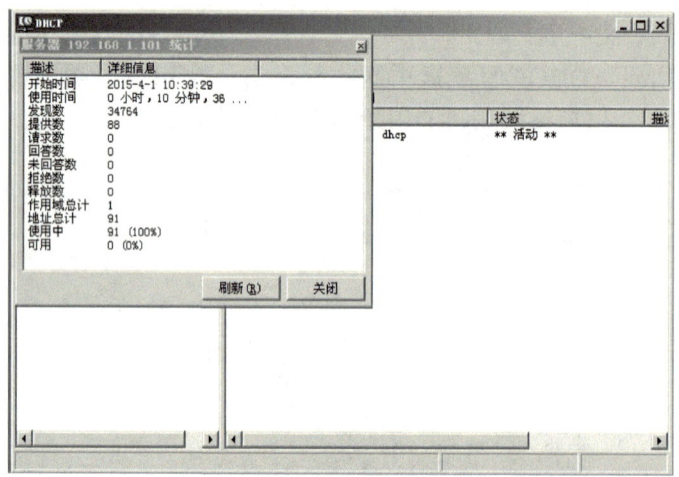

图 2-18　地址池耗尽的 DHCP 服务器：可用地址 =0

场景

小　　李：白先生，如果 DHCP 服务器被毁掉了，那么公司内部局域网的用户终端不就无法获得上网的 IP 地址了吗？

白先生：是的，但是事情还远远不止如此……

2.2.2　DHCP 攻击介绍：DHCP Spoofing

场景

小　　李：如果 DHCP 服务器被毁掉了，那么接下来你从黑客的角度还会做些什么呢？

白先生：DHCP 服务器一旦被毁掉，我会在局域网中继续发起 DHCP Spoofing（欺骗）攻击，请继续看关于 DHCP Spoofing（欺骗）攻击的原理。

DHCP Spoofing（欺骗）攻击的原理：

如图 2-19 所示，设置了假冒的 DHCP 服务器后，攻击者就可以向客户机提供地址和其他网络信息了。DHCP Responses 一般包括了默认网关和 DNS 服务器信息，攻击者就可以将他自己的主机通告成默认网关和 DNS 服务器来做中间人攻击。

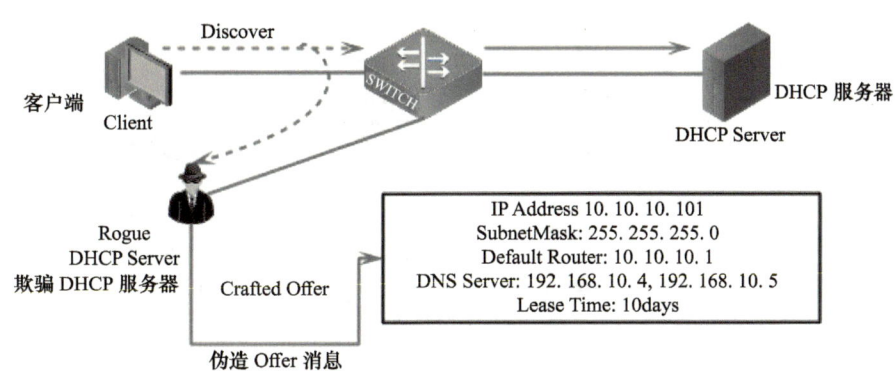

图 2-19　DHCP Rogue Server

场景

小　李：这样一来，公司局域网中的用户上网的用户名、密码不就是又被黑客盗取了吗？
白先生：没错，就是这样的。
小　李：厉害！从黑客的角度，这么做确实是很有技巧的。

2.2.3　DHCP 攻击解决方案：DHCP Snooping

场景

Yueda：刚才你们俩的对话内容，我已经了解了。仔细想了一下，我觉得针对这样的攻击，可以从以下两个方面进行解决：

首先，对于 DHCP Starvation 攻击，可以限制黑客发送大量的 DHCP Discovery 来请求 DHCP 服务器需要为用户分配的 IP 地址。

其次，对于 DHCP Spoofing（欺骗）攻击，可以阻止黑客发送 DHCP Offer 数据包和 DHCP ACK 数据包来为我们的用户分配 IP 地址。

做到这两个方面，你们觉得如何？
白先生：当然没有问题了。
Yueda：小李，你再去查一下关于公司局域网用的交换机的相关文档，查一下交换机有没有安全特性可以解决这个问题。
小　李：好的，我马上去。

小李在交换机的文档中发现了一个叫作 DHCP Snooping 的特性，关于它的介绍如下。

DHCP Snooping 工作原理：

如图 2-20 所示，当交换机开启了 DHCP Snooping 后，会对 DHCP 报文进行侦听，并可以从接收到的 DHCP Request 或 DHCP Ack 报文中提取并记录 IP 地址和 MAC 地址信息。另外，DHCP-Snooping 允许将某个物理端口设置为信任端口或不信任端口。信任端口可以正常接收并转发 DHCP Offer 报文，而不信任端口会将接收到的 DHCP Offer 报文丢弃。这样，可以完成交换机对假冒 DHCP Server 的屏蔽作用，确保客户端从合法的 DHCP Server 获取 IP 地址。

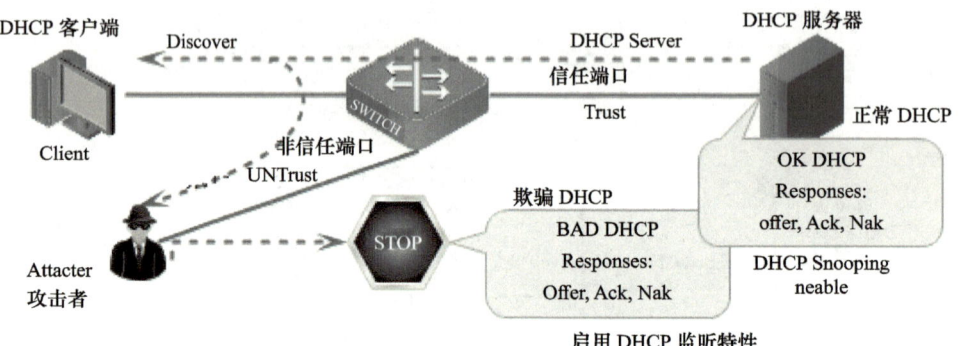

图 2-20　DHCP Snooping 确保客户端从合法的 DHCP Server 获取 IP 地址

典型的配置如下。

1）启用 DHCP Snooping：

    Switch（config）#ip dhcp snooping enable

2）定义启用 DHCP Snooping 的 VLAN：

    Switch（config）#ip dhcp snooping vlan 1

3）连接 DHCP 客户机的接口，限制 DHCP Discovery 数据包的发送速度，防止 DHCP Starvation 攻击：

    Switch（config-if-ethernet1/0/4）#ip dhcp snooping limit rate <rate>

4）交换机启用 DHCP Snooping 之后，所有的接口默认不能接收 DHCP Offer、DHCP Ack 数据包。为了能使连接正常 DHCP 服务器的接口收到 DHCP Offer、DHCP Ack 数据包，需要将交换机连接正常 DHCP 服务器的接口设置为 dhcp snooping trust 模式：

    Switch（config-if-ethernet1/0/4）#ip dhcp snooping trust

场景

小　李：岳总，我觉得交换机以上的特性可以实现您刚才提到的功能。

Yueda：那就试一试吧。记得首先在线下做测试，如果测试没有问题，再到实际的网络中进行实施。白先生，你来配合小李做一下测试吧！

白先生：好的。

经过小李和白先生的测试，他们发现交换机 DHCP Snooping 技术确实可以抵御白先生的 DHCP 攻击渗透测试，于是小李将此交换机的安全特性在公司内部的局域网交换机上进行了部署，完成了领导安排的任务。

2.3 ARP 攻击及其解决方案

2.3.1 ARP 攻击介绍：ARP DoS

扫码看视频

场景

在会议室里，Yueda、小李、白先生进行了每天一次的例会。

白先生：根据贵公司对我提出的要求，我又对公司的局域网进行了 ARP DOS（拒绝服务）的渗透测试，发现贵公司的局域网没有对此做出安全防护，我可以轻松使贵公司局域网中的用户终端无法使用网络。

小 李：你是如何做到的呢？

白先生：你了解什么是 ARP 吗？

小 李：当然了。

Yueda：那么请小李先给我们讲一讲什么是 ARP 吧。

小李开始介绍 ARP 的工作原理。

ARP 的工作原理：

如图 2-21～图 2-24 所示，ARP（Address Resolution Protocol，地址解析协议）是一种将 IP 地址转化成物理地址的协议。从 IP 地址到物理地址的映射有两种方式：表格方式和非表格方式。ARP 具体说来就是将网络层（相当于 OSI 的第三层）地址解析为数据链路层（相当于 OSI 的第二层）的物理地址（此处物理地址并不一定指 MAC 地址）。

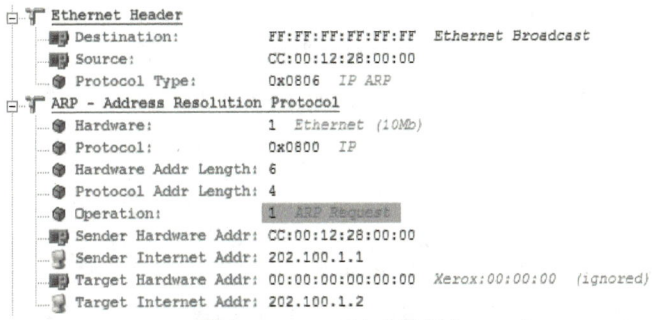

图 2-21 ARP 请求数据包

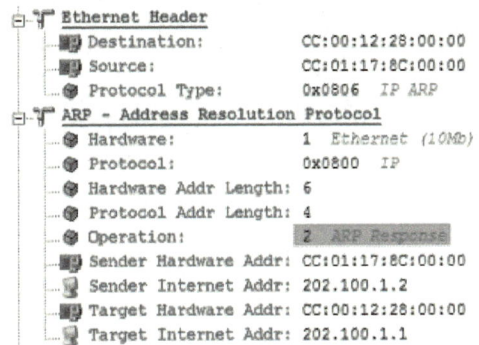

图 2-22 ARP 响应数据包

```
C:\Documents and Settings\Administrator>arp -a

Interface: 192.168.1.101 --- 0x10003
  Internet Address      Physical Address      Type
  192.168.1.1           00-03-0f-40-7d-8a     dynamic
```

图 2-23　主机 ARP 缓存信息

```
DCRS-5650-28(R4)#show arp
ARP Unicast Items: 2, Valid: 2, Matched: 2, Verifying: 0, Incomplete: 0, Failed:
 0, None: 0
Address          Hardware Addr      Interface      Port             Flag       Age-
time(sec)      subvlan VID
192.168.1.101    52-54-00-b3-56-44  Vlan1          Ethernet1/0/4    Dynamic    1190
                   1
```

图 2-24　三层网络设备 ARP 缓存信息

例如，某机器 A 要向主机 B 发送报文，会查询本地的 ARP 缓存表，找到 B 的 IP 地址对应的 MAC 地址后，就会进行数据传输。如果未找到，则 A 广播一个 ARP 请求报文（携带主机 A 的 IP 地址 Ia—— 物理地址 Pa），请求 IP 地址为 Ib 的主机 B 回答物理地址 Pb。网上所有主机包括 B 都收到 ARP 请求，但只有主机 B 识别自己的 IP 地址，于是向 A 主机发回一个 ARP 响应报文。其中就包含有 B 的 MAC 地址，A 接收到 B 的应答后，就会更新本地的 ARP 缓存。接着使用这个 MAC 地址发送数据（由网卡附加 MAC 地址）。因此，本地高速缓存的这个 ARP 表是本地网络流通的基础，而且这个缓存是动态的。

场景

Yueda：不错！介绍得非常完整。

白先生：既然你了解了什么是 ARP 的工作原理，那么利用这个原理，就可以进行 DoS（Denial of Service，拒绝服务）攻击。如图 2-25 所示，ARP DoS（拒绝服务）攻击就是通过伪造 IP 地址和 MAC 地址实现 ARP 欺骗，能够在网络中产生大量的 ARP 通信量使网络阻塞，攻击者只要持续不断地发出伪造的 ARP 响应包就能更改目标主机 ARP 缓存中的 IP-MAC 条目，造成网络中断。

```
root@bt:~# arpspoof -t 192.168.1.101 192.168.1.1
0:c:29:4e:c7:10 52:54:0:b3:56:44 0806 42: arp reply 192.168.1.1 is-at 0:c:29:4e:c7:10
0:c:29:4e:c7:10 52:54:0:b3:56:44 0806 42: arp reply 192.168.1.1 is-at 0:c:29:4e:c7:10
0:c:29:4e:c7:10 52:54:0:b3:56:44 0806 42: arp reply 192.168.1.1 is-at 0:c:29:4e:c7:10
0:c:29:4e:c7:10 52:54:0:b3:56:44 0806 42: arp reply 192.168.1.1 is-at 0:c:29:4e:c7:10
```

图 2-25　ARP 拒绝服务攻击

小　李：这样，如果黑客欺骗用户终端网关的 IP-MAC 条目，那么通过网关上网的用户岂不是不能正常上网了吗？

白先生：没错，就是这样的，现在贵公司的网络就存在这个问题，但是事情还不止如此。

2.3.2　ARP 攻击介绍：The Man in the Middle ARP

场景

小　李：如果从黑客的角度，基于这个漏洞还会做些什么呢？

白先生：还可以做到 The Man in the Middle ARP（ARP 中间人攻击），从而窃取用户上网的流量，具体介绍如下。

The man in the middle ARP（ARP 中间人攻击）的原理：

如图 2-26 所示，攻击者 B 向 PC A 发送一个伪造的 ARP 响应，告诉 PC A：Router C 的 IP 地址对应的 MAC 地址是自己的 MAC B，PC A 信以为真，将这个对应关系写入自己的 ARP 缓存表中，以后发送数据时，将本应该发往 Router C 的数据发送给了攻击者。同样地，攻击者向 Router C 也发送一个伪造的 ARP 响应，告诉 Router C：PC A 的 IP 地址对应的 MAC 地址是自己的 MAC B，Router C 也会将数据发送给攻击者。实现 ARP 中间人欺骗，需要黑客的计算机自身启用路由功能，如图 2-27 所示。

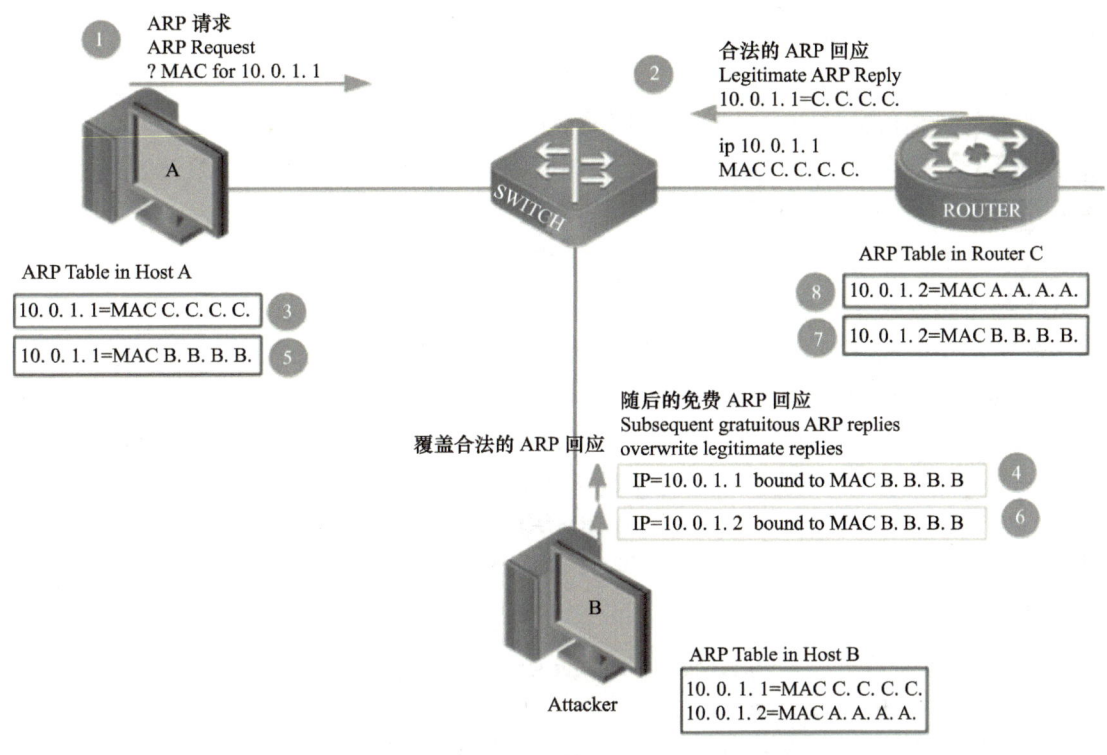

图 2-26　ARP 中间人攻击

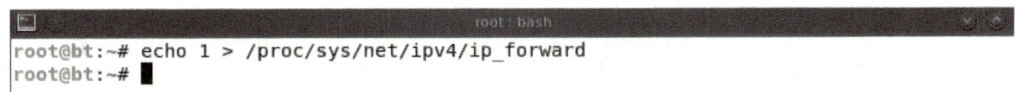

图 2-27　实现 ARP 中间人欺骗，需要黑客的计算机自身启用路由功能

至此攻击者就控制了 PC A 和 Router C 之间的流量，他可以选择被动地监测流量，获取密码和其他涉密信息，也可以伪造数据，改变 PCA 和 PCB 之间的通信内容（如 DNS 欺骗）。

小　李：白先生果然有高超的技术。

白先生：这只不过是雕虫小技罢了，你们还是想一想如何解决这些问题吧。

2.3.3 ARP 攻击解决方案 1：AM

场景

Yueda：刚才你们俩的对话内容，我已经了解了。仔细想了一下，我觉得针对这样的攻击可以这样进行解决：

公司用于局域网的交换机有没有一种特性，能够限制用户发送的 ARP 流量。例如，只允许用户回送真实的 IP 映射至自己 MAC 的 ARP 映射关系，而不允许用户回送其他的 IP 映射至 MAC 的 ARP 映射关系。

白先生：如果是这样，当然可以解决 ARP 攻击的问题。

Yueda：小李，你再去查一下关于我们公司局域网用的交换机的相关文档，查一下交换机有没有安全特性可以解决这个问题。

小　李：好的。我马上去。

小李在交换机的文档中发现了一个叫作 AM（Access Management，访问管理）的特性，之前曾经用过这个特性解决 MAC 地址泛洪的问题，现在也可以用这个特性来控制 ARP 的流量，真是一举两得。关于它的介绍如下。

AM 防止 ARP 攻击工作原理：

AM 是指当交换机收到 IP 报文或 ARP 报文时，它用收到报文的信息（源 IP 地址或者源 MAC-IP 地址）与配置硬件地址池相比较，如果在配置硬件地址池中找到与收到的报文相匹配的信息（源 IP 地址或者源 MAC-IP 地址），则转发该报文，否则丢弃。在解决 MAC 地址泛洪攻击和 MAC 地址欺骗攻击时，AM 技术过滤 Ethernet Frame Source mac → Source IP 之间的映射，在这里 AM 技术过滤 ARP 包中 ARP Sender mac → ARP Sender IP 之间的映射。如果是 ARP 欺骗数据包，那么 ARP 包中 ARP Sender mac → ARP Sender IP 之间的映射一定和主机真实的 MAC → IP 映射是不一致的，所以 AM 技术也可以有效防止 ARP 欺骗。

典型的配置如下。

1）交换机全局模式下启用 Access Management：

```
am enable（默认：deny any mac-ip）
```

2）端口启用 Access Management，过滤 ARP 包中 ARP Sender mac → ARP Sender ip Interface Ethernet1/0/2：

```
am port
am mac-ip-pool 00-0c-29-8f-46-42 192.168.1.99
Interface Ethernet1/0/4
am port
am mac-ip-pool 00-16-31-f2-bb-78 192.168.1.100
...
```

场景

小　李：岳总，我觉得交换机上面的特性可以实现您刚才提到的功能。

Yueda：那就试一试吧。记得首先在线下做测试，如果测试没有问题，则再到实际的网络中进行实施。白先生，你来配合小李做一下测试吧。

白先生：好的。

经过小李和白先生的测试，他们发现交换机 AM 技术确实可以抵御白先生的 ARP 攻击渗透测试。

2.3.4　ARP 攻击解决方案 2：DAI

场景

Yueda：小李，做得不错，但是你想过一个问题没有，如果你将这个特性在实际的网络里进行实施，工作量会很大。

小　李：是的，我也正在考虑这个问题。

Yueda：所以说这种方法对于公司的网络是不行的，你需要考虑其他方法才行。

小　李：我刚才发现之前用到的 DHCP Snooping 技术还有另外一个子功能，可以用于防止 ARP 攻击。它的功能如下。

DAI（Dynamic ARP Inspection，动态 ARP 监控）工作原理：

AM（IP-MAC-PORT）绑定是在交换机上静态地绑定网络内主机的 IP-MAC-PORT 的对应关系，在网络内主机数目比较少的情况下，使用 IP-MAC-PORT 绑定是比较方便的。当网络内主机的数目比较多时，这种方式就比较烦琐。

这时我们采用 DHCP Snooping 的方式来解决这个问题。对于大型的网络，采用的是使用 DHCP 服务器为网络内的主机自动分配 IP 地址，这时可以开启交换机上面的 DHCP Snooping 功能。DHCP Snooping 可以自动地学习 IP-MAC-PORT 之间的映射，并将学习到的 IP-MAC-PORT 对应关系保存到交换机的本地数据库中，如图 2-28 所示。在客户机发送的数据或 ARP 数据包，只有和数据库中 IP-MAC-PORT 条目匹配正确，数据或 ARP 数据包才能通过相应的端口进行传输。如果这时网络内某个主机对其他主机发送 ARP 欺骗数据包，则交换机会阻止数据，来保护网络的安全。

```
DCRS-5650-28(R4)#show ip dhcp snooping binding all
ip dhcp snooping static binding count:1, dynamic binding count:1
MAC                 IP address        Interface         Vlan ID    Flag
-----------------------------------------------------------------------
00-0c-29-8f-46-42   192.168.1.99      Ethernet1/0/2     1          SL
00-0c-29-5c-d3-a7   192.168.1.110     Ethernet1/0/2     1          DL
-----------------------------------------------------------------------
DCRS-5650-28(R4)#
```

图 2-28　交换机本地 DHCP Snooping 数据库信息

通常的配置步骤如下。

1）启用 DHCP Snooping：

```
ip dhcp snooping enable
ip dhcp snooping vlan 1
```

　　　　Interface Ethernet1/0/4
　　　　　　ip dhcp snooping trust

2）启用 DHCP Snooping Binding 功能：
　　　　ip dhcp snooping binding enable

3）对于静态 IP，手工建立 DHCP Snooping Binding 数据库条目（由于客户端设置静态 IP 无须和 DHCP 服务器之间交互 DHCP 信息）：
　　　　ip dhcp snooping binding user 00-0c-29-8f-46-42 address 192.168.1.99 vlan 1 interface Ethernet1/0/2

4）端口启用 DHCP Snooping Binding，过滤 ARP Sender mac-ip、Ethernet Frame Source mac-ip（默认：deny any mac-ip）
　　　　Interface Ethernet1/0/2
　　　　　　ip dhcp snooping binding user-control

场景

小　李：岳总，我觉得交换机上面的特性也可以实现您刚才提到的功能。

Yueda：那就试一试吧。记得首先在线下做测试，如果测试没有问题，则再到实际的网络中进行实施。白先生，你来配合小李做一下测试吧。

白先生：好的。

经过小李和白先生的测试，他们发现交换机 DAI 技术确实也可以抵御白先生的 ARP 攻击渗透测试。于是小李将此交换机的安全特性在公司内部的局域网交换机上进行了部署。

2.3.5　ARP 攻击解决方案 3：Isolated VLAN

场景

Yueda：小李，你想过一个问题没有，如果是点对点的网络，就不会存在 ARP 攻击的问题，因为 ARP 中间人根本无法插入进网络进行攻击。

小　李：是这样的。

Yueda：所以你还可以从网络结构上考虑解决 ARP 攻击的问题。例如，公司有些用户终端只需要对服务器进行访问，或者只需要对互联网网关进行访问，而不需要对局域网内其他终端进行访问，这种情况下，你可以从网络结构上设计为点对点的网络，从而防止 ARP 攻击。

小　李：好的，我马上去办。

小李在交换机的文档中发现了一个叫作 PVLAN 的特性，关于它的介绍如下。

PVLAN（Private VLAN）工作原理：

如图 2-29 所示，PVLAN（Private VLAN，专有 VLAN）的主要作用就是实现同一 VLAN 下的相互隔离。在传统的 VLAN 环境下，同一 VLAN 下的主机是可以相互通信的，为了保证通信的相对安全性，要求同一 VLAN 下的主机隔离，这样就可以采用 PVLAN 技术。在用户的角度看存在第二层 VLAN 201 和 VLAN 202，但在运营商的角度它们都在第一层 VLAN 100 中。Primary VLAN 和他所关联的 Isolated VLAN Community VLAN 都可以通信。

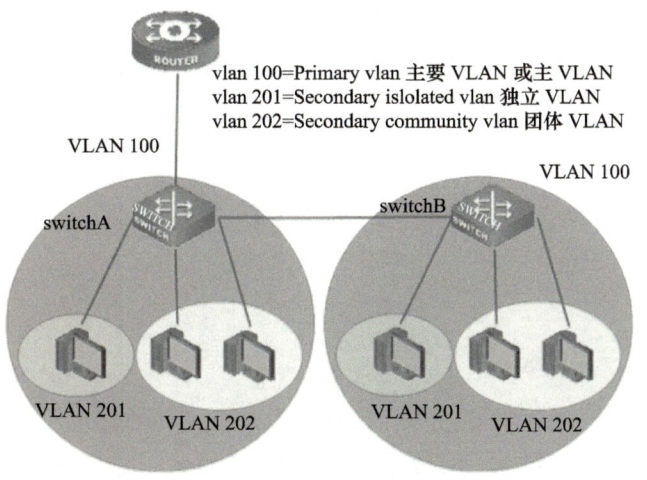

图 2-29 Private VLAN 规划

Isolated VLAN 和 Community VLAN 都属于 Secondary VLAN，他们之间的区别是：同属于一个 Isolated VLAN 的主机不可以互相通信，同属于一个 Community VLAN 的主机可以互相通信。但它们都可以和所关联的 primary VLAN 通信。在交换机内部，PVLAN 技术是通过设置端口的 VID 和 PVID 实现的，如图 2-30 所示。

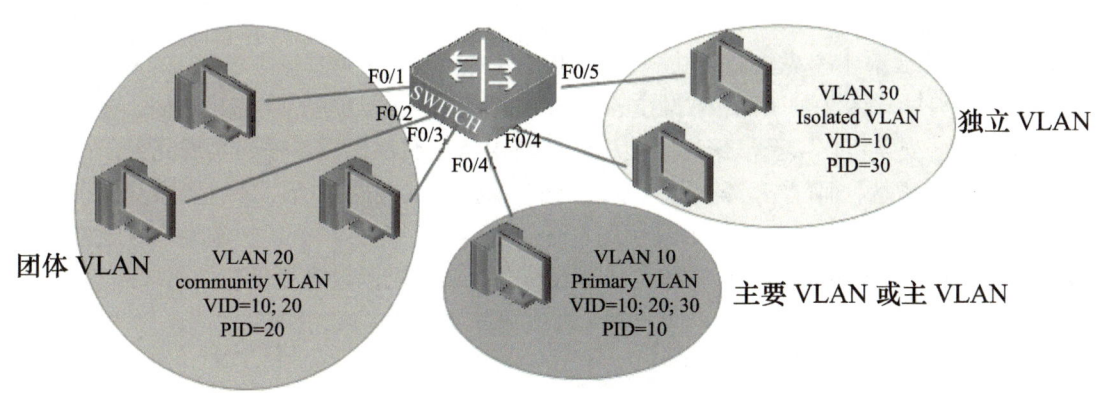

图 2-30 通过 VID 和 PVID 实现 PVLAN

在 Isolated VLAN 中，每个 Isolated VLAN 的端口到 Primary VLAN 的端口之间都是一条点对点的链路，在这种环境下，由于在同一条点对点的链路上，无法插入 ARP 中间人，因此是无法实现 ARP 欺骗的。例如，在小区宽带的环境中，无法实现 ARP 欺骗攻击。

场景

小　　李：岳总，我觉得交换机 Isolated VLAN 这个特性也可以实现您刚才提到的点对点网络。

Yueda：从原理上讲没有问题，那就试一试吧。记得首先在线下做测试，如果测试没有问题，再到实际的网络中进行实施。白先生，你来配合小李做一下测试吧。

白先生：好的。

经过小李和白先生的测试，他们发现交换机 Isolated VLAN 技术确实也可以抵御白先生的 ARP 攻击渗透测试。于是小李首先调查了公司内部哪些用户属于只需要对服务器进行访问，哪些用户只需要对互联网网关进行访问，而不需要对局域网内其他终端进行访问，接下来为这些用户设置了 Isolated VLAN。

2.4 生成树攻击及其解决方案

2.4.1 STP 攻击介绍：STP Spoofing

场景

在会议室里，Yueda、小李、白先生依旧进行每天一次的例会。

白先生：根据贵公司对我提出的要求，我发现在贵公司的局域网中存在冗余链路，交换机启用了生成树协议，我又对公司的局域网进行了 STP Spoofing（Spanning Tree Protocol Spoofing，生成树欺骗）的渗透测试，发现贵公司的局域网没有对此做出安全防护，我可以基于此攻击监听到局域网中用户发送的用户名和密码信息，并对此信息进行收集。

小 李：你是如何做到的呢？

白先生：你了解什么是 STP（生成树协议）吗？

小 李：当然了。

Yueda：那么请小李先给我们讲一讲 STP（生成树协议）吧。

小 李：好的。图 2-31 所示为 TaoJin 电子商务公司内部局域网冗余拓扑结构。在这个拓扑结构上，接入层交换机连接至汇聚层交换机的链路由于可靠性要求，需要实现冗余，而冗余的同时会存在网络环路，而网络环路会产生如广播风暴之类的问题，所以这就要求交换机之间采用生成树的机制，选择交换机之间的最优路径作为主链路，而将其他备份链路临时阻塞，待主链路失效，再将备份链路启用，这样就可以在设置备份链路的同时避免出现网络环路。

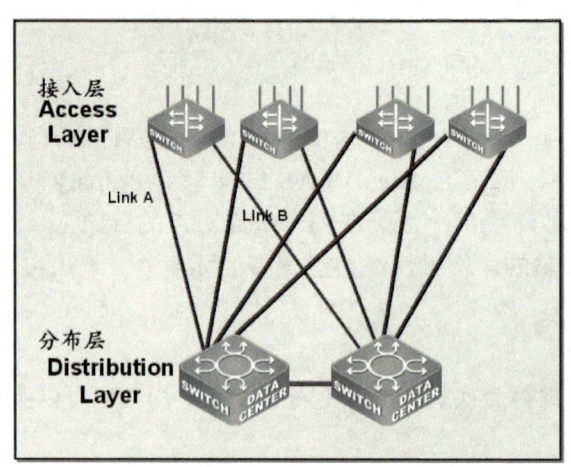

图 2-31 TaoJin 电子商务公司内部局域网冗余拓扑结构

Yueda：很好。小李，你了解生成树协议具体是如何工作的吗？

小 李：如图 2-32 和图 2-33 所示，使用 STP 的所有交换机都通过 BPDU（Bridge

Protocol Data Unit，网桥协议数据单元）来共享信息，BPDU 每两秒就发送一次。交换机发送 BPDU 时，里面含有 BridgeID，这个 BridgeID 结合了可配置的优先数（默认值是 32 768）和交换机的基本 MAC 地址。交换机可以发送并接收这些 BPDU，以确定哪个交换机拥有最低的 BridgeID，拥有最低 BridgeID 的那个交换机成为根 Bridge（Root Bridge）。

图 2-32 BPDU 抓包

在图 2-33 中，Bridge ID 为 0.00:03:0f:40:7d:8b 的交换机为根交换机。选择好根交换机之后，同一个广播域中其余的交换机就会以根交换机为基准，基于 Cost 值计算到达根交换机的最优路径，这个 Cost 值与链路的带宽成反比，这个到达根交换机的最优路径就作为每个非根交换机到达根交换机的主链路，而每个非根交换机到达根交换机的非主链路，都作为备份链路，需要临时处于阻塞状态，直到主链路失效，交换机会在备份链路中重新选择新的主链路，再进行开启这条链路。

图 2-33 拥有最小 Bridge ID 的交换机为根

Yueda：基本正确。白先生，请介绍一下你做的渗透测试，关于 STP Spoofing（生成树欺骗）的原理是什么？

白先生：我做的渗透测试原理是这样的。

STP Spoofing（生成树欺骗）攻击原理：

多个交换机运行生成树协议后，会选举一个根交换机，如果攻击者向其广播域发送一个生成树消息,则该消息拥有比当前根交换机还要小的 BridgeID,让多个交换机重新选举,并选择该攻击者为根交换机,则该攻击者就达到了抢占根交换机的目的。

如图 2-34 和图 2-35 所示,Yersinia 可以向所在域发送欺骗消息,达到伪装根交换机的目的。

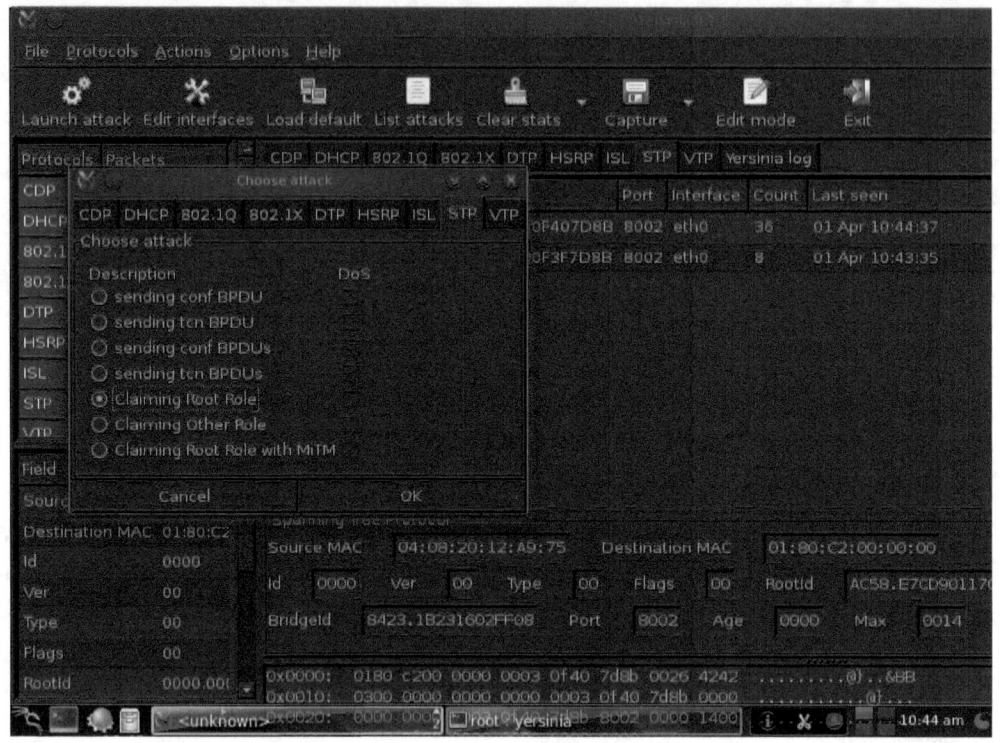

图 2-34 抢占根交换机角色

```
DCRS-5650-28(R4)#show spanning-tree

             -- STP Bridge Config Info --

Standard       :  IEEE 802.1d
Bridge MAC     :  00:03:0f:40:7d:8b
Bridge Times   :  Max Age 20, Hello Time 2, Forward Delay 15
Force Version  :  0

################################################################
Self Bridge Id    : 0.00:03:0f:40:7d:8b
Root Id           : 0.00:03:0f:3f:7d:8b
Ext.RootPathCost  : 199999
Root Port ID      : 128.2

    PortName        ID       ExtRPC   State  Role    DsgBridge        DsgPort
   ------------  ---------  --------- -----  ----    ---------------  --------
   Ethernet1/0/2 128.002         0    FWD    ROOT    0.00030f3f7d8b   128.002
   Ethernet1/0/4 128.004    199999    FWD    DSGN    0.00030f407d8b   128.004
   Ethernet1/0/6 128.006    199999    FWD    DSGN    0.00030f407d8b   128.006
DCRS-5650-28(R4)#_
```

图 2-35 Bridge ID 为 0.00:03:0f:40:7d:8b 的交换机认为攻击者计算机为根

在 ubuntu 下执行 Yersinia stp -attack 5:

如图 2-36 所示,在没有 STP Spoofing 的情况下,A 和 B 主机之间通信,流量由 A 经过交换机 1、交换机 2、交换机 3、交换机 4，然后到达主机 B，由于交换机 2 和交换机 3 拥有更低的 BridgeID，因此阻塞链路为交换机 1 和交换机 4 之间的链路；现在由于 Yersinia 主机成为根交换机，交换机 2 和交换机 3 之间链路、交换机 1 和交换机 4 之间链路成为阻塞链路，主机 A 和主机 B 之间的流量将经过 Yersinia 主机进行通信，从而使 Yersinia 主机成为网络的监听者。

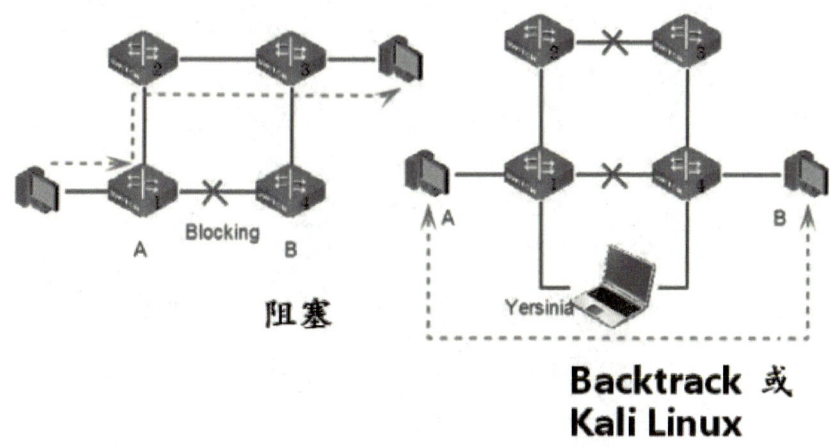

图 2-36　STP Spoofing 带来的问题：网络监听

场景

小　李：果然是黑客。在用户毫不知情的情况下就可以监听到网络信息。
白先生：你们公司需要考虑，如何能够防止这种监听攻击。

2.4.2　STP 攻击介绍：STP BPDU DoS

场景

小　李：从黑客的角度，基于生成树的漏洞还会做些什么呢？
白先生：我还可以做到 STP BPDU DoS，也就是生成树协议 BPDU 拒绝服务攻击，从而消耗运行着 STP 的交换机的资源，具体介绍如下。

STP BPDU DoS 攻击原理：

如图 2-37～图 2-39 所示，黑客还可以利用假冒的 BPDU 数据帧来消耗交换机的资源，从而达到破坏网络环境的目的。攻击者连续不断、交替地发送伪造的高、低优先级 BPDU，使得网络中的交换机忙于计算生成树，无法提供正常的数据转发服务，进而达到拒绝服务攻击的效果。伪造的高优先级 BPDU 报文用于抢占根结点，低优先级报文用于释放根结点，这两类报文除了会使交换机忙于计算生成树外，还会导致网络拓扑结构不断变化、处于不稳定的状态。

```
DCRS-5650-28(R4)#show cpu utilization

Last  5 second CPU USAGE:    0%
Last 30 second CPU USAGE:    2%
Last  5 minute CPU USAGE:    2%
From  running CPU USAGE:    2%
```

图 2-37　STP BPDU DOS 攻击前交换机 CPU 的利用率低

网络安全项目实践

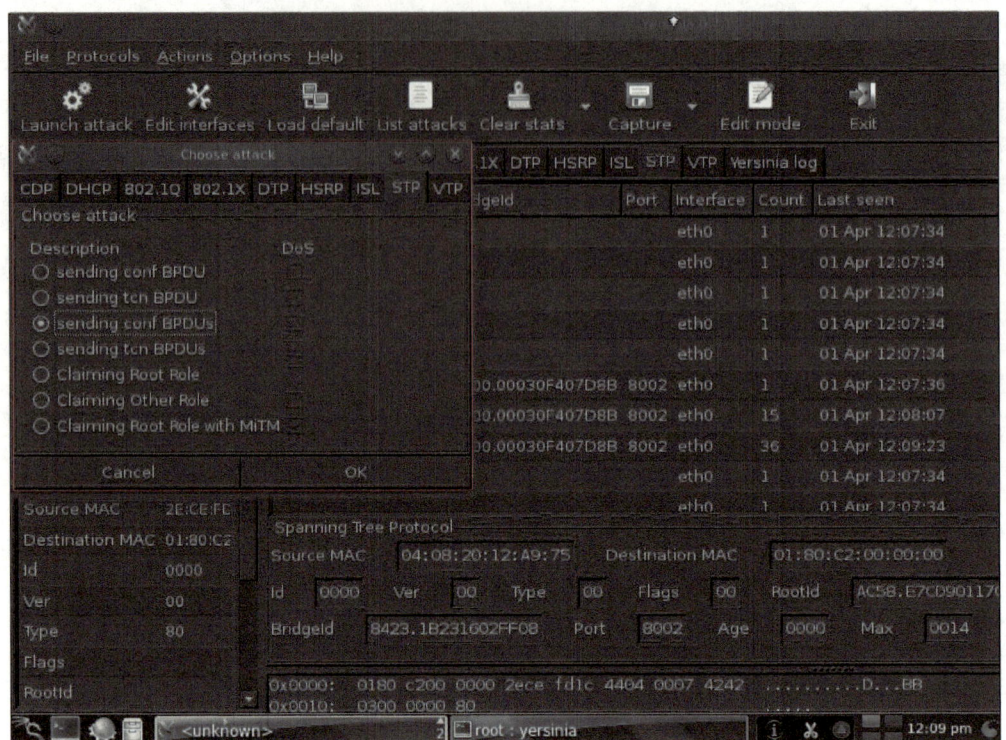

图 2-38　生成树协议 BPDU DoS 攻击

```
DCRS-5650-28(R4)#show cpu utilization

Last   5 second CPU USAGE:    71%
Last  30 second CPU USAGE:    31%
Last   5 minute CPU USAGE:    16%
From    running CPU USAGE:     3%
```

图 2-39　STP BPDU DoS 攻击后交换机 CPU 的利用率急剧上升

场景

小　　李：这是不是有点太过分了！如果交换机被攻击瘫痪了，网络中的用户岂不是无法进行网络访问了。

白先生：没错！你们快想一想应该如何解决这两个安全问题吧。你们这么大的电子商务企业，网络一旦瘫痪，后果不堪设想。

Yueda：这个问题我们必须解决。小李，你先去考虑一下。

小　　李：好的，岳总。

2.4.3　STP 攻击解决方案 1：Root Guard

场景

Yueda：我觉得针对 STP Spoofing（生成树欺骗）这样的攻击，这样进行解决。
公司用于局域网的交换机有没有一种特性，能够限制用户发送的 BPDU 信息到交换机？

首先 BPDU 数据包应该是在运行着生成树协议的交换机之间发送，而不应该是从用户的计算机发出至交换机，这本身就是不合理的。而如果从用户的计算机发出至交换机的 BPDU 信息，告诉交换机这台计算机的优先级或 MAC 地址比当前网络中根交换机的优先级或 MAC 地址还要小，那么更是一种攻击行为了。如果对于这一类具有攻击特性的 BPDU，交换机能够将它屏蔽，则可以防御 STP Spoofing（生成树欺骗）这样的攻击。

白先生：如果是这样，确实可以解决 STP Spoofing（生成树欺骗）这样的攻击带来的问题。

Yueda：小李，你再去查一下关于公司局域网用的交换机的相关文档，查一下交换机有没有安全特性可以解决这个问题。

小　李：好的，我马上去。

小李在交换机的配置手册中发现了一个叫作生成树 Root Guard 的特性，关于它的介绍如下。

生成树 Root Guard 防御 STP Spoofing（生成树欺骗）攻击原理：

若一个端口启动了此特性，当它收到了一个比根网桥优先值更优的 BPDU 包时，会立即阻塞该端口，使之不能形成环路等情况。这个端口特性是动态的，当没有收到更优的包时，该端口又会自己变成转发状态了。ROOT Guard 在 DP（Designated Port，指定端口）上做，该端口就不会改变了，只会是 DP 了，这样可以防止新加入的交换机成为 Root，该端口就变成了永久的 DP 了。若新加入的交换机想成为 Root，则它的端口不能工作。

Root Guard 在阻止两层环路上有非常显著的效果，Root Guard 强制性将端口设置为 Designated 状态，从而阻止其他交换机成为根交换机。换句话说，Root Guard 捍卫了根桥在 STP 中的地位。如果在开启了 Root Guard 功能的接口上收到了一个优先级更高的 BPDU，宣称自己才是根桥，那么交换机会将这个接口状态变为 Root-Inconsistent 状态，这个状态相当于端口在生成树协议中的 Listening 状态，原根桥保持原有的优先地位。

Root Guard 不像其他 STP 的增强特性一样可以在全局模式下开启，它只能手动在所有需要的端口开启（那些跟桥不应该出现的接口）。Root Guard 特性能有效地防止一个非法授权的设备接入到网络中，并且通过发送优先级高的 BPDU 报文来冒充自己是根桥，能有效提高网络的安全性。

Root Guard 应该配置在所有接入端口中，即接入终端的端口。

相关配置：Switch（config-if-ethernet1/0/2）#spanning-tree rootguard

场景

小　李：岳总，我觉得交换机这个特性可以实现您刚才提到的功能。

Yueda：那就试一试吧。记得首先在线下做测试，如果测试没有问题，则再到实际的网络中进行实施。白先生，你也来配合小李做一下测试吧。

白先生：好的。

经过小李和白先生的测试，他们发现交换机生成树协议 Root Guard 技术确实可以抵御白先生的 STP Spoofing（生成树欺骗）攻击渗透测试（见图 2-40）。启用了 Root Guard 的端口，STP BPDU DoS 攻击依然存在（见图 2-41）。STP BPDU DoS 攻击又该如何解决呢？

```
%Jan 01 01:44:43 2006 MSTP set port = 2, mst = 0 to DISCARDING!
%Jan 01 01:44:44 2006 MSTP set port = 2, mst = 0 to DISCARDING!
%Jan 01 01:44:45 2006 MSTP set port = 2, mst = 0 to DISCARDING!
%Jan 01 01:44:46 2006 MSTP set port = 2, mst = 0 to DISCARDING!
%Jan 01 01:44:48 2006 MSTP set port = 2, mst = 0 to DISCARDING!
%Jan 01 01:45:03 2006 MSTP set port = 2, mst = 0 to LEARNING!
%Jan 01 01:45:19 2006 MSTP set port = 2, mst = 0 to FORWARDING!
DCRS-5650-28(R4)#_
```

图 2-40　Root Guard 端口收到更优先的 BPDU 时的端口状态变化

```
DCRS-5650-28(R4)#show cpu utilization

Last  5 second  CPU USAGE:   71%
Last 30 second  CPU USAGE:   72%
Last  5 minute  CPU USAGE:   10%
From  running   CPU USAGE:    3%
DCRS-5650-28(R4)#_
```

图 2-41　启用了 Root Guard 的端口，STP BPDU DoS 攻击依然存在

2.4.4　STP 攻击解决方案 2：BPDU Guard

场景

Yueda：我刚才说过，BPDU 数据包应该是在运行着生成树协议的交换机之间发送，而不应该是从用户的计算机发出至交换机，这本身就是不合理的。也就是说，凡是交换机面向用户的接口，不应该接收到 BPDU 信息。

白先生：确实是这样的。

Yueda：小李，你再去查一下关于公司局域网用的交换机的相关文档，查一下交换机有没有安全特性可以解决这个问题。

小　李：好的。我马上去。

小李在交换机的配置手册中发现了一个叫作生成树 BPDU Guard 的特性。关于它的介绍如下。

BPDU Guard 防御 STP 攻击原理：

BPDU Guard 是对 BPDU（Bridge Protocol Data Unit，网桥协议数据单元）报文的一个保护机制，来防止网络环路的形成。BPDU Guard 是在 PortFast 模式下配置的，只有在配置了 PortFast 的情况下才能配置。经过 PortFast 配置的端口都应该是连接终端的端口，这些端口一般情况下是不会收发 BPDU 报文的。如果该端口配置了 BPDU Guard，在端口接入一台新交换机，因为交换机默认会发送 BPDU 报文，所以 BPDU Guard 特性就会被激活。

当 BPDU Guard 被激活后，相应的端口就会进入 Errdisable 状态，这个时候不会进行任何数据的收发。BPDU Guard 规定配置所在的接口必须接入终端（主机、服务器、打印机等），而非交换设备，一旦非法接入交换设备，就会触发 BPDU Guard 特性。

BPDU Guard 和 PortFast 配合配置在接入层交换机的接入端口。

相关配置：

Switch（config-if-ethernet1/0/2）#spanning-tree portfast bpduguard recovery 30（启用 BPDU Guard，并指定端口恢复正常状态时间为 30s，该技术可以有效阻止 DoS Attack Sending Conf BPDUs 攻击）

场景

小　李：岳总，我觉得交换机这个特性可以实现您刚才提到的功能。

Yueda：那就试一试吧。记得首先在线下做测试，如果测试没有问题，则再到实际的网络中进行实施。白先生，你也来配合小李做一下测试吧。

白先生：好的。

经过小李和白先生的测试，他们发现交换机生成树协议 BPDU Guard 技术确实可以抵御白先生的 STP BPDU DoS 攻击渗透测试，如图 2-42 所示。由于启用 BPDU Guard 的端口在收到 BPDU 时，端口就会进入 Errdisable 状态，因此无论是 STP Spoofing 还是 STP BPDU DoS 渗透测试，BPDU Guard 这个特性均可以抵御。

```
%Jan 01 02:01:43 2006  Received a bpdu packet from Interface Ethernet1/0/2 , and
 its state changed to DOWN.
%Jan 01 02:01:43 2006  Received a bpdu packet from Interface Ethernet1/0/2 , and
 its state changed to DOWN.
%Jan 01 02:01:43 2006  Received a bpdu packet from Interface Ethernet1/0/2 , and
 its state changed to DOWN.
%Jan 01 02:01:43 2006  Received a bpdu packet from Interface Ethernet1/0/2 , and
 its state changed to DOWN.
%Jan 01 02:01:43 2006  Received a bpdu packet from Interface Ethernet1/0/2 , and
 its state changed to DOWN.
DCRS-5650-28(R4)#%Jan 01 02:01:43 2006  Received a bpdu packet from Interface Et
hernet1/0/2 , and its state changed to DOWN.
%Jan 01 02:01:43 2006  Received a bpdu packet from Interface Ethernet1/0/2 , and
 its state changed to DOWN.
%Jan 01 02:01:43 2006  Received a bpdu packet from Interface Ethernet1/0/2 , and
 its state changed to DOWN.
%Jan 01 02:01:43 2006 MSTP set port = 2, mst = 0 to DISCARDING!
DCRS-5650-28(R4)#
DCRS-5650-28(R4)#
DCRS-5650-28(R4)#
DCRS-5650-28(R4)#show interface ethernet 1/0/2
Interface brief:
  Ethernet1/0/2 is administratively down, line protocol is down
  Ethernet1/0/2 is shutdown by bpduguard
  Ethernet1/0/2 is layer 2 port, alias name is (null), index is 2
  Hardware is Fast-Ethernet, address is 00-03-0f-40-7d-8b
```

图 2-42　启用 BPDU Guard 的端口在收到 BPDU 时的状态

2.4.5　STP 攻击解决方案 3：BPDU Filter

场景

Yueda：小李，看一下还有没有其他的方法可以抵御 STP 的攻击。

小　李：交换机的手册里还有一个特性叫作 BPDU Filter，这个特性貌似也和抵御 STP 的攻击有关系。

Yueda：看一下具体的技术细节。

小 李：好的。

BPDU Filter 的工作原理：

BPDU Filter 的工作是阻止该端口参与任何 STP 的 BPDU 报文接收和发送。

BPDU Filter 支持在交换机上阻止 PortFast-enabled 端口发送 BPDU 报文，这些端口本应该介入终端，而终端是不参与 STP 的，BPDU 报文对它们没有任何意义。阻止发送 BPDU 报文能达到节省资源的目的。

通过使用 BPDU 过滤功能，将能够防止交换机在启用了 PortFast 特性的接口上发送 BPDU。对于配置了 PortFast 特性的端口，它通常连接到主机，因为主机不需要参与 STP，所以它将丢弃所接收到的 BPDU。使用 BPDU 过滤功能，能够防止向主机设备发送不必要的 BPDU。

如果在接口上明确配置了 BPDU 过滤功能，那么交换机将不发送任何的 BPDU，并且将把接收到的所有 BPDU 都丢弃。

注意，如果在链接到其他交换机的端口上配置了 BPDU 过滤，那么就有可能导致桥接环路，所以在部署 BPDU 过滤时要格外小心，一般不推荐使用 BPDU 过滤。

接口配置模式下配置 BPDU Filter，会导致端口忽略 BPDU 报文、不发送任何 BPDU 报文。

相关配置：

Switch（config-if-ethernet1/0/2）#spanning-tree portfast bpdufilter

场景

小 李：岳总，我觉得交换机以上这个特性既然能使端口不接收 BPDU，那么作用应该和 BPDU Guard 一样吧。

Yueda：理论上是这样的。但是实际上你还是需要先做一下测试。只有实践才是检验真理的唯一标准。请白先生来配合小李做一下测试。

白先生：好的。

经过小李和白先生的测试，他们发现交换机生成树协议 BPDU Filter 技术可以抵御白先生的 STP Spoofing 攻击渗透测试。对于 STP BPDU DoS 渗透测试，BPDU Filter 这个特性却无法抵御，如图 2-43 所示。

Yueda：所以说，只有实践才是检验真理的唯一标准。很多事情不能想当然，只有实际测试过的才算。

小 李：我明白了。

```
DCRS-5650-28(R4)#show cpu utilization

Last  5 second CPU USAGE:    71%
Last 30 second CPU USAGE:    72%
Last  5 minute CPU USAGE:    10%
From  running  CPU USAGE:     3%
DCRS-5650-28(R4)#_
```

图 2-43　启用了 BPDU Filter 的端口，STP BPDU DoS 攻击依然存在

2.5 VLAN 攻击及其解决方案

2.5.1 VLAN 攻击介绍：Nested VLAN Hopping

扫码看视频

场景

在会议室里，Yueda、小李、白先生依旧进行每天一次的例会。

白先生：根据贵公司对我提出的要求，我又对贵公司的网络 VLAN 方面配置进行了渗透测试，发现仍然存在漏洞，我可以做到从我计算机连接到的当前 VLAN 向其他的 VLAN 发起 ARP 攻击。

小　李：ARP 攻击不是只能在一个 VLAN 内部实现的吗？

白先生：正常情况是这样的，但是如果贵公司的网络 VLAN 配置方面存在漏洞，我就可以做到这一点。

小　李：你是如何做到的呢？

白先生：你了解 VLAN 的工作原理吗？

小　李：当然。

Yueda：下面请小李给我们讲一下 VLAN 的工作原理。

小　李：VLAN 是一个广播域，广播域也就是网段，即子网。广播域从一个端口接收广播信息，该信息转发至这个广播域除了入口外的其余所有端口。交换机默认为 VLAN1。

Yueda：这些都是最基本的概念，VLAN 中最重要的两个概念如下：一个是 VID 和 PVID 的区别；另一个是交换机 Access 端口和 Trunk 端口的区别。小李，你能分别给我们讲一下吗？

小　李：VID 和 PVID 都是交换机端口的特性，区别在于，VID 用于区别端口所属 VLAN，而 PVID 用于表示当一个普通的数据帧从某个端口进入交换机，交换机对普通数据帧封装的 VLAN 标记，这个 VLAN 标记遵循 IEEE 802.1Q 标准，如图 2-44 和图 2-45 所示。

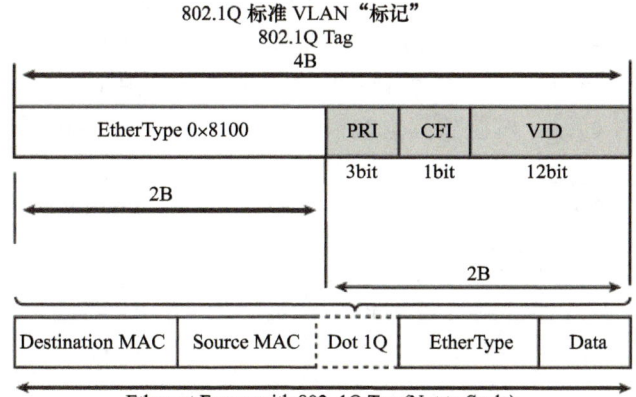

图 2-44　IEEE 802.1Q 封装

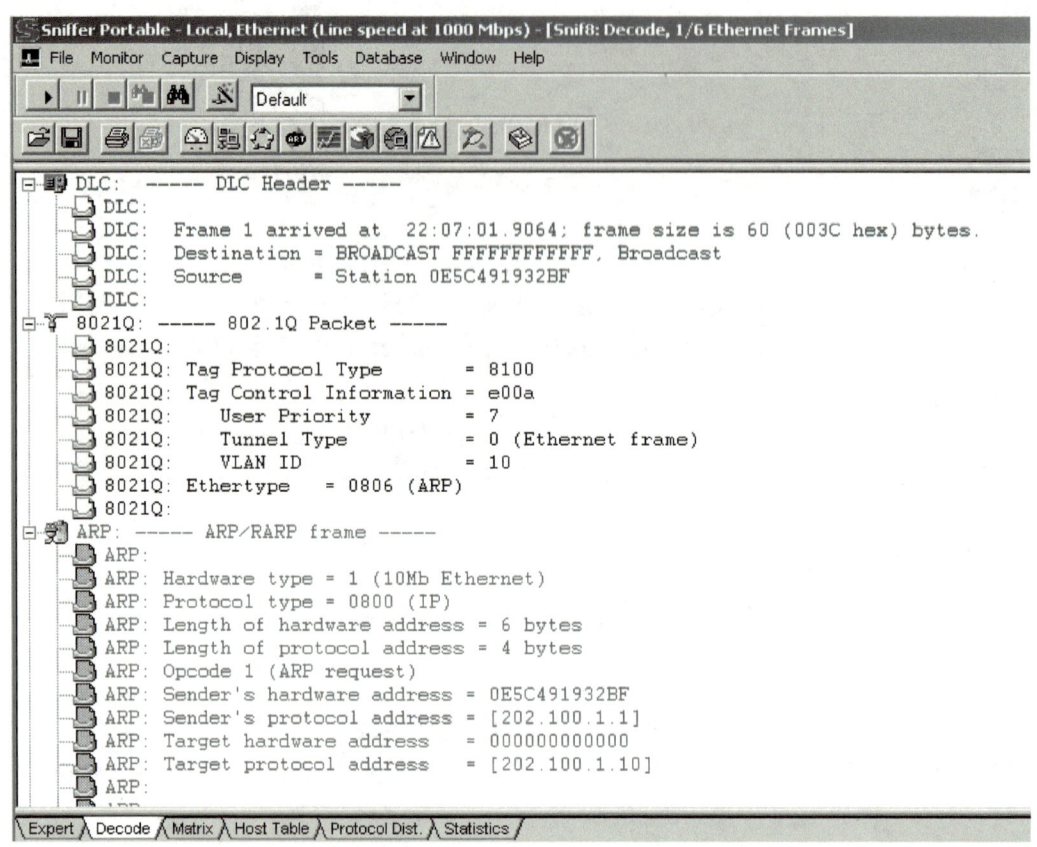

图 2-45　IEEE 802.1Q 抓包

在这个封装中，在原始的以太网数据帧源 MAC 地址后面封装了 4B 的 VLAN 标记，其中 0×8100 为 802.1Q 协议号，PRI 为数据转发优先级，CFI 为网络类型，后面的 12bit 就是 PVID，所以 VLAN 最大为 $2^{12}-1$，也就是 4095。

Yueda：很好。那么交换机 Access 端口和 Trunk 端口的区别又是什么呢？

小　李：如图 2-46 所示，交换机 Access 类型接口的特点是，VID 等于 PVID，一般用于连接用户的个人计算机；而 Trunk 类型接口的特点是，VID 默认为交换机的所有 VLAN，而 PVID 为 Native VLAN（本征 VLAN），默认为 VLAN1，一般用于交换机和交换机之间互联的端口，用于实现同一个 VLAN 跨越不同的交换机时使用，从 Trunk 端口转发出来的数据帧需要携带 VLAN 标记，以便被其他交换机识别该数据帧是哪一个 VLAN 的。

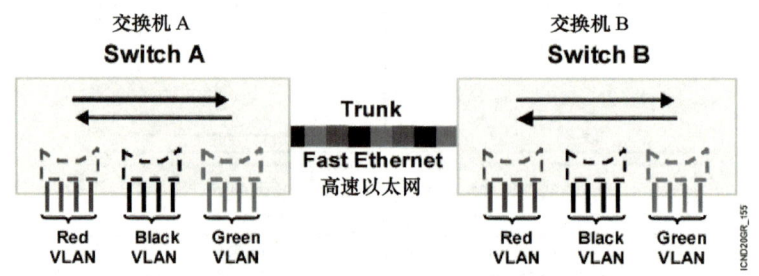

图 2-46　交换机 Access 端口和 Trunk 端口的区别

Yueda：那么什么是 Native VLAN（本征 VLAN）呢？

小　李：一般情况下，从 Trunk 端口转发出来的数据帧需要携带 VLAN 标记，以便被其他交换机识别该数据帧是哪一个 VLAN 的，但是本征 VLAN 除外。本征 VLAN 用于传输交换机本身发出的控制信息，如 BPDU，所以交换机认为本征 VLAN 的数据帧如果从 Trunk 端口转发出来，则不需要携带 VLAN 标记，为普通数据帧。

白先生：没错，正是由于本征 VLAN 具有这个特点，因此可以做到从我的计算机连接到的当前 VLAN 向其他的 VLAN 发起 ARP 攻击。这种渗透测试又叫作 VLAN 跳跃攻击。它的具体原理如下。

VLAN 跳跃攻击工作原理：

在交换机内部，VLAN 数字和标识用特殊扩展格式表示，目的是让转发路径保持端到端 VLAN 独立，而且不会损失任何信息。在交换机外部，标记规则由 IEEE 802.1Q 等标准规定。

制订了 802.1Q 的 IEEE 委员会决定，为实现向下兼容性，最好支持本征 VLAN，即支持与 802.1Q 链路上任何标记显式不相关的 VLAN。这种 VLAN 以隐含方式被用于接收 802.1Q 端口上的所有无标记流量。

这种功能是用户所希望的，因为利用这个功能，802.1Q 端口可以通过收发无标记流量直接与老 802.3 端口对话。但是，在其他情况下，这种功能可能会非常有害，因为通过 802.1Q 链路传输时，与本地 VLAN 相关的分组将丢失其标记，如丢失其服务等级（802.1p 位）。

注意：只有干道所处的本征 VLAN 与攻击者相同，才会发生作用。

如图 2-47 所示，当双封装 802.1Q 分组恰巧从 VLAN 与干道的本征 VLAN 相同的设备进入网络时，这些分组的 VLAN 标识将无法端到端保留，802.1Q 干道总会对分组进行修改，即剥离掉其外部标记。删除外部标记之后，内部标记将成为分组的唯一 VLAN 标识符。因此，如果用两个不同的标记对分组进行双封装，流量就可以在不同 VLAN 之间跳转。

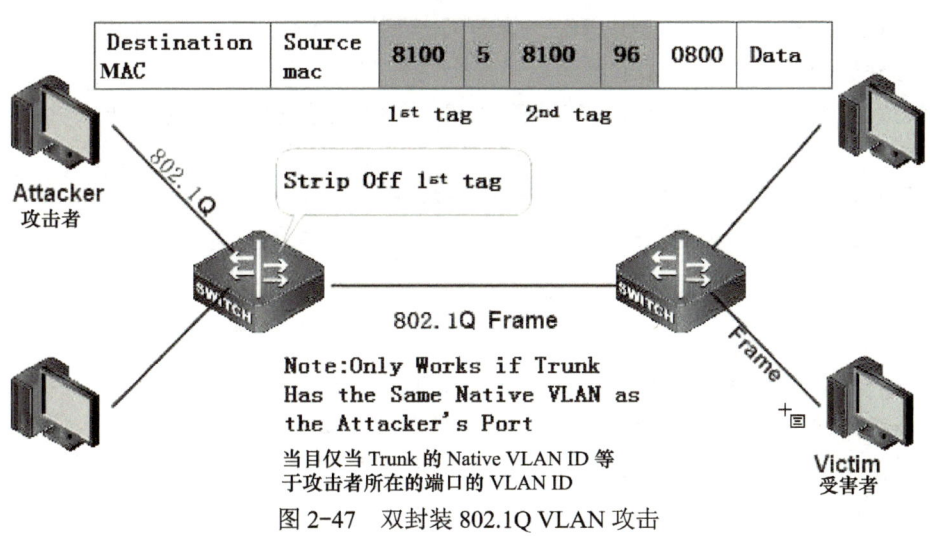

图 2-47　双封装 802.1Q VLAN 攻击

场景

小　李：果然厉害！这样跨越 VLAN 也能够进行 ARP 攻击。

白先生：正是因为一般的网络管理员不愿意也觉得没有必要修改 Native VLAN，Native VLAN 默认为 VLAN 1，所以黑客只要知道了 Native VLAN，就可以轻松实现这种攻击。

2.5.2　VLAN 攻击解决方案：Native VLAN

场景

Yueda：我觉得防御这种攻击应该至少有 2 种方法，一种是修改交换机 Trunk 端口 Native VLAN 的值，让黑客无法预测 Native VLAN；另外一种是交换机 Native VLAN 的数据也携带 VLAN 标记。

白先生：确实是这样。

Yueda：小李，你再去查一下关于公司局域网用的交换机的相关文档，查一下交换机有没有安全特性可以解决这个问题。

小　李：好的。我马上去。

修改 Native VLAN 属性防御 VLAN 跳跃攻击原理：

简单地说，Native VLAN 是 802.1Q 标准封装下的一种特殊 VLAN，来自该 VLAN 的流量在穿越 Trunk 接口时不做标记，默认时 VLAN 1 为 Native Vlan。

VLAN 1 为交换机的默认 VLAN，一般不承载用户 DATA，也不承载管理流量，只承载控制信息，如 CDP、DTP、BPDU、VTP、PAgP 等。

一个支持 VLAN 的交换机，互联一个不支持 VLAN 的交换机，它们之间通过 Native VLAN 来交换数据。两端 Native VLAN 不匹配的 Trunk 链路，如 A 交换机的 Trunk Native VLAN 为 VLAN 10，B 交换机的 Trunk Native VLAN 为 VLAN 20，则 A 交换机的 VLAN 10 和 B 交换机的 VLAN 20 之间为同一个 LAN 广播域。

Native VLAN 也是有其安全隐患的，黑客可以利用 Native VLAN 进行双封装 802.1Q 攻击，杜绝此种安全隐患的方法如下。

1）设置一个专门的 VLAN，如 VLAN 888，并且不把任何连接用户计算机的接口设置到这个 VLAN。

2）强制所有经过 Trunk 的流量携带 802.1Q 标记：

　　　Switch（config）#vlan dot1q tag native

场景

小　李：岳总，我觉得交换机以上的特性可以实现您刚才提到的功能。

Yueda：那就试一试吧。记得首先在线下做测试，如果测试没有问题，则再到实际的网络中进行实施。白先生，你也来配合小李做一下测试吧。

白先生：好的。

经过小李和白先生的测试，他们发现这两种方法确实都可以抵御白先生的 VLAN 跳跃攻击渗透测试，但是即使修改了 Native VLAN，还是可以通过暴力破解获得修改过的 Native VLAN 的值。小李觉得还是第 2 种方法抵御 VLAN 跳跃攻击更加有效。

Yueda：很好，你的理解非常正确。使用了第 2 种方法就无法实现 VLAN 跳跃攻击。

2.6　Routing Protocol 攻击及解决方案

2.6.1　Routing Protocol 攻击介绍：Routing Protocol Spoofing

场景

在会议室里，Yueda、小李、白先生依旧进行每天一次的例会。

白先生：根据贵公司对我提出的要求，我对贵公司的网络路由协议方面的配置进行了渗透测试。目前贵公司的内部网络在路由协议方面的设计为：所有的三层设备之间，包括出口的防火墙为了相互学习到非直联网段的路由表信息，都运行了 OSPF（Open Shortest Path First，开放式最短路径优先）路由协议。

小　李：根据我这几天对我们公司网络拓扑图的了解，的确是这样的。

白先生：经过渗透测试，可以利用 OSPF 路由协议存在的漏洞，获取贵公司网络内部的用户在访问互联网时，网络中传输的用户名和密码信息。

小　李：什么？这样也可以？这也太可怕了！

白先生：是的！不仅是 OSPF 路由协议，还有贵公司内部网络互联使用的是 RIP（Routing Information Protocol，路由信息协议）、IS-IS（Intermediate System to Intermediate System，中间系统到中间系统）、BGP（Border Gateway Protocol，边界网关协议）等，总之只要是动态路由协议，我就可以做到获取贵公司网络内部的用户在访问互联网时，网络中传输的用户名和密码信息。

小　李：你是如何做到的呢？

白先生：你了解动态路由协议的工作原理吗？

小　李：我了解 RIP、OSPF、BGP 这 3 种路由协议，可这个和你获取网络中传输的用户名和密码信息有什么关系吗？

白先生：当然有。

Yueda：小李，你先简单说一下动态路由协议的工作原理。

小　李：一般三层设备包括路由器、三层交换机和防火墙，在进行网络间互联时，默认情况下路由表中只存在和它直连网络的路由表信息，而对于非直连网络的路由表信息，必须通过配置静态路由和动态路由获得。静态路由就是手工在三层设备上配置非直连网络的路由表项，这种方式对三层设备的开销小，但是对于大规模负责的网络环境，路由表不能动态进行更新，所以这时需要动态路由协议，如 RIP、OSPF，目的是使三层设备能够动态更新路由表项，但是这种方式的缺点是会增加三层设备额外的开销。

Yueda：小李的基础知识还是很扎实的，当时在面试时公司的技术工程师为他评了 90 分。

没错，动态路由的缺点是会增加三层设备额外的开销，还有另外一个缺点就是不安全。

白先生：是的，我做的渗透测试就是基于这种不安全进行的，通过一种能够对路由协议进行欺骗的攻击，实现了获取贵公司网络内部的用户在访问互联网时，网络中传输的用户名和密码信息。

小　李：那么具体应该如何做到呢？

白先生：在你了解了动态路由协议的基础知识以后，这个其实很简单，请看下面的原理。

动态路由协议欺骗攻击原理：

谁控制了路由协议，谁就控制了整个网络。因此，要对路由协议实施充分的安全防护，要采取最严格的措施。如果该协议失控，就可能导致整个网络失控。链路状态路由协议用得较多，而且将在未来很长时间内继续使用。因此，要搞清楚攻击者针对该协议可能采取的做法。

图 2-48 所示为 L3 交换机连接的 LAN，通过防火墙连接至 Internet，防火墙通过 OSPF 向 L3 交换机宣告了一条 0.0.0.0/0 的路由，其默认度量值为 100。此时黑客的计算机同样运行了 OSPF 路由协议，并且黑客的计算机启用了路由功能，并且连接至 Internet，通过路由协议 OSPF 向 L3 交换机宣告 0.0.0.0/0 的路由，而其具有很小的度量值为 5。L3 交换机从而选择了 0.0.0.0/0，度量值为 5 的路由，下一跳 IP 为黑客计算机的 IP 地址。这样一来，LAN 内所有用户访问 Internet 的上网流量全部经过了黑客的计算机，黑客的计算机从而可以对 LAN 用户访问 Internet 流量进行大数据分析，如获得用户账号、密码。

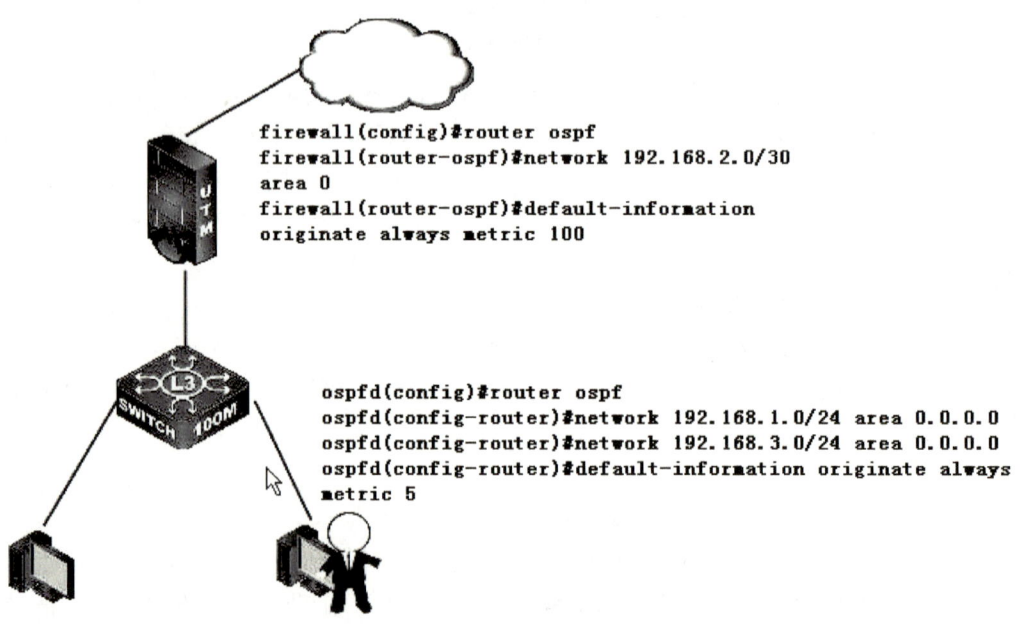

图 2-48　OSPF 路由协议欺骗攻击

场景

小　李：果然是高手。在用户毫不知情的情况下就可以监听到网络信息。

白先生：你们公司需要考虑，如何防止这种监听攻击，否则贵公司用户访问互联网的信息一旦泄露，就会造成非常严重的后果。

　　Yueda：是的，这种攻击带来的问题我们务必要解决。小李，你先考虑一下对于这种攻击应该如何防范。

　　小　李：好的，岳总。

2.6.2　Routing Protocol 攻击解决方案：Routing Protocol Strong Authentication

场景

　　Yueda：我觉得针对路由协议欺骗这样的攻击，我们这样进行解决：

　　首先，公司网络中的三层设备，在面向用户的三层接口不应该运行动态路由协议，动态路由协议应该是在三层设备和三层设备之间的接口间运行，而不应该在用户计算机和三层设备之间运行，所以可以将三层设备面向用户的接口的路由协议功能关闭。这是一种办法。

　　另外，在刚才谈到的路由协议欺骗攻击中，公司网络中的三层设备遭受路由协议欺骗攻击的原因在于，在学习路由信息之前没有对该信息进行认证，以至于被欺骗，如果三层设备在学习路由信息之前能够对该信息进行一次源认证，确保该信息来自合法的源，那么再学习该路由信息，如果是非法的源，则不能学习该路由信息。如果做到这一点，则也可以抵御这种攻击。

　　白先生：这两个方法确实都可以解决路由协议欺骗这样的攻击带来的问题。

　　Yueda：小李，你再去查一下关于公司局域网用的三层设备的相关文档，公司的三层设备主要是三层交换机，你去查一查公司用的三层交换机有没有安全特性可以解决这个问题。

　　小　李：好的，我马上去。

　　小李在三层交换机的配置手册中发现了一个叫作路由协议强认证的特性。关于它的介绍如下。

路由协议强认证抵御路由协议欺骗攻击原理：

　　黑客不但可以对 OSPF 路由协议实施攻击，同样的道理，类似的路由协议：RIP、EIGRP、ISIS、BGP，IPv6 RIPng、OSPFv3、BGP4+，甚至是 VRRP 同样存在这个问题，攻击产生的原因：没有对路由信息的来源实施认证机制。

　　单纯地使用散列函数只能校验数据的完整性，不能确保数据来自可信的源（无法实现源认证）。为了弥补这个漏洞，可以使用一个叫作散列信息认证代码的技术（Keyed-hash Message Authentication Code，HMAC）。这个技术不仅能够实现完整性校验，还能完成源认证的任务。图 2-49 所示是 HMAC 如何帮助 OSPF 动态路由协议实现路由更新包的验证。

　　1）网络管理员预先在要建立 OSPF 邻居关系的两台路由器上，通过"ip ospf message-digest-key 1 md5 password"命令配置预共享秘密。

　　2）发送方把要发送的路由更新信息加上预共享秘密一起进行散列计算，得到一个散列值，这种联合共享秘密一起计算散列的技术就叫作 HMAC。

　　3）发送方路由器把步骤 2）通过 HMAC 技术得到的散列值和明文的路由更新信息进行打包，一起发送给接收方，如图 2-50 所示。注意，路由更新信息是明文发送的，绝对没有进行任何加密处理。

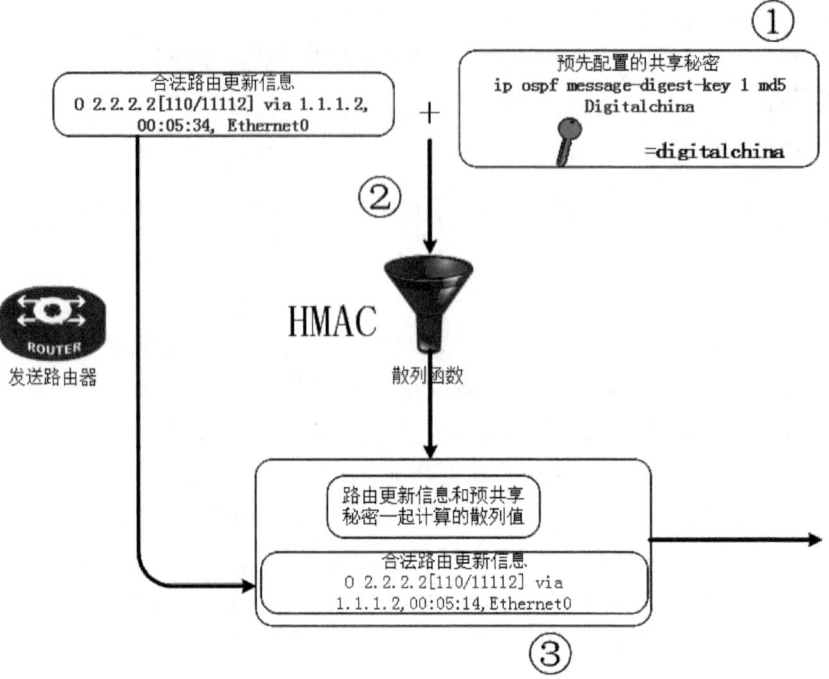

图 2-49　HMAC 技术如何验证 OSPF 路由更新包（发送方）

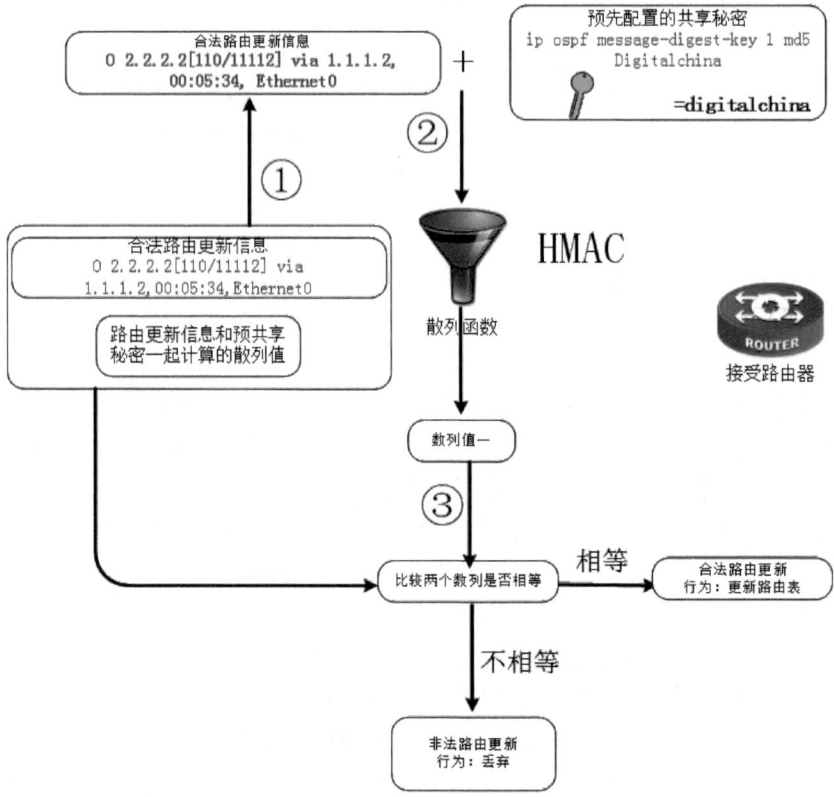

图 2-50　HMAC 技术如何验证 OSPF 路由更新包（接收方）

① 从收到信息中提取明文的路由更新信息。

② 把上一步提取出来的明文路由更新信息加上接收方路由器预先配置的共享秘密一起进行散列计算，得到"散列值一"。

4）提取出收到信息中的散列值，用它和步骤②计算得到的"散列值一"进行比较，如果相同，就表示路由更新信息是没有被篡改过的，是完整的。肯定是预先配置共享秘密的那台比邻路由器发送的路由更新，因为只有它才知道共享秘密是什么，才能够通过 HMAC 制造出能够校验成功的散列。

通过上述对 OSPF 路由更新的介绍，再次体现了 HMAC 的两大安全特性，完整性校验和源认证。应该说在实际运用中，基本不会单纯地使用散列技术，一般都使用 HMAC 技术。例如，IPSec 和 HTTPS 技术都通过 HMAC 来对每一个传输的数据包做完整性校验和源认证。

场景

小　　李：岳总，我觉得三层交换机以上这个特性可以实现您刚才提到的功能。另外，在面向用户的三层接口，将路由协议关闭，也是解决问题的办法，我觉得二者可以配合使用。

Yueda：思路是对的。那就试一试吧，记得首先在线下做测试，如果测试没有问题，再到实际的网络中进行实施。白先生，你也来配合小李做一下测试吧！

白先生：好的。

经过小李和白先生的测试，路由协议强认证有效抵御了白先生的路由协议欺骗渗透测试。小李将路由协议强行关掉，两种方法配合使用，使白先生的路由协议欺骗渗透测试更加无法实施。

2.7　LAN 非授权访问攻击及其解决方案

2.7.1　LAN 非授权访问攻击介绍

场景

在会议室里，Yueda、小李、白先生依旧进行每天一次的例会。

白先生：根据贵公司对我提出的要求，我觉得在公司的局域网中，绝大部分的渗透测试我已经都实施过了，可是我发现贵公司的网络还有一个问题，而且是更加严重的问题，不知你们想过没有。任何用户计算机都可以在无认证授权的情况下肆意接入到公司的网络，只要他能从物理层的角度将他自己使用的计算机连接到公司的交换机，就可以与公司的网络进行通信，这是一个很大的问题。

小　　李：根据我这几天对公司网络的了解，的确是这样的。

Yueda：小李，有没有一种能够对公司的局域网接入用户进行认证、授权，甚至是审计接入用户的行为的一种机制呢？

小　　李：在学校时我学过一种 AAA 技术。AAA 就是认证（Authentication）、授权

（Authorization）和审计（Accounting）的缩写。我想正好可以把它用在这里，不过需要公司部署额外的服务器。

Yueda：没错。现在你要做的是，将 AAA 技术用在公司的局域网当中，来对公司的局域网接入用户进行认证、授权和审计。你去查一查，公司的用户接入交换机有没有相关的技术可以实现？

小　李：将 AAA 技术应用在局域网中的技术叫做 IEEE 802.1x，只要确认公司的用户接入交换机支持 IEEE 802.1x 就可以了。

Yueda：非常好。你给我们介绍一下 IEEE 802.1x。

小　李：IEEE 802.1x 是用于局域网接入用户 AAA 的标准协议，实现接入交换机面向用户端口的访问控制，主要用于封装 EAP（Extensible Authentication Protocol，可扩展认证协议）信息。

Yueda：你再说一下什么是 EAP？

小　李：EAP 就是扩展认证协议，用来承载任意认证信息。该协议通过 IEEE 802.1x 进行封装由图 2-51 可以看出，EAP 信息封装在 802.1x 中，而 802.1x 又封装在以太网的数据帧中。

```
⊞ Frame 150: 1000 bytes on wire (8000 bits), 1000 bytes captured (8000 bits)
⊟ Ethernet II, Src: CompalIn_29:df:31 (88:ae:1d:29:df:31), Dst: FujianSt_bf:a8:76 (00:d0:f8:bf:a8:76)
  ⊞ Destination: FujianSt_bf:a8:76 (00:d0:f8:bf:a8:76)
  ⊞ Source: CompalIn_29:df:31 (88:ae:1d:29:df:31)
    Type: 802.1X Authentication (0x888e)
    Trailer: ffff37777ffffffff0000fffffffffffffffffffd4ee00...
⊟ 802.1X Authentication
    Version: 1
    Type: EAP Packet (0)
    Length: 30
  ⊟ Extensible Authentication Protocol
      Code: Response (2)
      Id: 2
      Length: 30
      Type: MD5-Challenge [RFC3748] (4)
      Value-Size: 16
      Value: 5ee5678e003537b5be0d99915872911b
      Extra data (8 bytes): 3032303933303836
```

图 2-51　EAP 封装

对于局域网的接入用户，如果要通过 EAP 进行认证，则他的计算机是直接和认证服务器之间建立 EAP 会话的，如图 2-52 和图 2-53 所示。

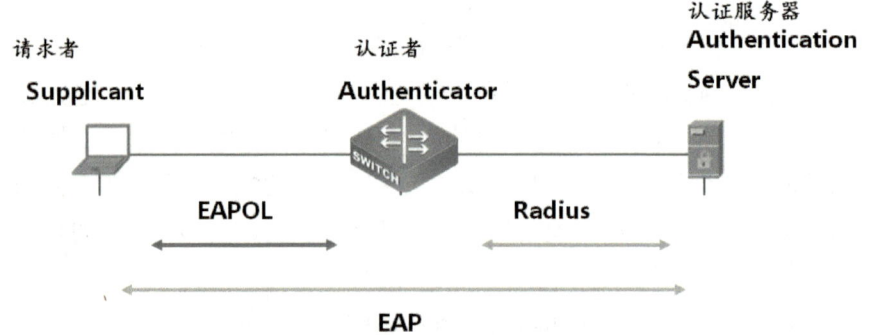

图 2-52　EAP 会话

注：真实的认证会话使用 EAP 发生在客户和认证服务器之间，NAD（Network Access Device，网络接入设备）能够感受到这个行为，但它只是一个中继设备。

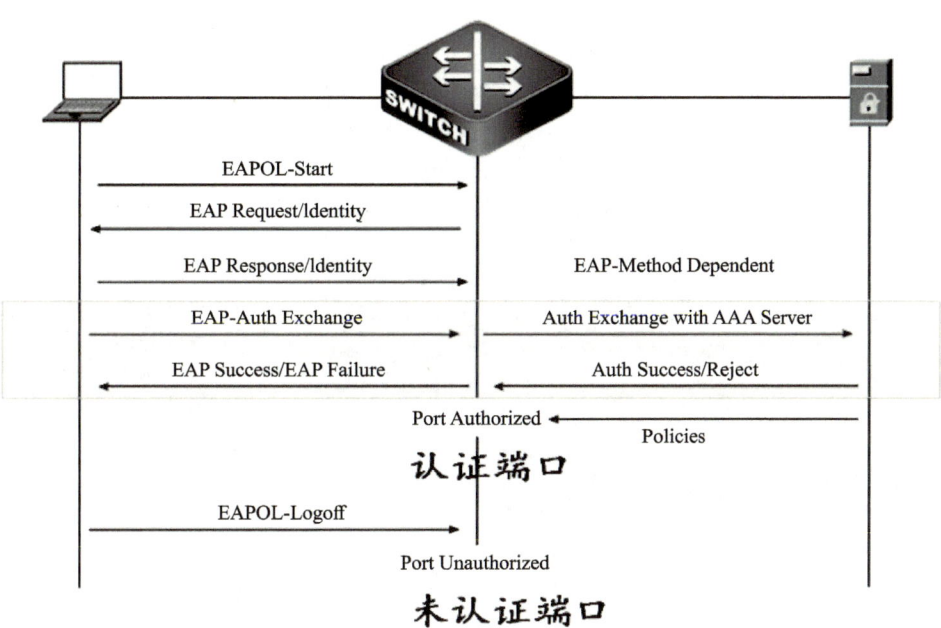

图 2-53 EAP 工作原理

接入局域网的用户计算机为 Supplicant（请求者）直接和 Authentication Server（认证服务器）之间建立 EAP 会话，中间的 Authenticator（认证者）能够感受到这个行为，但是 Authenticator 只是一个中继设备，在 Supplicant 和 Authenticator 之间，对 EAP 信息采取 IEEE 802.1x，也就是 EAPOL 封装，而在 Authenticator 和 Authentication Server 之间，采用 Radius 协议进行封装。

Yueda：非常好！那么 EAP 都有哪些形式呢？

小　李：常见的方式有 EAP-MD5、EAP-TLS、PEAP。EAP-MD5 如图 2-54 所示。

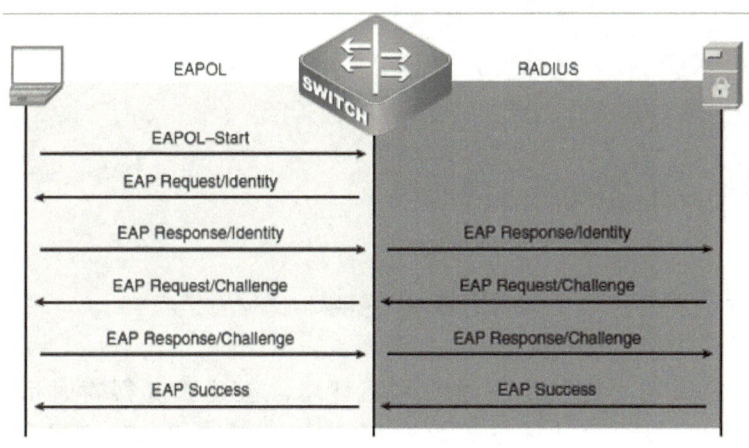

提示：IETF 标准，容易部署，大量在有线网络（交换机）环境使用，不过缺点是整个认证过程不受保护，既不提供 EAP 信息的认证，也不提供 EAP 信息的加密，所以不适合在无线网络环境下使用。因为在无线网络的环境下，黑客可以轻松假冒认证服务器和无线 AP，但是有线的环境难度会很大。

图 2-54　EAP-MD5

EAP-TLS 如图 2-55 所示。

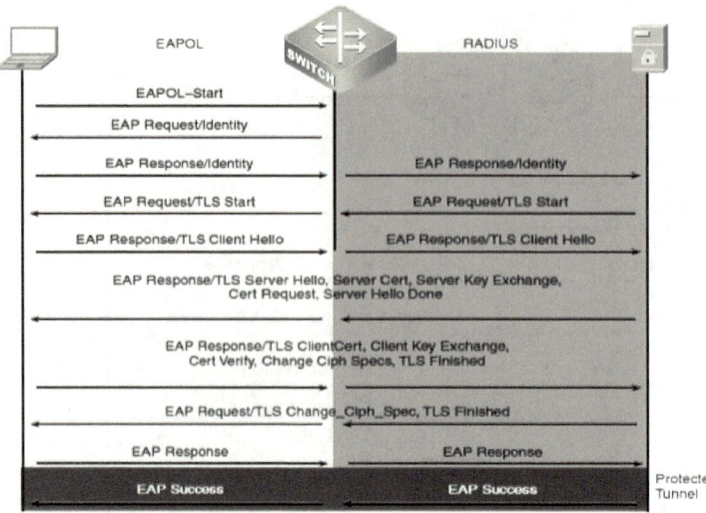

提示：这种方式最为安全，提供了 EAP 信息的私密性、完整性、源认证来保护认证信息安全，提供了标准的密钥交换机制，但是实施复杂，需要架设 PKI 为每一个客户和服务器安装证书进行双向认证。也就是说，这种方式需要客户端和认证服务器首先建立 TLS（Transport Layer Security，传输层安全）隧道，然后在受保护的隧道上进行 EAP 信息的传递。

图 2-55　EAP-TLS

PEAP（Protected EAP，受保护的基于局域网的扩展认证协议）如图 2-56 所示。

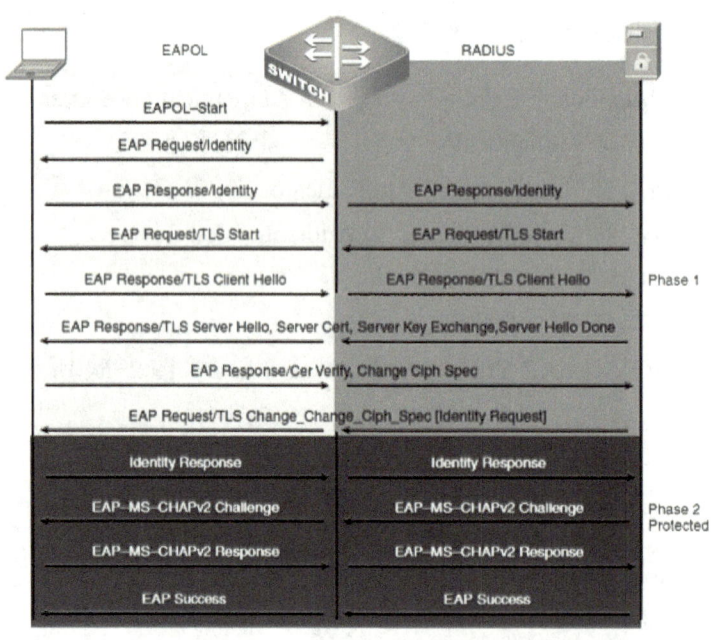

提示：这种方式为了建立 TLS 隧道只需要服务器端证书，也就是说 Radius 服务器需要安装个人证书（服务器端证书）和证书服务器根证书，客户端也建议安装证书服务器根证书。也就是说，这客户端为了和认证服务器建立 TLS 隧道，只需要客户端认证服务器，并不需要双向认证，然后在受保护的隧道上进行 EAP 信息的传递。

图 2-56　PEAP

Yueda： 概念很清楚。你觉得公司现在的网络环境，用哪种比较合适呢？

小　李： 如果为了高安全，当然是使用 EAP-TLS 了。

Yueda： 由于现在公司的局域网主要是有线的网络环境，因此我觉得暂时可以使用 EAP-MD5，将来需要时，可以再将认证方式改为 EAP-TLS 或者 PEAP。现在是从无到有，既要公司所有员工配置认证客户端，又要员工安装证书，公司的员工可能会一时接受不了。

2.7.2　LAN 非授权访问攻击解决方案：IEEE 802.1x

场景

Yueda：小李，你再去查一下关于公司局域网用的接入交换机的相关文档，看一看是否支持 IEEE 802.1x 这个特性。另外，需要这个特性，还需要另外部署认证服务器，你看一看公司目前已有的认证服务器能否和公司的交换机之间进行很好的联动。

小　李：好的，我马上去。

小李在公司网络接入交换机的配置手册中发现了 IEEE 802.1x 这个特性，关于它的介绍如下。

交换机 802.1X 介绍：

IEEE 802 LAN/WAN 委员会为解决无线局域网网络安全问题，提出了 802.1X 协议。后来，802.1X 协议作为局域网端口的一个普通接入控制机制在以太网中被广泛应用，主要解决以太网内认证和安全方面的问题。

802.1X 协议是一种基于端口的网络接入控制协议（Port based Network Access Control Protocol）。基于端口的网络接入控制是指在局域网接入设备的端口这一级对所接入的用户设备进行认证和控制。连接在端口上的用户设备如果能通过认证，就可以访问局域网中的资源；如果不能通过认证，则无法访问局域网中的资源。

1. 802.1X 的体系结构

802.1X 系统为典型的 Client/Server 结构，包括客户端（Client）、设备端（Device）和认证服务器（Server），如图 2-57 所示。

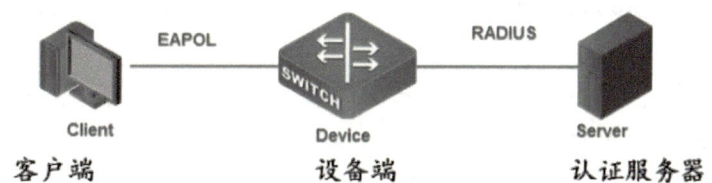

图 2-57　802.1X 认证系统的体系结构

客户端是位于局域网段一端的一个实体，由该链路另一端的设备端对其进行认证。客户端一般为一个用户终端设备，用户可以通过启动客户端软件发起 802.1X 认证。客户端必须支持 EAPOL（Extensible Authentication Protocol Over LAN，局域网上的可扩展认证协议）。设备端是位于局域网段一端的另一个实体，对所连接的客户端进行认证。设备端通常为支持 802.1X 协议的网络设备，它为客户端提供接入局域网的端口。该端口可以是物理端口，也可以是逻辑端口。

认证服务器是为设备端提供认证服务的实体。认证服务器用于实现对用户进行认证、授权和计费，通常为 RADIUS（Remote Authentication Dial-In User Service，远程认证拨号用户服务）服务器。

2. 802.1X 的认证方式

802.1X 认证系统使用 EAP 来实现客户端、设备端和认证服务器之间认证信息的交换。

在客户端与设备端之间，EAP 报文使用 EAPOL 封装格式，直接承载于 LAN 环境中。在设备端与 RADIUS 服务器之间，可以使用以下两种方式来交换信息：一种是 EAP 报文由设备端进行中继，使用 EAPOR（EAP over RADIUS）封装格式承载于 RADIUS 协议中；另一种是 EAP 报文由设备端进行终结，采用包含 PAP（Password Authentication Protocol，密码验证协议）或 CHAP（Challenge Handshake Authentication Protocol，质询握手验证协议）属性的报文与 RADIUS 服务器进行认证交互。

3. 802.1X 的基本概念

（1）受控/非受控端口

设备端为客户端提供接入局域网的端口，这个端口被划分为两个逻辑端口：受控端口和非受控端口。任何到达该端口的帧在受控端口与非受控端口上均可见。

非受控端口始终处于双向连通状态，主要用来传递 EAPOL 协议帧，保证客户端始终能够发出或接收认证报文。受控端口在授权状态下处于双向连通状态，用于传递业务报文；在非授权状态下禁止从客户端接收任何报文。

（2）授权/非授权状态

设备端利用认证服务器对需要接入局域网的客户端执行认证，并根据认证结果（Accept 或 Reject）对受控端口的授权/非授权状态进行相应的控制。

用户可以通过在端口下配置的接入控制的模式来控制端口的授权状态。端口支持以下 3 种接入控制模式。

① 强制授权模式（Authorized Force）：表示端口始终处于授权状态，允许用户不经认证授权即可访问网络资源。

② 强制非授权模式（Unauthorized Force）：表示端口始终处于非授权状态，不允许用户进行认证。设备端不对通过该端口接入的客户端提供认证服务。

③ 自动识别模式（Auto）：表示端口初始状态为非授权状态，仅允许 EAPOL 报文收发，不允许用户访问网络资源。如果认证通过，则端口切换到授权状态，允许用户访问网络资源。这也是最常见的情况。

（3）受控方向

在非授权状态下，受控端口可以被设置成单向受控和双向受控。实行双向受控时，禁止帧的发送和接收。实行单向受控时，禁止从客户端接收帧，但允许向客户端发送帧。

4. EAPOL 消息的封装

（1）EAPOL 数据包的格式

EAPOL 是 802.1X 协议定义的一种报文封装格式，主要用于在客户端和设备端之间传送 EAP 报文，以允许 EAP 报文在 LAN 上传送。EAPOL 数据包的格式如图 2-58 所示。

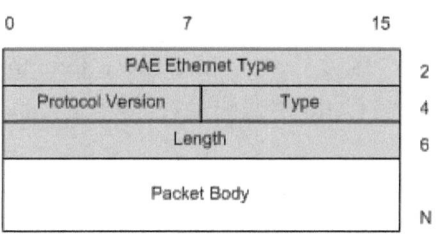

图 2-58　EAPOL 数据包的格式

1）PAE Ethernet Type：表示协议类型，为 0x888E。

2）Protocol Version：表示 EAPOL 帧的发送方所支持的协议版本号。

3）Type：表示 EAPOL 数据帧类型。目前设备上支持的数据类型见表 2-1。

表 2-1　目前设备上支持的 EAPOL 数据帧类型

类　　型	说　　明
EAP-Packet（值为 0x00）：认证信息帧，用于承载认证信息	该帧在设备端重新封装并承载于 RADIUS 协议上，便于穿越复杂的网络到达认证服务器
EAPOL-Start（值为 0x01）：认证发起帧	这两种类型的帧仅在客户端和设备端之间存在
EAPOL-Logoff（值为 0x02）：退出请求帧	

4）Length：表示数据长度，也就是"Packet Body"字段的长度，单位为字节。如果为 0，则表示没有后面的数据域。

5）Packet Body：表示数据内容，根据不同的 Type 有不同的格式。

（2）EAP 数据包的格式

当 EAPOL 数据包格式 Type 域为 EAP-Packet 时，Packet Body 为 EAP 数据包结构，如图 2-59 所示。

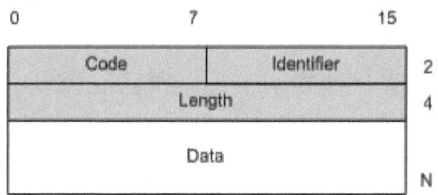

图 2-59　EAP 数据包格式

1）Code：指明 EAP 包的类型，共有 4 种：Request、Response、Success、Failure。

● Success 和 Failure 类型的包没有 Data 域，相应的 Length 域的值为 4。

● Request 和 Response 类型数据包的 Data 域的格式如图 2-60 所示。Type 为 EAP 的认证类型。

● Type data 的内容由类型决定。例如，Type 值为 1 时代表 Identity，用来查询对方的身份；Type 值为 4 时，代表 MD5-Challenge，类似于 PPP CHAP，包含质询消息。

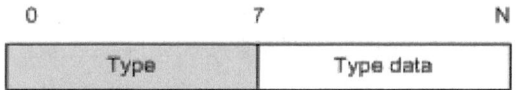

图 2-60　Request 和 Response 类型数据包的 Data 域的格式

2）Identifier：用于匹配 Request 消息和 Response 消息。

3）Length：EAP 包的长度，包含 Code、Identifier、Length 和 Data 域，单位为字节。

4）Data：EAP 包的内容，由 Code 类型决定。

（3）EAP 属性的封装

RADIUS 为支持 EAP 认证增加了两个属性：EAP-Message（EAP 消息）和 Message-Authenticator（消息认证码）。

1）EAP-Message：用来封装 EAP 数据包，类型代码为 79，String 域最长为 253B，如果 EAP 数据包的长度大于 253B，则可以对其进行分片，依次封装在多个 EAP-Message 属性中，如图 2-61 所示。

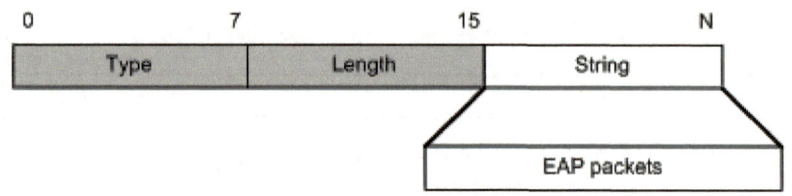

图 2-61　EAP-Message 属性封装

2）Message-Authenticator：用于在使用 EAP、CHAP 等认证方法的过程中，避免接入请求包被窃听，如图 2-62 所示。在含有 EAP-Message 属性的数据包中，必须同时也包含 Message-Authenticator，否则该数据包会被认为无效而被丢弃。

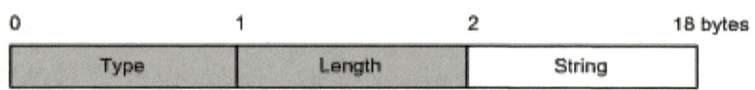

图 2-62　Message-Authenticator 属性

5．802.1X 的认证触发方式

802.1X 的认证过程可以由客户端主动发起，也可以由设备端发起。设备支持的认证触发方式包括以下两种。

1）客户端主动触发方式：客户端主动向设备端发送 EAPOL-Start 报文来触发认证，该报文目的地址为 IEEE 802.1X 协议分配的一个组播 MAC 地址：01-80-C2-00-00-03。另外，由于网络中有些设备不支持上述的组播报文，使得认证设备无法收到客户端的认证请求，因此设备端还支持广播触发方式，即可以接收客户端发送的目的地址为广播 MAC 地址的 EAPOL-Start 报文。

2）设备端主动触发方式：设备会每隔 N 秒（如 30s）主动向客户端发送 EAP-Request/Identity 报文来触发认证，这种触发方式用于支持不能主动发送 EAPOL-Start 报文的客户端，如 Windows XP 自带的 802.1X 客户端。

6．802.1X 的认证过程

802.1X 系统支持 EAP 中继方式和 EAP 终结方式与远端 RADIUS 服务器交互完成认证。以下关于 2 种认证方式的过程描述，都以客户端主动发起认证为例。

（1）EAP 中继方式

这种方式是 IEEE 802.1X 标准规定的，将 EAP 承载在其他高层协议中，如 EAP over RADIUS，以便扩展认证协议报文穿越复杂的网络到达认证服务器。一般来说，EAP 中继方式需要 RADIUS 服务器支持 EAP 属性：EAP-Message 和 Message-Authenticator，分别用来封装 EAP 报文及对携带 EAP-Message 的 RADIUS 报文进行保护。

下面以 EAP-MD5 方式为例介绍基本业务流程，如图 2-63 所示。

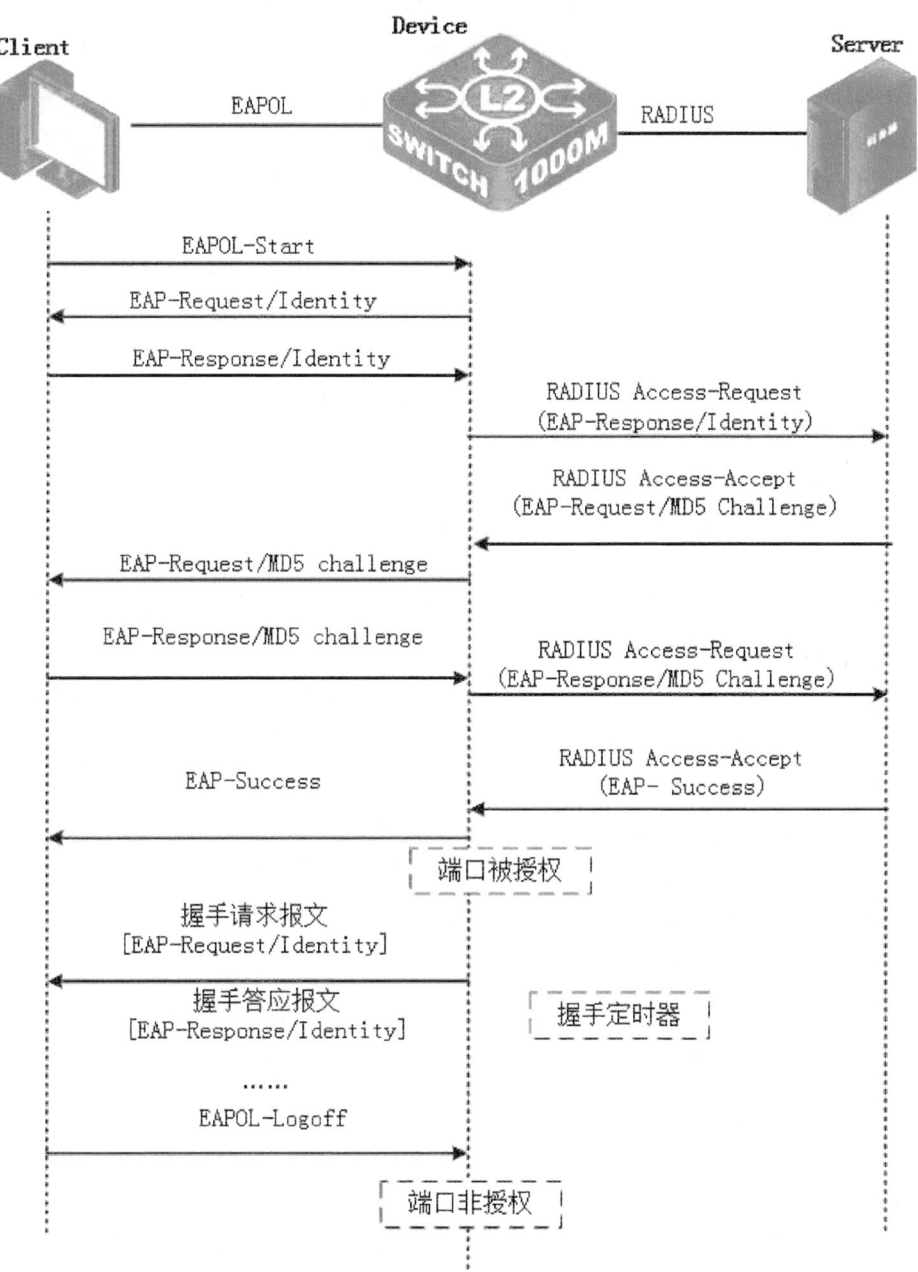

图 2-63　IEEE 802.1X 认证系统的 EAP 中继方式业务流程

1）当用户有访问网络需求时，打开802.1X客户端程序，输入已经申请、登记过的用户名和密码，发起连接请求（EAPOL-Start报文）。此时，客户端程序将发出请求认证的报文给设备端，开始启动一次认证过程。

2）设备端收到请求认证的数据帧后，将发出一个请求帧（EAP-Request/Identity报文）要求用户的客户端程序发送输入的用户名。

3）客户端程序响应设备端发出的请求，将用户名信息通过数据帧（EAP-Response/Identity报文）发送给设备端。设备端将客户端发送的数据帧经过封包处理后（RADIUS Access-Request报文）送给认证服务器进行处理。

4）RADIUS服务器收到设备端转发的用户名信息后，将该信息与数据库中的用户名表进行对比，找到该用户名对应的密码信息，用随机生成的一个加密字对它进行加密处理，同时也将该加密字通过RADIUS Access-Challenge报文发送给设备端，由设备端转发给客户端程序。

5）客户端程序收到由设备端传来的加密字（EAP-Request/MD5 Challenge报文）后，用该加密字对密码部分进行加密处理（此种加密算法通常是不可逆的），生成EAP-Response/MD5 Challenge报文，并通过设备端传给认证服务器。

6）RADIUS服务器将收到的已加密的密码信息（RADIUS Access-Request报文）和本地经过加密运算后的密码信息进行对比，如果相同，则认为该用户为合法用户，反馈认证通过的消息（RADIUS Access-Accept报文和EAP-Success报文）。

7）设备收到认证通过消息后将端口改为授权状态，允许用户通过端口访问网络。在此期间，设备端会通过向客户端定期发送握手报文的方法，对用户的在线情况进行监测。默认情况下，两次握手请求报文都得不到客户端应答，设备端就会让用户下线，防止用户因为异常原因下线而设备无法感知。

8）客户端也可以发送EAPOL-Logoff报文给设备端，主动要求下线。设备端把端口状态从授权状态改变成未授权状态，并向客户端发送EAP-Failure报文。

（2）EAP终结方式

这种方式将EAP报文在设备端终结并映射到RADIUS报文中，利用标准RADIUS协议完成认证、授权和计费。设备端与RADIUS服务器之间可以采用PAP或者CHAP认证方法。以下以CHAP认证方法为例介绍基本业务流程，如图2-64所示。

EAP终结方式与EAP中继方式的认证流程的，不同之处在于，用来对用户密码信息进行加密处理的随机加密字由设备端生成，之后设备端会把用户名、随机加密字和客户端加密后的密码信息一起送给RADIUS服务器，进行相关的认证处理。

7. 802.1X的接入控制方式

设备不仅支持协议所规定的基于端口的接入认证方式，还对其进行了扩展、优化，支持基于MAC的接入控制方式。

当采用基于端口的接入控制方式时，只要该端口下的第一个用户认证成功后，其他接入用户无须认证就可以使用网络资源，但是当第一个用户下线后，其他用户也会被拒绝使用网络。

采用基于 MAC 的接入控制方式时，该端口下的所有接入用户均需要单独认证，当某个用户下线时，也只有该用户无法使用网络。

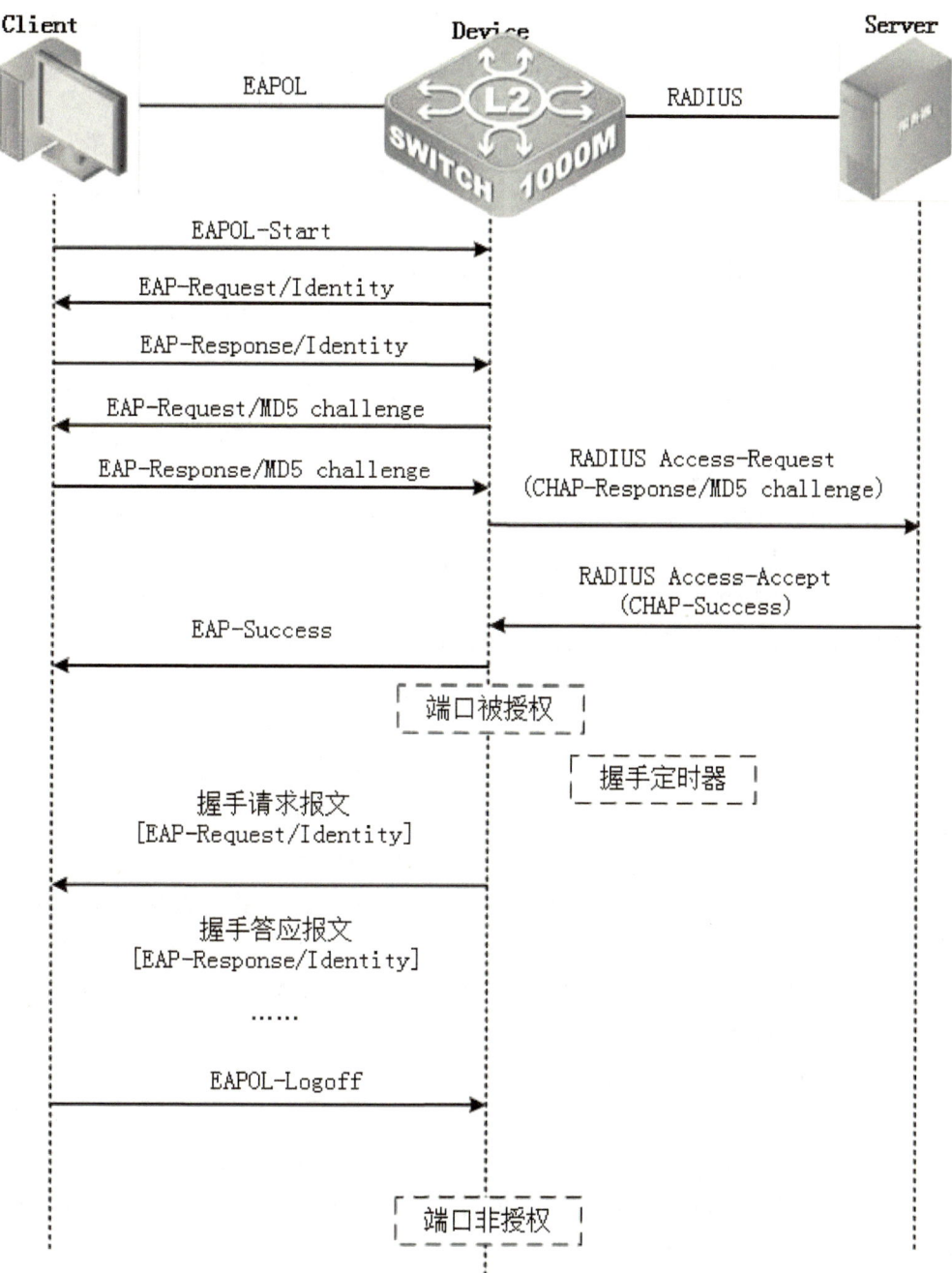

图 2-64　IEEE 802.1X 认证系统的 EAP 终结方式业务流程

8．802.1X 的定时器

802.1X 认证过程中会启动多个定时器以控制接入用户、设备以及 RADIUS 服务器之间进行合理、有序的交互。802.1X 的定时器主要有以下几种。

1）用户名请求超时定时器（tx-period）：该定时器定义了两个时间间隔。①当设备端向客户端发送 EAP-Request/Identity 请求报文后，设备端启动该定时器。若在 tx-period 设置的时间间隔内，设备端没有收到客户端的响应，则设备端将重发认证请求报文；②为了兼容不主动发送 EAPOL-Start 连接请求报文的客户端，设备会定期组播 EAP-Request/Identity 请求报文来检测客户端。tx-period 定义了该组播报文的发送时间间隔。

2）客户端认证超时定时器（Supp-timeout）：当设备端向客户端发送了 EAP-Request/MD5 Challenge 请求报文后，设备端启动该定时器。若在该定时器设置的时长内，设备端没有收到客户端的响应，则设备端将重发该报文。

3）认证服务器超时定时器（Server-timeout）：当设备端向认证服务器发送了 RADIUS Access-Request 请求报文后，设备端启动 Server-timeout 定时器。若在该定时器设置的时长内，设备端没有收到认证服务器的响应，则设备端将重发认证请求报文。

4）握手定时器（Handshake-period）：该定时器是在用户认证成功后启动的，设备端以此间隔为周期发送握手请求报文，以定期检测用户的在线情况。如果配置发送次数为 N，则当设备端连续 N 次没有收到客户端的响应报文，就认为用户已经下线。

5）静默定时器（Quiet-period）：对用户认证失败以后，设备端需要静默一段时间（该时间由静默定时器设置），在静默期间，设备端不处理该用户的认证请求。

6）周期性重认证定时器（reauth-period）：如果端口下开启了周期性重认证功能，则设备端以此定时器设置的时间间隔为周期对该端口在线用户发起重认证。

9. 和 802.1X 配合使用的特性

（1）VLAN 下发

802.1X 用户在服务器上通过认证时，服务器会把授权信息传送给设备端。如果服务器上配置了下发 VLAN 功能，则授权信息中含有授权下发的 VLAN 信息，设备根据用户认证上线的端口链路类型，按以下情况将端口加入下发 VLAN 中。

1）端口的链路类型为 Access，当前 Access 端口离开用户配置的 VLAN 并加入授权下发的 VLAN 中。

2）端口的链路类型为 Trunk，设备允许授权下发的 VLAN 通过当前 Trunk 端口，并且端口的默认 VLAN ID 为下发 VLAN 的 VLAN ID。

（2）Guest VLAN

Guest VLAN 功能允许用户在未认证的情况下访问某一特定 VLAN 中的资源，如获取客户端软件，升级客户端或执行其他一些用户升级程序。这个 VLAN 称为 Guest VLAN。

根据端口的接入控制方式不同，可以将 Guest VLAN 划分为基于端口的 Guest VLAN 和基于 MAC 的 Guest VLAN。

1）PGV（Port-based Guest VLAN）。在接入控制方式为 Portbased 的端口上配置的 Guest VLAN 称为 PGV。若在一定的时间内（默认 90s），配置了 PGV 的端口上无客户端进行认证，则该端口将被加入 Guest VLAN，所有在该端口接入的用户将被授权访问 Guest VLAN 里的资源。端口加入 Guest VLAN 的情况与加入授权下发 VLAN 相同，与端口链路类型有关。当端口上处于 Guest VLAN 中的用户发起认证且失败时：如果端口配置了 Auth-Fail VLAN，则该端口会被加入 Auth-Fail VLAN；如果端口未配置 Auth-Fail VLAN，则该端口仍然处于 Guest VLAN 内。当端口上处于 Guest VLAN 中的用户发起认证且成功时，端口会离开 Guest VLAN，之后端口加入的 VLAN 情况与认证服务器是否下发 VLAN 有关，具体如下：

若认证服务器下发 VLAN，则端口加入下发的 VLAN 中。用户下线后，端口离开下发的 VLAN 回到初始 VLAN 中，该初始 VLAN 为端口加入 Guest VLAN 之前所在的 VLAN。

若认证服务器未下发 VLAN，则端口回到初始 VLAN 中。用户下线后，端口仍在该初始 VLAN 中。

2）MGV（MAC-based Guest VLAN）。在接入控制方式为 Macbased 的端口上配置的 Guest VLAN 称为 MGV。配置了 MGV 的端口上未认证的用户被授权访问 Guest VLAN 里的资源。当端口上处于 Guest VLAN 中的用户发起认证且失败时：如果端口配置了 Auth-Fail VLAN，则认证失败的用户将被加入 Auth-Fail VLAN；如果端口未配置 Auth-Fail VLAN，则该用户将仍然处于 Guest VLAN 内。当端口上处于 Guest VLAN 中的用户发起认证且成功时，设备会根据认证服务器是否下发 VLAN 决定将该用户加入到下发的 VLAN 中，或回到加入 Guest VLAN 之前端口所在的初始 VLAN。

（3）Auth-Fail VLAN

Auth-Fail VLAN 功能允许用户在认证失败的情况下访问某一特定 VLAN 中的资源，这个 VLAN 称为 Auth-Fail VLAN。需要注意的是，这里的认证失败是认证服务器因某种原因明确拒绝用户认证通过，如用户密码错误，而不是认证超时或网络连接等原因造成的认证失败。

与 Guest VLAN 类似，根据端口的接入控制方式不同，可以将 Auth-Fail VLAN 划分为基于端口的 Auth-Fail VLAN 和基于 MAC 的 Auth-Fail VLAN。

1）PAFV（Port-based Auth-Fail VLAN）。在接入控制方式为 Portbased 的端口上配置的 Auth-Fail VLAN 称为 PAFV。在配置了 PAFV 的端口上，若有用户认证失败，则该端口会被加入到 Auth-Fail VLAN，所有在该端口接入的用户将被授权访问 Auth-Fail VLAN 里的资源。端口加入 Auth-Fail VLAN 的情况与加入授权下发 VLAN 相同，与端口链路类型有关。当端口上处于 Auth-Fail VLAN 中的用户再次发起认证时：如果认证失败，则该端口将会仍然处于 Auth-Fail VLAN 内；如果认证成功，则该端口会离开 Auth-Fail VLAN，之后端口加入 VLAN 的情况与认证服务器是否下发 VLAN 有关，具体如下：

若认证服务器下发 VLAN，则端口加入下发的 VLAN 中。用户下线后，端口会离开下发的 VLAN 回到初始 VLAN 中，该初始 VLAN 为端口加入任何授权 VLAN 之前所在的 VLAN。

若认证服务器未下发 VLAN，则端口回到初始 VLAN 中。用户下线后，端口仍在该初始 VLAN 中。

2）MAFV（MAC-based Auth-Fail VLAN）。在接入控制方式为 Macbased 的端口上配置的 Auth-Fail VLAN 称为 MAFV。在配置了 MAFV 的端口上，认证失败的用户将被授权访问 Auth-Fail VLAN 里的资源。当 Auth-Fail VLAN 中的用户再次发起认证时，如果认证成功，则设备会根据认证服务器是否下发 VLAN 决定将该用户加入到下发的 VLAN 中，或回到加入 Auth-Fail VLAN 之前端口所在的初始 VLAN。

（4）ACL 下发

ACL（Access Control List，访问控制列表）提供了控制用户访问网络资源和限制用户访问权限的功能。当用户上线时，如果 RADIUS 服务器上配置了授权 ACL，则设备会根据服务器下发的授权 ACL 对用户所在端口的数据流进行控制。在服务器上配置授权 ACL 之前，需要在设备上配置相应的规则。管理员可以通过改变服务器的授权 ACL 设置或设备上对应的 ACL 规则来改变用户的访问权限。

（5）指定端口的强制认证域

指定端口的强制认证域（Mandatory Domain）为 802.1X 接入提供了一种安全控制策略。所有从该端口接入的 802.1X 用户将被强制使用该认证域来进行认证、授权和计费，可以防止用户通过恶意假冒其他域账号来接入网络。另外，对于采用证书的 EAP 中继方式的 802.1X 认证来说，接入用户的客户端证书决定了用户的域名。因此，即使所有端口上客户端的用户证书隶属于同一证书颁发机构，即输入的用户域名相同，管理员也可以通过配置强制认证域对不同端口指定不同的认证域，从而增加了管理员部署 802.1X 接入策略的灵活性。

DCN IEEE 802.1x 典型配置案例：

IEEE 802.1x 交换机配置：

```
    radius-server key 0 <key>
    radius-server authentication host <Radius Server IP Address>
    aaa enable
    dot1x enable
    Interface Ethernet1/1
     dot1x enable
     dot1x port-method macbased
    Interface Ethernet1/2
     dot1x enable
     dot1x port-method macbased
    Interface Ethernet1/3
     dot1x enable
     dot1x port-method macbased
    Interface Ethernet1/4
     dot1x enable
     dot1x port-method macbased
```

```
Interface Ethernet1/5
 dot1x enable
 dot1x port-method macbased
 …
```

场景

小　李：岳总，我们的交换机支持 IEEE 802.1x 这个特性。另外，我联系了公司的技术部门，公司的网络之前使用过 RADIUS 服务器，主要是用于设备的登录方面。

Yueda：还是老规矩，首先在线下做测试，如果测试没有问题，再到实际的网络中进行实施。

小　李：好的，我马上去。

小李成功实现了交换机 IEEE 802.1x 这个功能的测试。下一步需要做的是，要求公司内部的局域网接入用户配置登录客户端。他写了一封邮件，详细说明了局域网登录用户配置客户端的步骤，同时将邮件抄送给了 Yueda，以下是邮件的内容：

尊敬的 TaoJin 电子商务公司各位同事，大家好！

为保障公司网络安全、稳定地运行，经公司领导批准，公司网络从明日起，将采取网络用户授权使用机制，公司网络安全管理部将统一为公司各位同事分配公司网络接入用户名及密码，稍后会分别将各位同事的公司网络接入用户名及密码以邮件的方式进行发放。从明日起，公司网络不再接受非授权的接入访问，各位同事需要按照以下步骤对个人计算机进行配置，并输入本部门分配的个人用户名和密码进行公司网络接入，为各位带来的不便敬请谅解！

1）将以下内容复制至记事本，保存文件扩展名为 *.reg，双击该注册表文件，加载注册表。

```
Windows Registry Editor Version 5.00

[HKEY_LOCAL_MACHINE\SYSTEM\CurrentControlSet\services\RasMan\PPP\EAP\4]
"FriendlyName"="MD5-Challenge"
"RolesSupported"=dword:0000000a
"Path"=hex(2):25,00,53,00,79,00,73,00,74,00,65,00,6d,00,52,00,6f,00,6f,00,74,\
 00,25,00,5c,00,53,00,79,00,73,00,74,00,65,00,6d,00,33,00,32,00,5c,00,52,00,\
 61,00,73,00,63,00,68,00,61,00,70,00,2e,00,64,00,6c,00,6c,00,00,00
"InvokeUsernameDialog"=dword:00000001
"InvokenPasswordDialog"=dword:00000001
```

2）如图 2-65 所示，开启 Wired AutoConfig 服务，"启动类型"默认是"手动"，可以设为"自动"，这是开启网卡认证的服务。

3）现在的网卡属性多了身份认证项，选择"MD5-Challenge"，单击"其他设置"按钮，在弹出的对话框中选中"指定身份验证模式"复选框，在下拉列表中选中"用户身份验证"选项，单击"确定"按钮如图 2-66 所示。

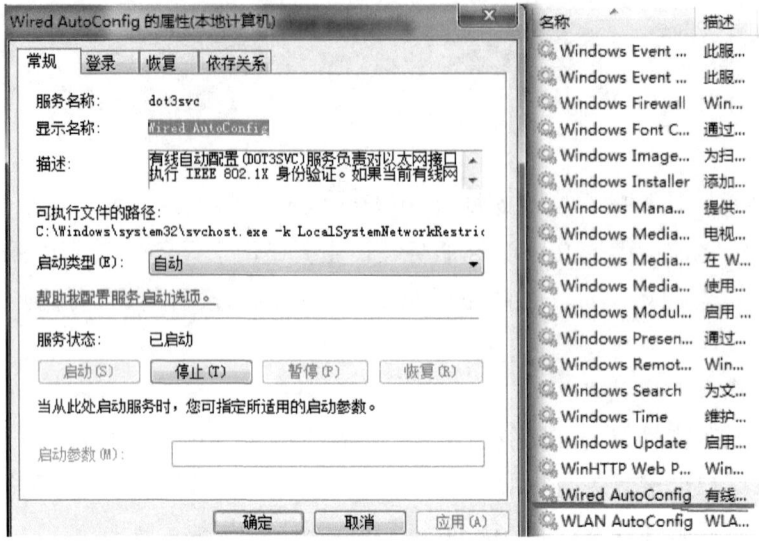

图 2-65　开启 Wired AutoConfig 服务

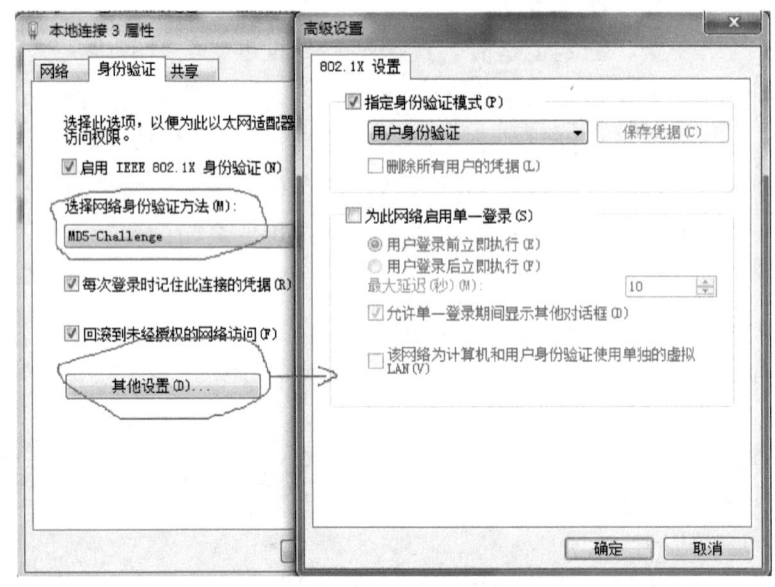

图 2-66　网卡属性多了身份认证项

这样再次在网卡插入网线连接公司网络时，则会提示输入用户名和密码，然后输入个人正确的用户名和密码即可。

TaoJin 公司网络安全管理部

第 3 章　防火墙

3.1　IP 应用非授权访问攻击及其解决方案

3.1.1　IP 应用非授权访问攻击介绍

场景

在会议室里，Yueda、小李、白先生依旧进行每天一次的例会。

白先生：根据贵公司对我提出的要求，我觉得在公司的局域网中，绝大部分的渗透测试已经实施过了，而且已经实施了对网络接入用户的 AAA 限制。既然我们对局域网用户进行了授权，那么对于外部网络对内部网络的访问，是不是也应该进行授权呢？经过渗透测试，我发现贵公司的防火墙目前只是一个连接广域网的接入设备，并没有做出访问策略，或者说做了访问策略，但是访问策略是双向允许所有流量，那么则失去了防火墙的意义。

小　李：根据我这几天对公司网络的了解，的确是这样的。过去公司就是为了让网络能够联通，所以采用了这种做法。

白先生：如果是这样，防火墙和路由器就没有任何区别了，那又何必用防火墙呢？

Yueda：小李，你知道什么是防火墙吗？

小　李：在学校里面曾经学过，防火墙的概念分为广义的和狭义的。

Yueda：说一说你的理解。

小　李：如果是广义的防火墙概念，则只要是网络安全威胁，防火墙都可以抵御。

Yueda：你说一说网络安全威胁都包括哪些？

小　李：网络安全威胁是指网络系统所面临的，由已经发生的或潜在的安全事件对某一资源的保密性、完整性、可用性或合法使用所造成的威胁。能够在不同程度、不同范围内解决或者缓解网络安全威胁的手段和措施就是网络安全服务。网络系统所面临的安全威胁主要包括以下 4 个方面。

1）信息泄露：信息被泄露或透露给某个非授权的人或实体。
2）完整性破坏：数据的完整性经非授权的修改或破坏而受到损坏。
3）业务拒绝：对信息或其他资源的合法访问被非法阻止。
4）非法使用：某一资源被非授权的人或被以非授权的方式使用。

广义的防火墙概念既包括访问控制的作用、IPS（Intrusion Prevention System，入侵防御系统）、防 DoS（Denial of Seroice 拒绝服务）攻击、WAF（Web Application Firewall，Web 应用防火墙）。

Yueda：那狭义的防火墙概念呢？

小 李：如果是狭义的防火墙概念，那就仅仅包括访问控制的功能和防 DoS 攻击的功能。

Yueda：没错，那先谈一下防火墙访问控制的功能，先把这个问题在会议上讨论清楚，然后再到公司的网络中实施访问控制策略。小李，首先你要了解，从防火墙进行访问控制的角度，可以把防火墙分为几类？

小 李：从防火墙进行访问控制的角度来说，可以把防火墙分为 3 类。

Yueda：具体是哪 3 类呢？

小 李：第一类是包过滤防火墙，第二类是应用层网关防火墙，第三类是状态化包过滤防火墙。

Yueda：你了解它们之间的区别吗？

小 李：包过滤防火墙就是当时在交换机或路由器上面配置的 ACL（访问控制列表），但是这个技术有一个缺点，也就是无法对某些动态协商端口的应用程序进行访问控制，如 FTP、迅雷等。如果要对这种类型的应用程序进行访问控制，则必须使用应用层网关防火墙或者状态化包过滤防火墙。

Yueda：是的。如图 3-1 所示，应用层网关防火墙也就是在前面使用的 Proxy Server（代理服务器）基础上功能的扩展，如 Burp Suite。两个 TCP 连接是这种防火墙的特点。

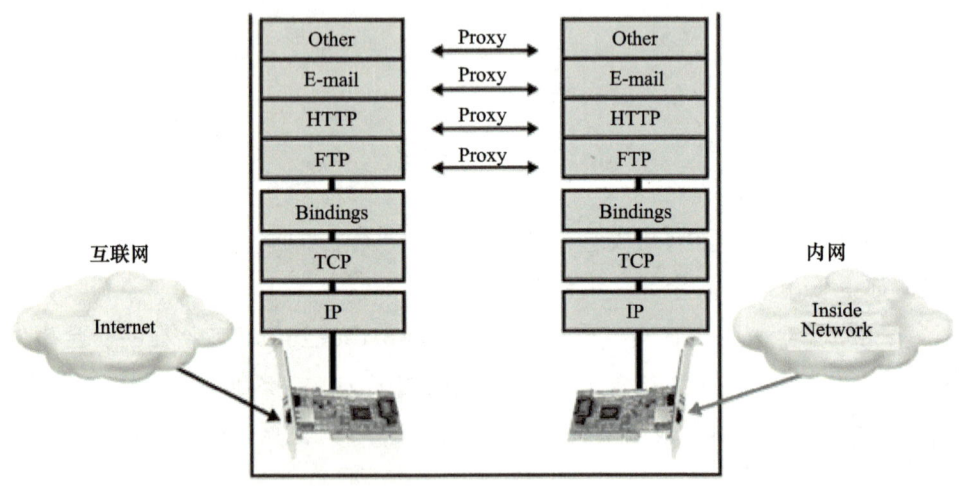

图 3-1　Proxy Server

如图 3-2 所示，计算机的 IP 地址为 192.168.1.222，要访问 192.168.1.121 的 Web 服务，首先要将我的 IE 浏览器配置一个代理服务器的 IP 地址，如 192.168.1.1，然后计算机（IP：192.168.1.222）所有访问 Web 服务器（IP：192.168.1.121）的流量，都先发送到代理服务器（IP：192.168.1.1），如图 3-3 所示的数据包分析。

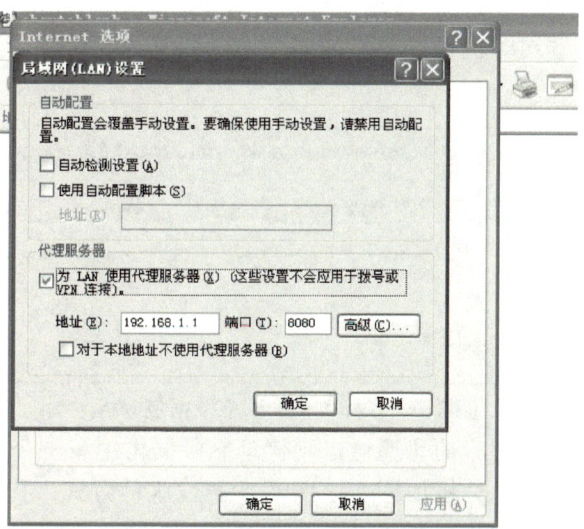

图 3-2　IE 浏览器配置一个代理服务器的 IP 地址

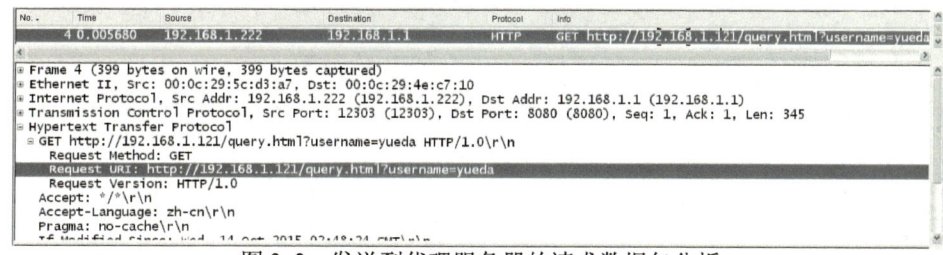

图 3-3　发送到代理服务器的请求数据包分析

在这种技术中，用户计算机（IP：192.168.1.222）与代理服务器 192.168.1.1 建立第一个 TCP 的连接，在这个 TCP 的连接上，将请求先交给代理服务器，代理服务器收到该请求，

可以根据请求信息决定是否允许该信息通过，从而起到应用层网关防火墙的作用，如图 3-4 所示。

图 3-4　应用层网关防火墙的功能

如果该请求信息可以通过，则代理服务器再向目标主机 192.168.1.121 发起第 2 个 TCP，在第 2 个 TCP 连接上，再将请求发给目标主机 192.168.1.121，数据包分析如图 3-5 所示。

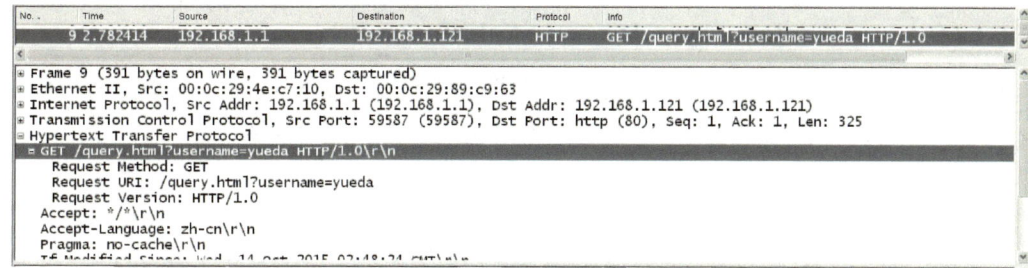

图 3-5　代理服务器转发的请求数据包分析

对于目标主机 192.168.1.121 的回应信息也是如此，经过刚才的第 2 个 TCP 连接先发到代理服务器，代理服务器这时也可以根据回应信息判断是否允许该信息通过，数据包分析如图 3-6 所示。

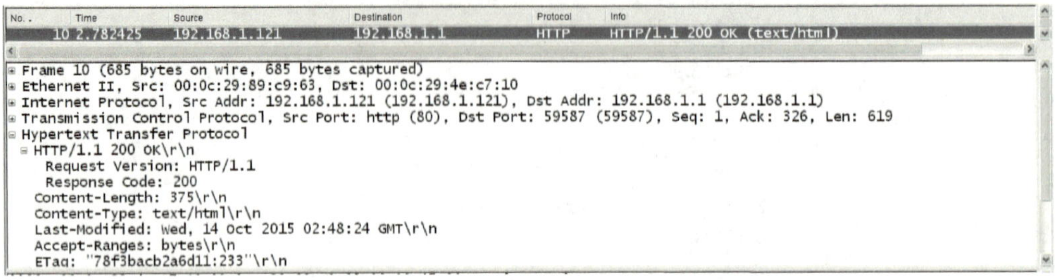

图 3-6 目标主机的回应数据包分析

如果代理服务器允许该回应信息通过，则代理服务器再由第一个 TCP 将回应信息回送到客户机 192.168.1.222，数据包分析如图 3-7 所示。通过这种方式，代理服务器可以实现对数据包深层次的访问控制，因为每个客户机和服务器之间的请求包或回应包都会由 TCP 交付到代理服务器的应用层，由代理服务器的应用层来对客户机和服务器之间的请求包或回应包进行应用级别的访问控制。

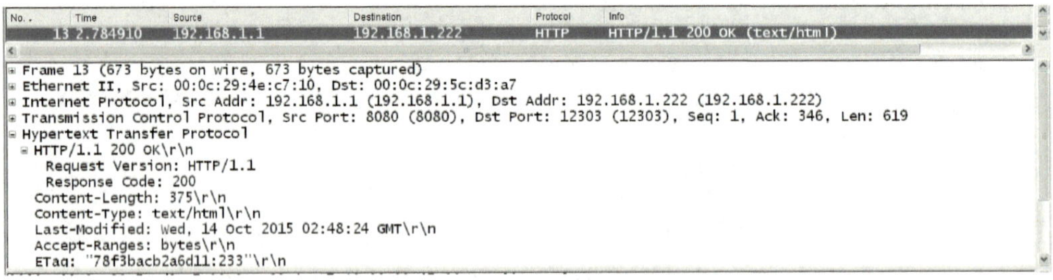

图 3-7 代理服务器转发的回应数据包分析

目前用到的主流技术就是状态化包过滤防火墙，还有部分使用 ACL（访问控制列表），因为一般交换机或路由器都支持这个技术，所以它比较通用。

Yueda：小李，刚才我介绍了应用层网关防火墙，包过滤防火墙（Packet Filter Firewall）和状态化包过滤防火墙（Stateful Packet Filter Firewall）由你来介绍一下吧。

小 李：好的。

3.1.2 IP 应用非授权访问攻击解决方案 1：Packet Filter Firewall

场景

Yueda：介绍一个原理之前，最好先画一个图，方便我们大家沟通，这里面有白板。

小 李：好的。那我就通过一个案例先介绍一下包过滤防火墙吧。

Yueda：没问题。

基于 ACL 的包过滤防火墙原理：

包过滤实现了对 IP 数据包的过滤。对需要转发的数据包，设备先获取其包头信息（包括 IP 层所承载的上层协议的协议号、数据包的源地址、目的地址、源端口和目的端口等），然后与设定的 ACL 规则进行比较，根据比较的结果对数据包进行相应的处理（丢弃或转发）。

一般如果要通过 ACL 对实际的网络应用进行限制，则必须使用扩展型 ACL。它的基本语法如下：

（1）全局配置

1）控制 IP 流量：

```
access-list access-list-number
    [dynamic dynamic-name [timeout minutes]]
    {deny|permit} protocol source source-wildcard
    destination destination-wildcard [precedence precedence]
    [tos tos] [log|log-input] [time-range time-range-name]
```

2）控制 ICMP 流量：

```
access-list access-list-number
    [dynamic dynamic-name [timeout minutes]]
    {deny|permit} icmp source source-wildcard
    destination destination-wildcard
    [icmp-type [icmp-code] |icmp-message]
    [precedence precedence] [tos tos] [log|log-input]
    [time-range time-range-name]
```

3）控制 TCP 流量：

```
access-list access-list-number
    [dynamic dynamic-name [timeout minutes]]
    {deny|permit} tcp source source-wildcard [operator [port]]
    destination destination-wildcard [operator [port]]
    [established] [precedence precedence] [tos tos]
    [log|log-input] [time-range time-range-name]
```

4）控制 UDP 流量：

```
access-list access-list-number
    [dynamic dynamic-name [timeout minutes]]
    {deny|permit} udp source source-wildcard [operator [port]]
    destination destination-wildcard [operator [port]]
    [precedence precedence] [tos tos] [log|log-input]
    [time-range time-range-name]
```

（2）接口配置

```
interface
ip access-group {number|name} {in|out}
```

下面举一个具体的例子：

例如，公司的内部局域网通过路由器连接至 Internet，其中路由器的 S0/0 接口连接 Internet，e0/0 接口连接我们公司内部 Inside Network 网络的交换机，如图 3-8 所示。

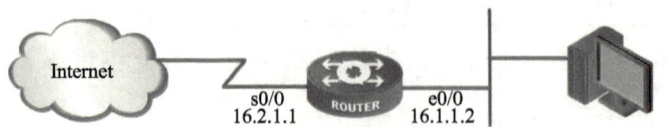

图 3-8 简单的防火墙功能

```
access-list 100 permit tcp any 16.1.1.0 255.255.255.0 established
access-list 100 deny ip any any log
interface Serial0/0
ip access-group 100 in
end
```

在这个案例中，来自 Internet 的主机只能够向 Inside Network 发送带有 ACK 标志的 TCP 数据包。也就是说，包过滤防火墙只允许由 Inside Network 发起至 Internet 的 TCP 连接请求，而不允许 Internet 发起至 Inside Network 的 TCP 连接请求，从而实现了简单防火墙的功能。基于 ACL 的包过滤防火墙对于复杂的 ACL 很难运用和维护，而且不能实现为特殊动态协商端口的应用（如 FTP）动态打开端口放行其流量。

场景

Yueda：很好。那么接下来，请再介绍一下状态化包过滤防火墙技术吧。

小 李：好的。还是以画图的方式介绍吧，公司目前使用的神州数码 DCFW1800 防火墙就属于这种类型的防火墙。讲完原理后我再介绍一下配置案例。

Yueda：好。

3.1.3 IP 应用非授权访问攻击解决方案 2：Stateful Packet Filter Firewall

场景

小 李：下面我再介绍一下状态化包过滤防火墙（Stateful Packet Filter Firewall）的功能。

应用层感知包过滤技术，可以为指定的应用维护状态化信息，通过状态化信息，监控每一个包，包括后续流量以及返回流量（状态表项工作在传输层），所以可以用于限制动态协商端口号的应用程序，如图 3-9 和图 3-10 所示。

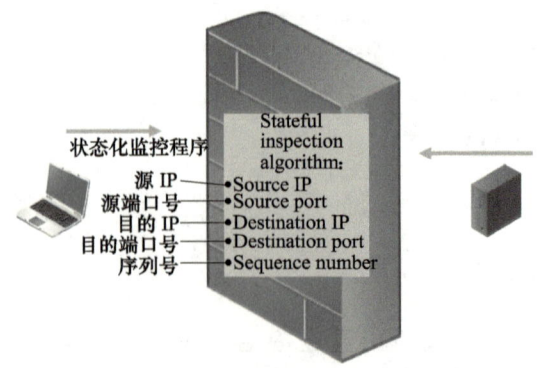

图 3-9 TCP Based App 状态化表项

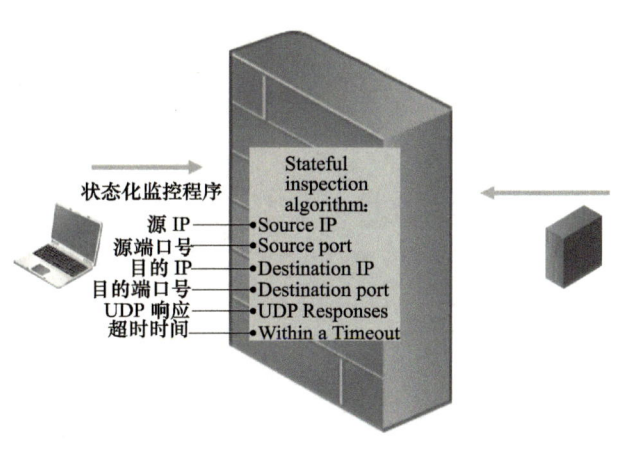

图 3-10 UDP Based App 状态化表项

场景

Yueda：下面的问题是，公司的出口防火墙策略应该如何实施？应该实现：只允许来自互联网用户访问公司电子商务网站的流量穿过出口防火墙，进入公司的网络，而不允许来自互联网用户的其他流量穿过出口防火墙，进入公司的网络；与此同时，公司内部的用户可以由内部发起至互联网的 DNS、HTTP、HTTPS、E-mail，这些策略由小李负责在出口防火墙进行实施。实施之前，你还需要去查一下防火墙的手册，看一看具体应该如何实现。还是老规矩，实施之前先在线下进行测试，并做出一份实施计划来。

小 李：好的，我马上办。

20min 后，小李做出了一份详细的防火墙策略实施计划。

公司防火墙实施策略拓扑（见图 3-11）：

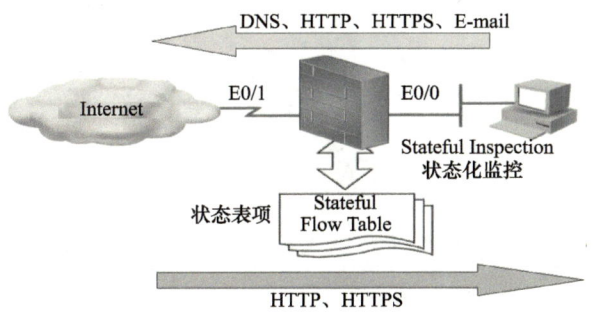

图 3-11 公司防火墙实施策略拓扑

将防火墙连接内部网络的接口定义的安全域为 Trust（可信安全域）：

> Interface Ethernet0/0
> zone trust

将防火墙连接外部网络的接口定义的安全域为 UnTrust（不可信安全域）：

> Interface Ethernet0/1
> zone untrust

```
policy-global
  rule id 1
// 策略 ID 为 1
action permit
// 行为：允许
src-zone "trust"
// 发起流量的安全域为 Trust（可信安全域）
dst-zone "untrust"
// 流量到达的安全域为 UnTrust（不可信安全域）
src-addr "Any"
// 源 IP 地址不限制
dst-addr "Any"
// 目的 IP 地址不限制
service "DNS"
// 应用为 DNS
  exit
  rule id 2
    action permit
    src-zone "trust"
    dst-zone "untrust"
    src-addr "Any"
    dst-addr "Any"
    service "HTTP"
  exit
  rule id 3
    action permit
    src-zone "trust"
    dst-zone "untrust"
    src-addr "Any"
    dst-addr "Any"
    service "HTTPS"
  exit
  rule id 4
    action permit
    src-zone "trust"
    dst-zone "untrust"
    src-addr "Any"
    dst-addr "Any"
    service "SMTP"
  exit
  rule id 5
    action permit
```

```
            src-zone "trust"
            dst-zone "untrust"
            src-addr "Any"
            dst-addr "Any"
            service "POP3"
        exit
        rule id 6
            action permit
            src-zone "untrust"
            dst-zone "trust"
            src-addr "Any"
            dst-addr "Any"
            service "HTTP"
        exit
        rule id 7
            action permit
            src-zone "untrust"
            dst-zone "trust"
            src-addr "Any"
            dst-addr "Any"
            service "HTTPS"
        exit
```

场景

Yueda：实施计划做得不错。在公司出口防火墙成功实施后，将计划放在公司 OA 系统上，以备将来查阅。

小 李：好的。

3.2 DoS/DDoS 攻击及其解决方案

3.2.1 SYN Flood 攻击介绍

场景

在会议室里，Yueda、小李、白先生依旧进行每天一次的例会。

白先生：根据贵公司对我提出的要求，今天我对贵公司的服务器进行了 DoS 渗透测试，发现贵单位的网络在防御 DoS 攻击方面没有任何抵御的措施，如果服务器被黑客进行 DoS 攻击导致崩溃，那么后果将不堪设想。

小 李：DoS 不就是拒绝服务攻击吗？除此之外，还有一个 DDoS 攻击，也就是分布式拒绝服务攻击，从分散在网络各个角落的多个结点联合向服务器发起 DoS 攻击。

白先生：是啊。经过渗透测试，贵公司的网络现在连基本的 DoS 攻击都防御不了，更不用说 DDoS 攻击了。

小　李：我听说 DoS 攻击也是分很多种类的，那么你都对公司的服务器做了哪些类型的 DoS 攻击呢？

白先生：我对公司的服务器做的第一种 DoS 攻击叫作 SYN Flood，发现目前公司的网络对这种攻击就无法防御。

小　李：你是如何做的呢？

白先生：你了解 TCP（Transmission Control Protocol，传输控制协议）的工作原理吗？公司提供电子商务服务的服务器主要采用 HTTP 或 HTTPS 来与 Internet 客户的 PC 进行交互数据，而 HTTP 或者 HTTPS 就是基于 TCP 的。

小　李：TCP 我了解，在学校时，老师讲了大量与 TCP、UDP 相关的知识。

白先生：你了解 TCP 三次握手的过程吗？

小　李：当然了，这个是最基本的问题了。

Yueda：还是老规矩，请小李先给介绍一下 TCP 三次握手的过程吧。

小　李：好的。TCP 与 UDP 不同，它是面向连接的，也就是说，为了在服务端和客户端之间传送数据，必须先建立一个虚拟电路，也就是 TCP 连接，建立 TCP 连接的标准过程如图 3-12 所示。

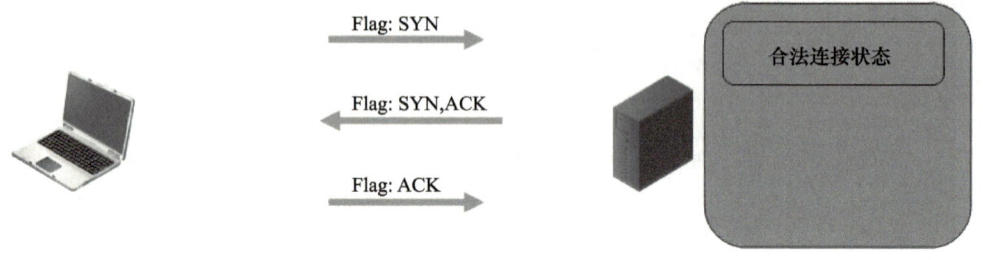

图 3-12　TCP 三次握手

第一次握手：建立连接时，客户端发送 SYN 包（syn=j）到服务器，并进入 SYN_SENT 状态，等待服务器确认。

第二次握手：服务器收到 SYN 包，必须确认客户的 SYN（ack=j+1），同时自己也发送一个 SYN 包（syn=k），即 SYN+ACK 包，此时服务器进入 SYN_RECV 状态。

第三次握手：客户端收到服务器的 SYN+ACK 包，向服务器发送确认包 ACK（ack=k+1），此包发送完毕，客户端和服务器进入 Established（TCP 连接成功）状态，完成三次握手。以上的连接过程在 TCP 中被称为三次握手（Three-way Handshake）。

白先生：没错，是这样的。由于没有认证机制，因此我可以利用这一点，实施一个叫作 SYN Flood 的攻击！它的原理如下。

SYN Flood 攻击原理：

SYN Flood 是当前最流行的 DoS（拒绝服务攻击）与 DDoS（分布式拒绝服务攻击）的方式之一。这是一种利用 TCP 缺陷，发送大量伪造的 TCP 连接请求，从而使得被攻击方资源耗尽（CPU 满负荷或内存不足）的攻击方式，如图 3-13 所示。

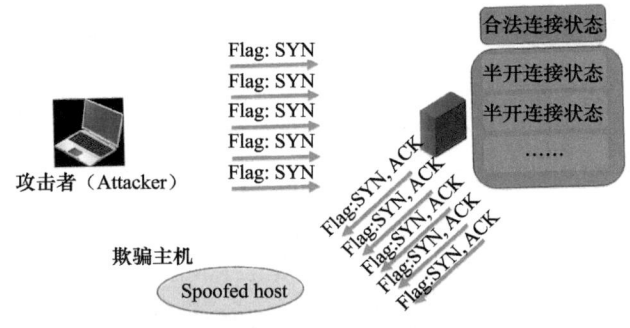

图 3-13　SYN Flood 攻击

在 TCP 连接的三次握手中，假设一个用户向服务器发送了 SYN 报文后突然死机或掉线，那么服务器在发出 SYN+ACK 应答报文后是无法收到客户端的 ACK 报文的（第三次握手无法完成）。这种情况下，服务器端一般会重试（再次发送 SYN+ACK 给客户端）并等待一段时间后丢弃这个未完成的连接，这段时间的长度称为 SYN Timeout。一般来说，这个时间是分钟的数量级（大约为 30～120s）。一个用户出现异常导致服务器的一个线程等待 1min 并不是什么很大的问题，但如果有一个恶意的攻击者大量模拟这种情况，服务器端将为了维护一个非常大的半连接列表而消耗非常多的资源，即使是简单的保存并遍历也会消耗非常多的 CPU 时间和内存，何况还要不断对这个列表中的 IP 进行 SYN+ACK 的重试。实际上，如果服务器的 TCP/IP 栈不够强大，则最后的结果往往是堆栈溢出崩溃。即使服务器端的系统足够强大，服务器端也将忙于处理攻击者伪造的 TCP 连接请求而无暇理睬客户的正常请求（毕竟客户端的正常请求概率非常之小），此时从正常客户的角度看来，服务器失去响应，这种情况称为服务器端受到了 SYN Flood 攻击（SYN 洪水攻击）。

常见 Syn Flood 攻击的种类如图 3-14 所示。

1）Direct Attack 攻击方使用固定的源地址发起攻击，这种方法对攻击方的消耗最小。

2）Spoofing Attack 攻击方使用变化的源地址发起攻击，这种方法需要攻击方不停地修改源地址，实际上消耗也不大。

3）Distributed Direct Attack 这种攻击主要是使用僵尸网络进行固定源地址的攻击。

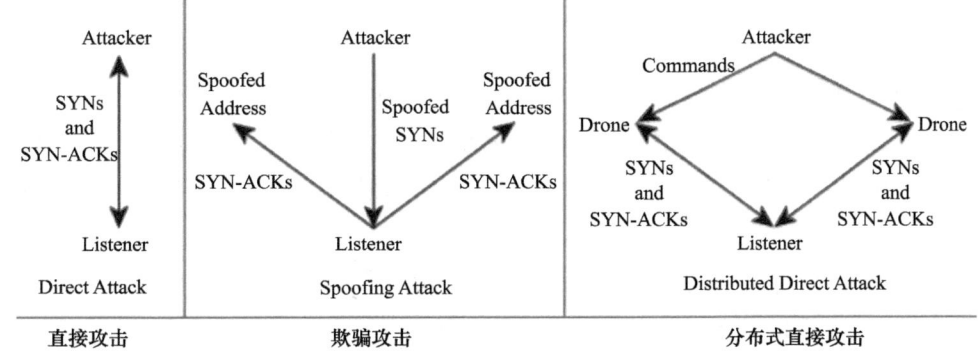

图 3-14　常见 SYN Flood 攻击的种类

场景

白先生： 我在对贵公司的服务器进行 SYN Flood 渗透测试时，使用 Ethereal 进行了抓包，如图 3-15 所示。

这种攻击一般都要使用 Spoofing Attack 攻击，使用变化的源地址发起攻击。

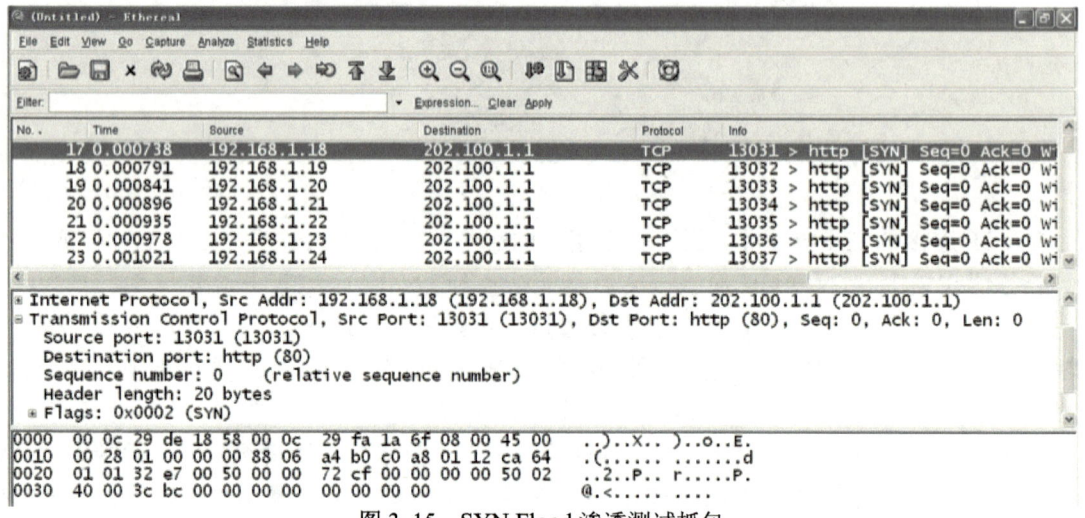

图 3-15　SYN Flood 渗透测试抓包

小　李： 照这样看来，这种攻击确实可以导致公司的服务器无法为 Internet 用户提供服务，如果这种攻击一直存在，那么公司岂不是无法正常运行了。

白先生： 所以要想办法使公司的网络能够抵御这种攻击才行。

Yueda： 我记得公司的防火墙有 SYN Proxy 的功能。小李，你去查一下公司防火墙的相关资料，看一下有没有这个特性。

小　李： 好的，岳总，我马上查。

3.2.2　SYN Flood 攻击解决方案：SYN Proxy

场景

小　李： 岳总，我查到了关于公司防火墙的相关资料，公司使用的是神州数码 DCFW1800 系列防火墙，的确有 SYN Proxy（SYN 代理）这个功能，而且这个功能就是为了防止 SYN Flood 攻击的。

Yueda： 具体的原理是什么？能给我们讲一下吗？

小　李： 没问题，我已经看懂了。我在白板上画个图给大家介绍一下，如图 3-16 所示。

Yueda： 可以。

第3章 防火墙

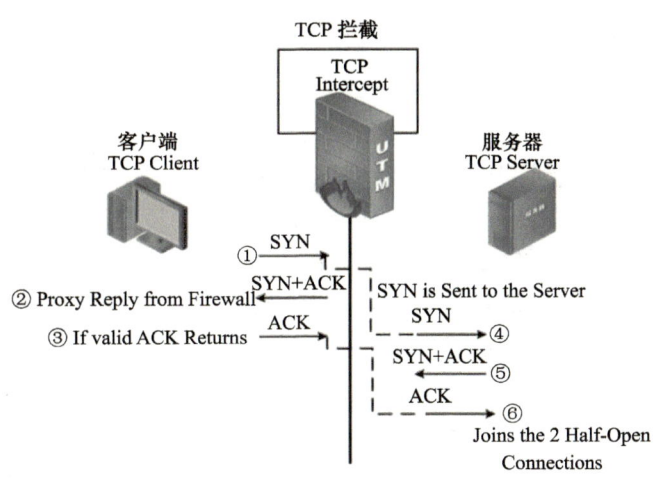

图 3-16　SYN Proxy

小　李：SYN Proxy 又叫 TCP Intercept，它的工作原理如下：

① 客户端发送 SYN 包。

② 中间的防火墙伪装自己作为服务器来处理对客户端发送的 SYN。

③ 客户端和防火墙建立三次握手之后，证明会话没有问题（若无法形成会话，则丢弃）。

④ 此时防火墙再伪装为客户端向服务器发送 SYN 包。

⑤ 经过三次握手之后，防火墙和服务器也形成了会话。

⑥ 客户端和服务器形成会话。

如果将防火墙挡在公司服务器的前端，而防火墙又开启了 SYN Proxy 功能，则可以有效抵御黑客对公司服务器进行 SYN Flood 攻击。

Yueda：原理介绍的没有问题，你先去线下测试一下吧。白先生，需要你配合小李再做一下测试。

小　李：好的。

白先生：没有问题。

经过小李和白先生的测试，他们发现防火墙 SYN Proxy 技术确实也可以抵御白先生的 SYN Flood 攻击。于是小李将该防火墙的安全特性在 TaoJin 电子商务公司的网络出口防火墙上进行了部署。

Yueda：小李，还有一个问题你也得考虑，你现在只做到了如果黑客从外网对部署在公司内网的服务器进行 SYN Flood 攻击的防御。因为防火墙部署在公司内部网络的出口，可万一哪天黑客渗透到了公司内部，从内部向公司的服务器进行 SYN Flood 攻击，又该如何处理呢？

小　李：要是公司内部网络的交换机有 SYN Flood 这个功能就好了。

Yueda：你考虑的没错，但是目前据我了解一般用于连接局域网的交换机都不具备这个功能。你可以查一下交换机的相关资料，看一看交换机有没有类似的功能也可以做到防御 SYN Flood 攻击。

小　李：好的，岳总，我先去查一下公司网络中交换机的相关资料。

3.2.3 SYN Flood 攻击解决方案：Unicast Reverse Path Forwarding

场景

小 李：岳总，我查到了关于公司内部网络交换机的相关资料，在三层交换机中，有一个功能叫作 URPF（Unicast Reverse Path Forwarding，单播反向路由查找），用于防止基于源地址欺骗的网络攻击行为。诸如 TCP SYN Flood 攻击、UDP Flood 攻击和 ICMP Flood 攻击等，都可能通过借助源地址欺骗的方式攻击目标设备或者主机，造成被攻击者系统性能严重降低，甚至导致系统崩溃。URPF 技术就是网络设备为了防范此类攻击而使用的一种常用技术。但是这个技术只能在三层交换机上实现，而不能在二层交换机上实现。

Yueda：具体的原理是什么？能给我们讲一下吗？

小 李：没问题，我已经看懂了。我还是在白板上画个图吧，如图 3-17 和图 3-18 所示。

Yueda：没有问题。

通常情况下，网络中的路由器接收到报文后，获取报文的目的地址，针对目的地址查找路由，如果查找到，则进行正常的转发，否则丢弃该报文。由此得知，路由器转发报文时，并不关心数据包的源地址，这就给源地址欺骗攻击有了可乘之机。

源地址欺骗攻击就是入侵者通过构造一系列带有伪造源地址的报文，频繁访问目的地址所在设备或者主机，即使受害主机或网络的回应报文不能返回到入侵者，也会对被攻击对象造成一定程度的破坏。

URPF 通过检查数据包中源 IP 地址，并根据接收到数据包的接口和路由表中是否存在源地址路由信息条目来确定流量是否真实有效，并选择数据包是转发或丢弃。

有了这个功能，只要与公司对 Internet 用户提供服务的电子商务服务器直连的那台三层交换机开启了 URPF 功能，就可以有效抵御黑客对公司服务器进行 SYN Flood 攻击，类似的还有 UDP Flood 攻击和 ICMP Flood 攻击。这样一来，就算没有出口防火墙的 SYN Proxy 功能，现在也可以做到通过公司内网防御 SYN Flood 攻击了。但是这个技术不能在二层交换机上实现，因为二层交换机没有路由功能，也没有路由表。

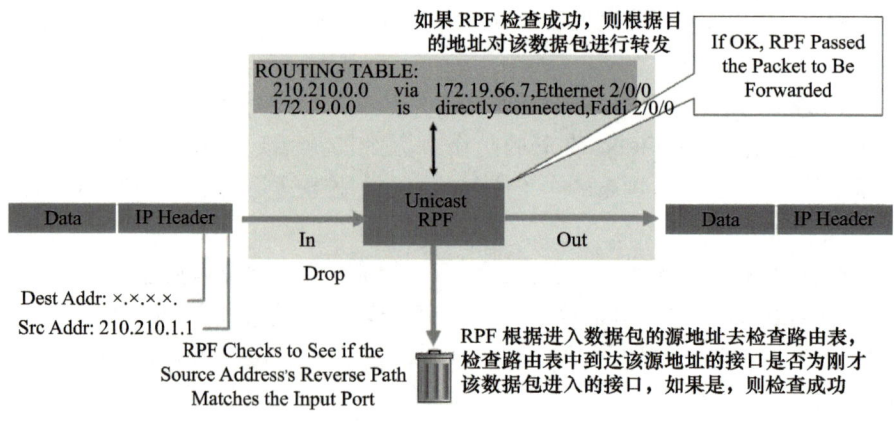

图 3-17 URPF 工作原理：Forward

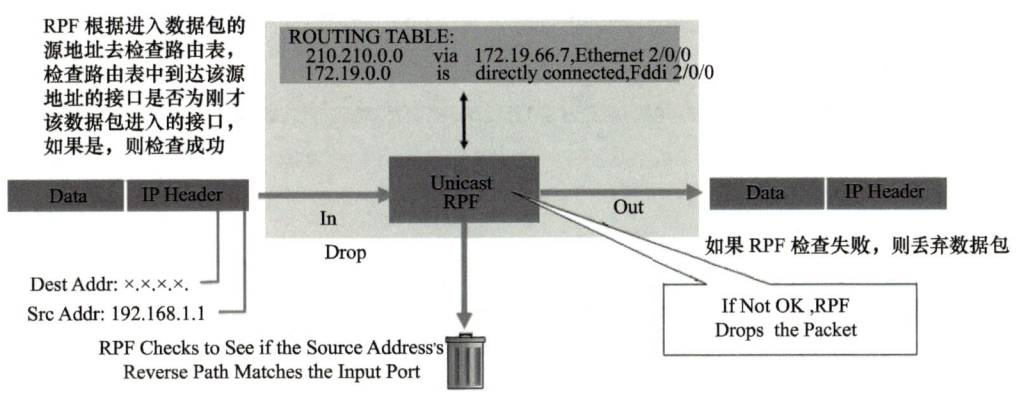

图 3-18　URPF 工作原理：Drops

Yueda：在一个三层交换机上，应该如何开启 URPF 呢？

小　李：进入全局配置模式：

```
Switch(config)#urpf enable
```

Yueda：你先去线下测试一下吧。白先生，需要你配合小李再做一下测试。

小　李：好的。

白先生：没有问题。

经过小李和白先生的测试，他们发现防火墙 URPF 技术确实也可以抵御白先生的 SYN Flood 攻击。于是小李将该三层交换机的安全特性在 TaoJin 电子商务公司的网络中的每台三层交换机上都进行了部署。

3.2.4　Land 攻击和解决方案

场景

在会议室里，Yueda、小李、白先生依旧进行每天一次的例会。

白先生：根据贵公司对我提出的要求，今天我对贵公司的服务器进行了除了 SYN Flood 之外，其他类型的 DoS 渗透测试，发现贵公司的网络在防御这些 DoS 攻击方面也是没有任何抵御的措施。

小　李：之前你用 SYN Flood 攻击对公司的服务器进行了渗透测试，今天又做了哪种 DoS 渗透测试呢？

白先生：今天我又对公司的服务器做了 Land 攻击测试，发现目前公司的网络对这种攻击也是没有做任何的防范措施。

小　李：什么是 Land 攻击呢？

白先生：Land 攻击是一种使用相同的源和目的主机及端口发送数据包到某台机器的攻击。结果通常使存在漏洞的机器崩溃。在 Land 攻击中，一个特别打造的 SYN 数据包中的源地址和目标地址都被设置成某一个服务器地址，这时将导致接收服务器向它自己的地址发送 SYN/ACK 包，结果这个地址又发回 ACK 包并创建一个空连接，每一个这样的连接都将保留直到超时。我在对贵公司的服务器进行渗透测试时，特意用 Ethereal 将自己发的攻击包抓了下来，如图 3-19 所示。

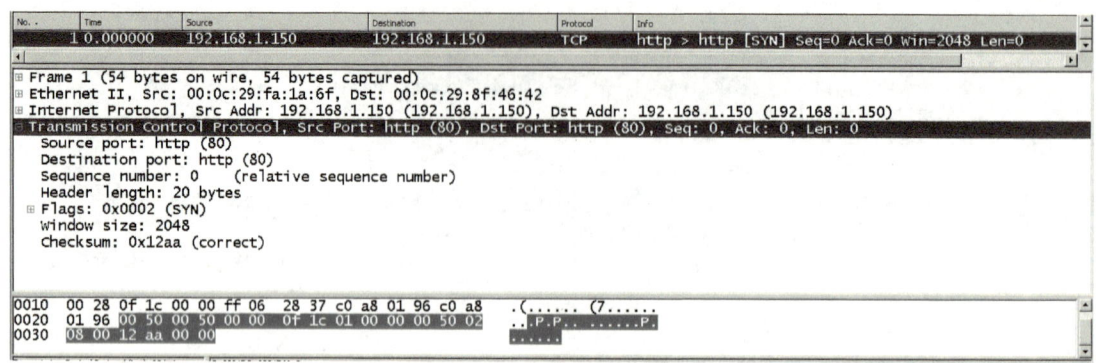

图 3-19　LAND 攻击抓包 1

在这个包中，IP 源地址和 IP 目的地址都是服务器地址，源 TCP 端口和目的 TCP 端口都是 80，TCP 的 Flag 位是 SYN，我的测试机持续向服务器发送这种包。服务器每收到一次这种包，就和自己建立一次空连接，每一个这样的连接都将被服务器保留直到超时，而不断的连接的过程中，则会大大耗费系统的 CPU 资源，就好像让服务器自己消耗自己的能量一样，最后把自己消耗完了，这种攻击的数据包分析如图 3-20 所示。

图 3-20　Land 攻击抓包 2

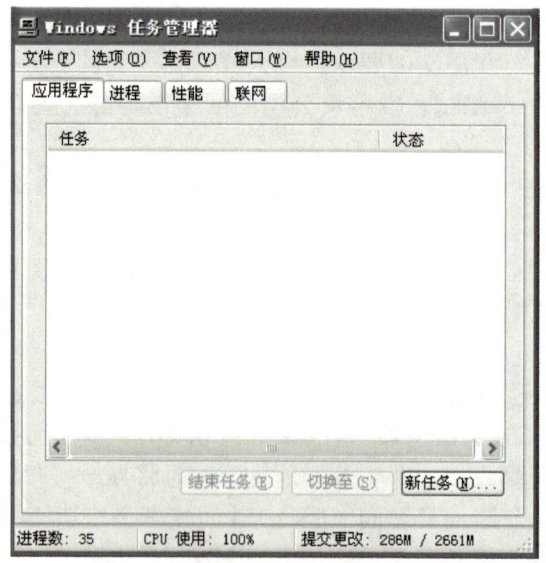

图 3-21　公司服务器的 CPU 使用率始终是 99% 或 100%

在我进行 Land 渗透测试的过程中，公司服务器的 CPU 使用率始终是 99% 或 100%，从来没有下降过，如图 3-21 所示。

小　李：可不可以这样理解，这一方法和 SYN Flood 主要的区别是，SYN Flood 攻击主要消耗的是服务器连接状态缓存信息，而 Land 攻击主要消耗的是服务器 CPU 的资源？

白先生：可以这样理解。

Yueda：小李，我觉得其实抵御这种攻击的方法很简单。

小　李：是不是 URPF 就可以抵御啊？

Yueda：你觉得呢？

小　李：我觉得是的！因为 Land 攻击数据包源、目地 IP 地址为同一个 IP 地址，如果黑客需要穿过三层交换机去攻击服务器，则这种数据包一定无法通过 URPF 检查。

Yueda：没错，那防火墙呢？你觉得防火墙的 SYN Proxy（SYN 代理）功能能否解决这个问题？

小　李：我先想一下。

Yueda：好。

……

小　李：防火墙的 SYN Proxy 可以防御 Land 攻击，但是当黑客通过 Land 去攻击服务器时，首先要和防火墙建立 TCP 连接，那么防火墙首先冒充服务器与黑客建立 TCP 连接，变成了黑客通过 Land 攻击耗费防火墙的 CPU 资源了。

Yueda：是的，防火墙一旦死机了，那么公司的服务器就只能对内网提供服务，无法对 Internet 用户来提供服务了，所以这个办法不行。得考虑专门针对 Land 攻击的方法。小李，你去查一下，防火墙有没有其他的特性可以抵御 Land 攻击。

小　李：好的，我马上去查。

小　李：岳总，刚才我查了神州数码 DCFW 1800 防火墙的手册，有一个专门针对 Land 攻击进行防御的特性。

Yueda：这个特性用的是什么原理？

小　李：它的基本原理就是丢弃需要穿越防火墙，IP 源地址和目的地址相同，并且 TCP 源端口和目的端口相同的数据包。

Yueda：具体应该如何实现呢？

小　李：首先，将防火墙连接内部网络的接口定义的安全域为 Trust（可信安全域）

```
Interface Ethernet0/0
    zone trust
```

将防火墙连接外部网络的接口定义的安全域为 UnTrust（不可信安全域）：

```
Interface Ethernet0/1
    zone untrust
```

Yueda：这个之前不是说过了吗？

小　李：关键是后面我要针对 Untrust 这个安全域进行配置：

```
hostname(config)# zone untrust
hostname(config-zone)# ad land-attack
```

这样就实现了使防火墙防御由 UnTrust 这个安全域发起至 Trust 这个安全域的 Land 攻击。

Yueda：很好。会议结束后，先进行线下测试，测试没有问题后，再到实际的网络中进行实施。

小 李：好的，岳总。

Yueda：散会。

3.2.5　Smurf/Fraggle 攻击和解决方案

场景

在 TaoJin 电子商务公司的会议室里，Yueda、小李、白先生依旧进行每天一次的例会。

白先生：根据贵公司对我提出的要求，今天我又对贵公司的服务器进行了另一种类型的 DoS 渗透测试，发现贵公司的网络在防御这种 DoS 攻击方面也是没有任何抵御措施。

小 李：今天又做了哪种 DoS 渗透测试呢？

白先生：今天我又对公司的服务器做的第 3 种 DoS 渗透测试叫作 Smurf 攻击，发现目前公司的网络对这种攻击也是没有做任何的防范措施。

小 李：什么是 Smurf 攻击呢？

白先生：还记得昨天我们测试的 Land 攻击吧。Land 攻击是让服务器自己消耗自己的能量，而 Smurf 攻击则是利用其他主机消耗服务器的能量。

小 李：如何可以做到利用其他主机消耗服务器的能量呢？

白先生：你看下面这张图（见图 3-22），这就是 Smurf 攻击。

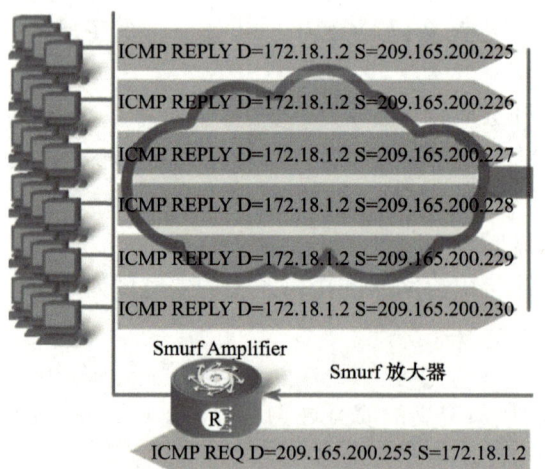

图 3-22　Smurf 攻击

假如我是一个攻击者，我想对公司网络中的一台服务器进行 DoS 攻击，假设服务器的网络带宽为 100Mbit/s，而现在连接至网络的带宽只有 512kbit/s，我要找其他主机来帮忙，和我一起来对公司的服务器进行 DoS 攻击，于是可以利用 ICMP（网际控制报文协议），制造出一个 ICMP 请求的攻击包来，这个包的目的地址为 209.165.200.255，是针对 209.165.200.0 这个网段的广播地址。把针对某个网段的广播地址叫作直接广播（Directed Broadcast），而这个攻击包的源地址不能写自己的 IP 地址，要写被攻击服务器的 IP 地址。

小　李：我明白了，这样一来，这个包一旦发出，209.165.200.0 这个网段的所有主机就会向这个攻击包的源地址来做出回应，也就是公司的服务器 IP 地址，相当于黑客请 209.165.200.0 这个网段的所有主机来帮忙对服务器进行 DoS 攻击。

白先生：就是这样的。这个包除了可以利用 ICMP 以外，还可以利用 UDP，不过利用 UDP 的不叫 Smurf，而是叫作 Fraggle。你们要考虑这样的攻击在贵公司的网络应该如何防御。

Yueda：让小李先考虑一下吧。

小　李：好的。经过这几天对网络的攻击和防御，我觉得这个过程怎么和战争类似。

Yueda：没错。时间允许的条件下，你可以把《孙子兵法》找来读一读，里面的中心思想就是"知己知彼，百战不殆"。也就是说，不管是攻击还是防御，都需要先了解对手，这样才能百战不殆。

小　李：也就是说，攻击前需要了解系统的漏洞，才能实现攻击，而防御前需要了解黑客攻击的手段，才能真正实现防御。

Yueda：是这样的。之所以把白先生找来，就是为了让你了解攻击是如何实现的，现在想一下应该如何防御吧。

小　李：刚才就在想，这个 Smurf 攻击包的目的地址为直接广播，那么能不能做到不让公司的网络允许这种直接广播包通过呢？

Yueda：可以这样考虑，而且公司的网络应用也没有基于直接广播的，你可以考虑通过网络将直接广播包屏蔽掉，去查一下相关的资料吧。

小　李：好的，岳总。

……

小　李：岳总，这次我同时查阅了公司用于内部网络的交换机和防火墙的文档，发现都具有屏蔽直接广播的特性。

Yueda：分别应该如何实现呢？

小　李：如果是交换机（前提必须是三层设备），在收到该直接广播数据包的接口时，则使用如下命令即可：

```
Switch(config)#interface vlan 10
Switch(config-if-vlan10)#no ip directed-broadcast
```

如果是防火墙，则使用如下命令：

```
hostname(config)#zone untrust
hostname(config-zone)#ad ip-directed-broadcast
```

Yueda：很好。会议结束后，先进行线下测试，测试没有问题后，再到实际的网络中进行实施。

小　李：好的，岳总。

Yueda：散会。

第 4 章 虚拟专用网络安全

4.1 网络被动监听攻击及其解决方案

4.1.1 网络被动监听攻击介绍

场景

在 TaoJin 电子商务公司的会议室里,Yueda、小李、白先生依旧进行每天一次的例会。

白先生:根据贵公司对我提出的要求,我对公司的内部网络进行了监听测试,发现在贵公司的网络中,只要是我能监听到的流量,就可以对其进行分析。

如图 4-1 所示,分析到了在公司网络中的 Telnet 流量,Telnet 用户名和密码都是 dcn,还分析到了 Telnet 用户输入了 ena,也就是 enable 这个命令,enable 密码也是 dcn,然后用户又输入了两个命令:sh run 和 exit。

```
root@bt:~# dsniff
dsniff: listening on eth0
-----------------
04/01/15 07:37:28 tcp 192.168.1.101.1062 -> 1.1.1.1.23 (telnet)
dcn
dcn
ena
dcn
sh run
exit
```

图 4-1 监听公司网络中的 Telnet 流量

小 李:之前对公司内部网络做了一系列的局域网安全防御措施,如 Port Security、DHCP Snooping、AM、DAI、Isolated VLAN、生成树的安全、路由协议的安全,这些不都是为了限制黑客监听公司中的流量的吗?

白先生:是的,没错。这些是我在贵公司的网络还没有实施这些防御措施之前做的测试,在这些防御措施实施之后,的确无法在公司的内部网络中进行抓包了,但是还要考虑另外一个问题,公司内部的网络不光只有北京总公司的局域网,还包括异地员工的网络,如公司在全国各地的分公司的局域网,在家办公员工和出差在外员工。如果异地员工的网络与总公司的网络进行互联,则需要通过在 Internet 上建立 VPN 的连接,而只要流量经过 Internet,那个网络就不受我们控制了,所以黑客是有可能监听到公司网络中的流量的。

小 李:那该怎么办呢?

Yueda:如果存在这样的问题,则需要考虑对网络流量进行加密的问题。这样就算黑客监听到了公司网络中的流量，也无法分析到这些流量中的信息。

白先生：是的，对网络流量进行加密的问题确实要考虑，在一些要求高安全的网络中，在网络内部的流量，即使不跨越 Internet 也需要加密。

Yueda：没错，这样再配合局域网安全的防范措施，就相当于是双保险了。在当初设计时，我们公司的网络确实没有考虑过流量加密的问题。小李，我们要马上解决这个问题。

小　李：好的，岳总。

4.1.2　密码学原理

场景

Yueda：要解决流量加密的问题，应该先把密码学的一些基本原理了解清楚。小李，你对密码学了解吗？

小　李：在学校时学过一些基本的理论。

Yueda：在对公司网络流量实施加密之前，必须对密码学有一个很清楚的概念。首先介绍散列函数。

散列函数的概念：

散列函数也叫作 Hash 函数，主要任务是验证数据的完整性。散列值经常被叫作指纹（Fingerprint）。为什么会被叫作指纹呢？因为散列的工作原理和指纹几乎一样。在说明散列工作原理之前，先介绍一下生活中指纹的用法，如图 4-2 所示。

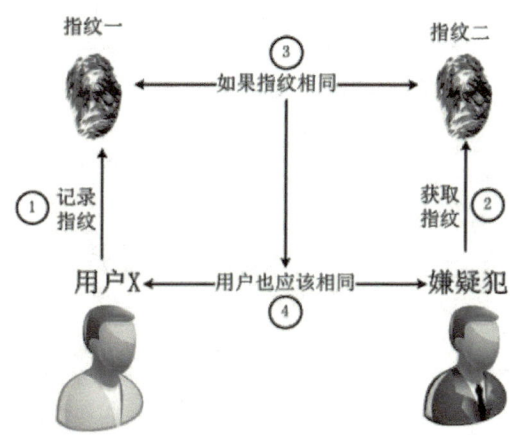

图 4-2　生活中指纹的用法

① 公安机关预先记录用户 X 的"指纹一"。
② 在某一犯罪现场公安机关获取嫌疑犯"指纹二"。
③ 通过查询指纹数据库发现"指纹一"等于"指纹二"。
④ 由于指纹的唯一性（冲突避免），因此可以确定嫌疑犯就是用户 X。

了解了生活中指纹的工作原理，下面通过图 4-3 来了解一下散列（Hash）函数如何验证数据的完整性。

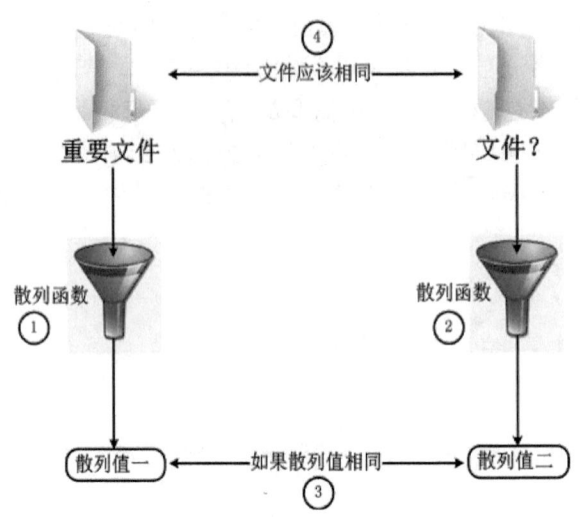

图 4-3 散列函数如何工作

① 对重要文件通过散列函数计算得到"散列值一"。

② 现在收到另外一个文件"文件?",对"文件?"进行散列函数计算得到"散列值二"。

③ 如果发现"散列值一"等于"散列值二"。

④ 由于散列函数的唯一性(冲突避免),因此可以确定"文件?"就是"重要文件",一个比特(bit)不差。

为什么只要散列值相同就能说明原始文件也相同呢?因为散列函数有以下 4 大特点。

① 固定大小:是指散列函数可以接收任意大小的数据,但是输出固定大小的散列值。以 MD5 这个散列算法为例,不管原始数据有多大,通过 MD5 计算得到的散列值总是 128bit。

② 雪崩效应:是指即使原始数据修改一个比特,计算得到的散列值也会发生巨大的变化。

③ 单向:是指只可能从原始数据计算得到散列值,不可能从散列值恢复一个比特的原始数据。

④ 冲突避免:是指几乎不能够找到另外一个数据和当前数据计算的散列值相同,这样才能够确定数据的唯一性。

下面来看一下散列算法如何验证数据的完整性,如图 4-4 所示。

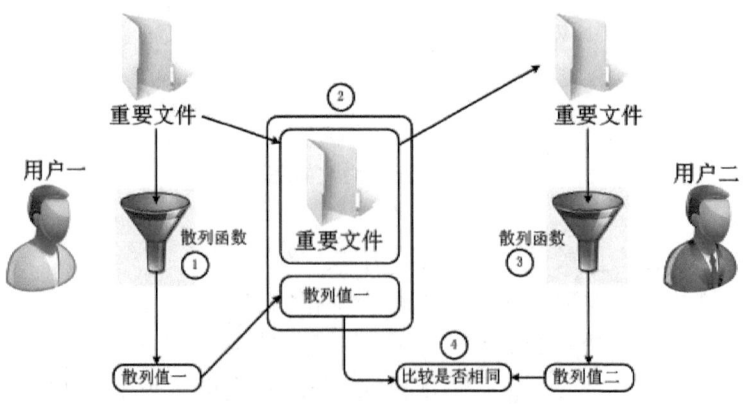

图 4-4 散列函数如何验证数据的完整性

① 使用散列函数，对需要发送的"重要文件"计算散列值，得到"散列值一"。

② 对需要发送的"重要文件"和第一步计算得到的"散列值一"进行打包，并且一起发送给接收方。

③ 接收方对收到的"重要文件"进行散列函数计算，得到"散列值二"。

④ 接收方对收到文件中的"散列值一"和步骤③计算得到的"散列值二"进行比较。如果相同，则根据散列函数雪崩效应和冲突避免的特点，可以确定"重要文件"的完整性，在整个传输过程中没有被篡改过。

场景

Yueda：散列函数的基本概念，明白了吗？

小 李：明白了。在学校时我也学过这个概念，但是今天听了你对这个概念的解释，我觉得我才是真明白了。

Yueda：既然明白了，下面我们来讨论下一个密码学的概念——加密。

小 李：好的。

Yueda：加密就是把明文数据变成密文数据，就算第三方截获到了密文数据也没有办法恢复到明文。解密正好反过来，合法的接收者通过正确的解密算法和密钥成功地恢复密文到明文。加密算法可以分为以下 2 大类：对称密钥算法和非对称密钥算法。

使用相同的密钥和算法进行加解密就叫作对称密钥算法，如图 4-5 所示。

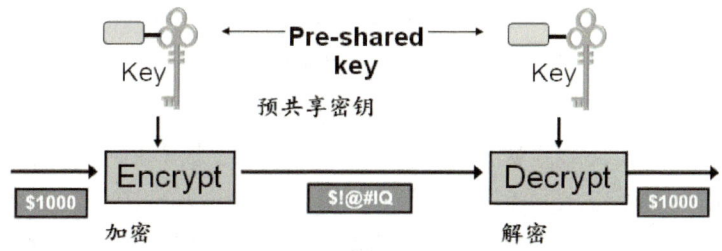

图 4-5 对称密钥算法工作示意图

下面介绍一下对称密钥算法的优点。①速度快。做一个比较直观的比较，大家都用过压缩软件，加密的速度应该比压缩的速度稍微快一点（具体的算法有差异）。现在很多人都在使用无线网络，而且绝大部分都会使用最新的无线安全技术 WPA2。WPA2 就是使用 AES 来加密的。②紧凑。先介绍 DES 的两种加密方式：一个叫作电子代码本（Electronic Code Book，ECB），另一个叫作加密块链接（Cipher Block Chaining，CBC），如图 4-6 所示。

DES 是一个典型的块加密算法。块加密就是把需要加密的数据包预先切分成为很多个相同大小的块（DES 的块大小为 64bit），然后使用 DES 算法逐块进行加密。如果不够块边界，就添加数据补齐块边界，这些添加的数据就会造成加密后的数据比原始数据略大。以一个 1500B 大小的数据包为例，通过 DES 块加密后，最多（极限值）会增加 8B（64 个 bit）的大小。所以可以认为对称密钥算法加密后的数据是紧凑的。

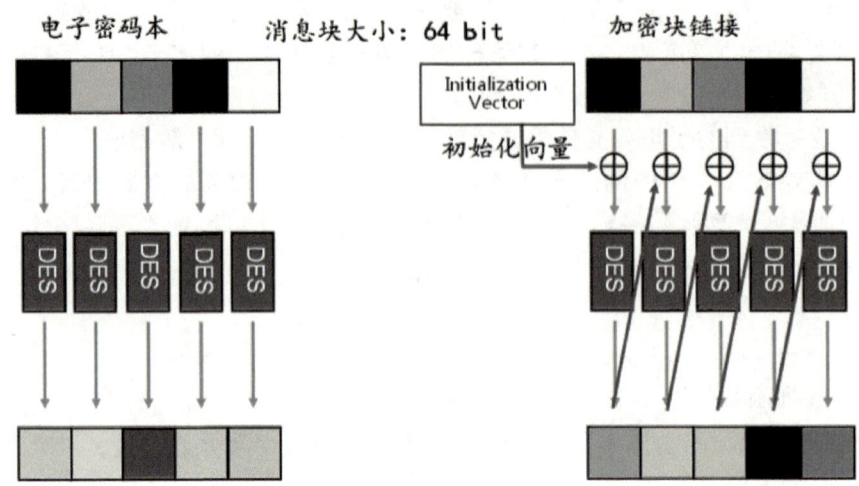

图 4-6 DES 的两种加密方式

下面介绍 ECB 和 CBC 这两种加密算法。ECB：所有的块都使用相同 DES 密钥进行加密，这种加密方式有一个问题，就是相同的明文块加密后的结果也肯定相同。虽然中间截获数据的攻击者并不能解密数据，但是他们至少知道加密者正在反复加密相同的数据包。为了消除这个问题，CBC 技术应运而生，使用 CBC 技术加密的数据包，会随机产生一个明文的初始化向量（IV）字段，这个 IV 字段会和第一个明文块进行异或操作，然后使用 DES 算法对异或后的结果进行加密，所得到的密文块又会和下一个明文块进行异或操作，然后再加密。这个操作过程就叫作 CBC。每一个包都用随机产生的 IV 字段进行了扰乱，这样就算传输的明文内容一样，加密后的结果也会出现本质差异，并且整个加密的块是链接在一起的，任何一个块解密失败，剩余部分就无法进行解密了，增加了中途劫持者解密数据的难度。

对称密钥算法的缺点就是如何把相同的密钥发送给收发双方。明文传输密钥是非常不明智的，因为如果明文传输的密钥被中间人获取，那么中间人就能够解密使用这个密钥加密后的数据，和明文传送数据也就没什么区别了。

Yueda：小李，现在知道什么是对称密钥算法了吧。

小李：知道了。那非对称密钥算法呢？

Yueda：下面介绍一下非对称密钥算法。

如图 4-7 所示，在使用非对称密钥技术之前，所有参与者，不管是用户还是路由器等网络设备，都需要预先使用非对称密钥算法（如 RSA）产生一对密钥，一个公钥和一个私钥。公钥可以放在一个服务器上共享给属于这个密钥系统的所有用户，私钥需要由持有者严格保护，确保只有持有者才唯一拥有。

非对称密钥算法的特点是，一个密钥加密的信息必须使用另外一个密钥来解密。也就是说，公钥加密私钥解密，私钥加密公钥解密，公钥加密的数据公钥自己解不了，私钥加密的数据私钥也解不了。可以使用非对称密钥算法来加密数据和对数据进行数字签名。下面介绍如何使用非对称密钥算法来完成加密数据的任务，如图 4-8 所示。

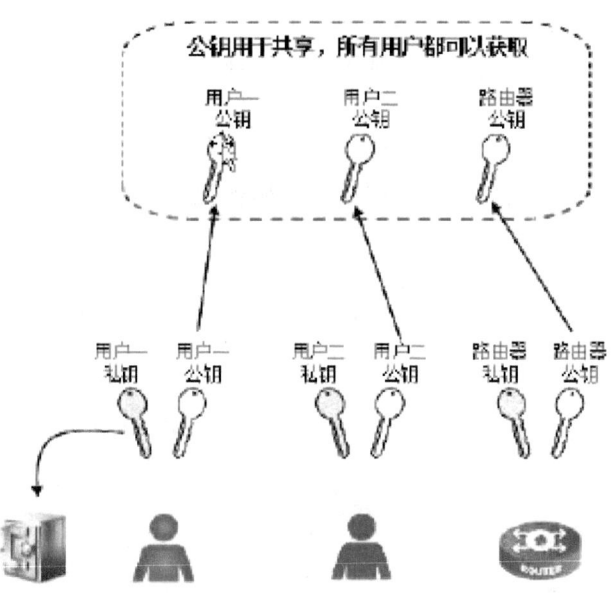

图 4-7 产生和维护非对称密钥

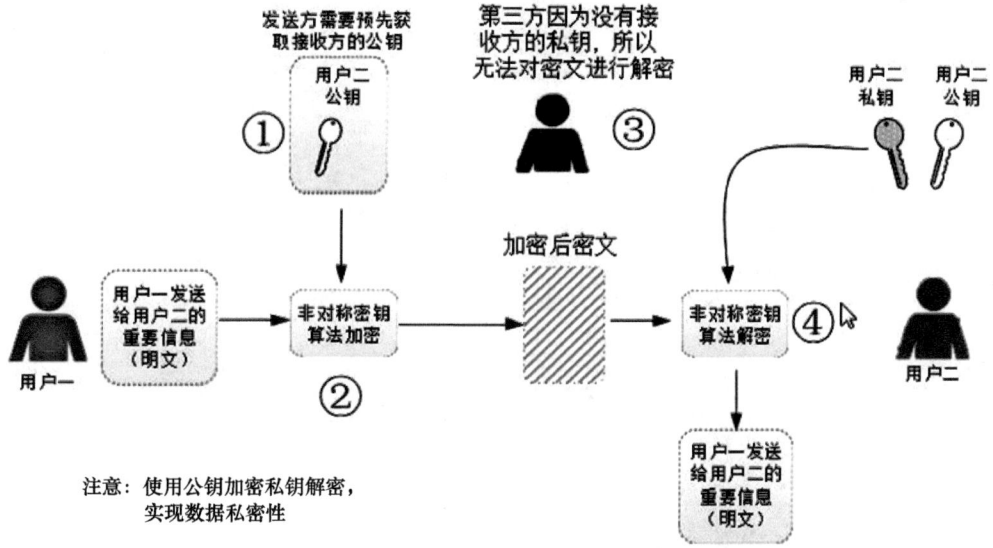

图 4-8 使用非对称密钥算法完成数据加密

① 用户一（发起方）需要预先获取用户二（接收方）的公钥。
② 用户一使用用户二的公钥对重要的信息进行加密。
③ 中途截获数据的攻击者由于没有用户二的私钥，因此无法对数据进行解密。
④ 用户二使用自己的私钥对加密后的数据（用用户二的公钥加密）进行解密，使用公钥加密私钥解密的方法实现了数据的私密性。

由于非对称密钥算法运算速度非常慢（和对称密钥算法相比有成百上千倍的差距），因此基本不可能使用非对称密钥算法对实际数据进行加密。实际运用中主要使用非对称密钥算法的这个特点来加密密钥，进行密钥交换。

非对称密钥算法的第二个用途就是数字签名。在讲数字签名前，先讲一下实际生活中为什么要签名？无非是对某一份文件的确认。例如，张三欠李四 10 000 元钱，并且欠条由欠款人张三签名确认。签名的主要作用就是张三对这张欠条进行确认，事后不能抵赖。到底最后谁会看这个签名呢？李四很明显没有必要反复去确认签名。一般都是在出现纠纷后，如张三赖账不还，李四就可以把欠条拿出来，给法官这些有权威的第三方看，他们可以验证这个签名确实来自张三。这样张三就不能再否认欠李四钱这一既定事实了。

了解了实际生活中的签名，下面通过图 4-9 来看看数字签名是如何工作的。

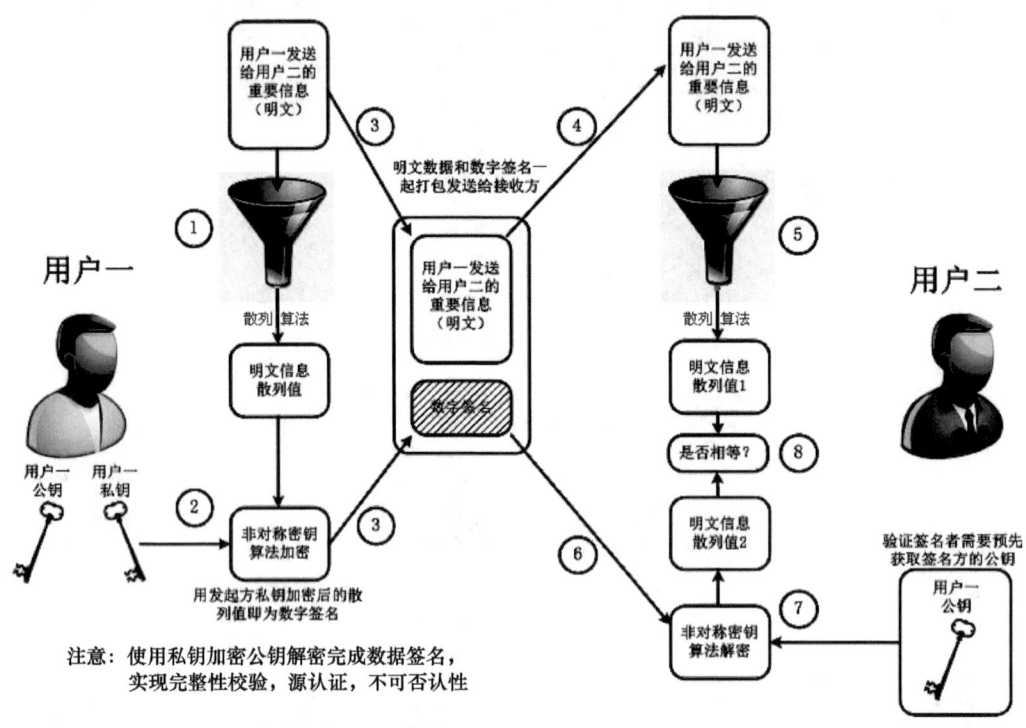

图 4-9 使用非对称密钥算法实现数字签名

① 重要明文信息通过散列函数计算得到散列值。

② 用户一（发起者）使用自己的私钥对步骤①计算的散列值进行加密，加密后的散列就叫作数字签名。

③ 把重要明文信息和数字签名一起打包发送给用户二（接收方）。

④ 用户二从数据包中提取出重要明文信息。

⑤ 用户二使用和用户一相同的散列函数对步骤④提取出来的重要明文信息计算散列值，得到的结果简称"散列值 1"。

⑥ 用户二从数据包中提取出数字签名。

⑦ 用户二使用预先获取的用户一的公钥，对步骤⑥提取出的数字签名进行解密，得到明文的"散列值 2"。

⑧ 比较"散列值 1"和"散列值 2"是否相等，如果相等，则数字签名校验成功。

数字签名校验成功能够说明哪些问题呢？①保障了传输的重要明文信息的完整性，因为散列函数拥有冲突避免和雪崩效应两大特点。②可以确定对重要明文信息进行数字签名的用户为用户一，因为使用用户一的公钥成功解密了数字签名。只有用户一使用私钥加密产生的数字签名，才能够使用用户一的公钥进行解密。数字签名的实例说明，数字签名提供两大安全特性：完整性校验和源认证。

下面介绍非对称密钥算法的优缺点。优点：由于非对称密钥算法的特点，公钥是共享的，无须保障其安全性，因此密钥交换比较简单，并且不必担心中途被截获的问题，支持数字签名。缺点：非对称密钥算法加密速度非常慢，如果将非对称密钥算法 RSA 和对称密钥算法 DES 相比，加密相同大小的数据，DES 大概要比 RSA 快成百上千倍。所以指望使用非对称密钥算法来加密实际的数据几乎是不可能的，并且加密后的密文会变得很长。

Yueda：小李，现在知道什么是非对称密钥算法了吧。

小　李：知道了。既然对称密钥算法和非对称密钥算法各有优缺点，那么能不能把它们之间做一下结合呢？

Yueda：当然可以了。实际的加密通信都是将这两种算法结合起来使用的。也就是利用对称和非对称密钥算法的优势来加密实际的数据。下面来看一个"巧妙加密解决方案"。

巧妙加密解决方案：

前面已经介绍过了对称密钥算法和非对称密钥算法，知道了两种算法的优缺点。对称密钥算法加密速度快，但是密钥分发不安全。非对称密钥算法密钥分发不存在安全隐患，但是加密速度非常慢，不可能用于大流量数据的加密。所以在实际使用加密算法时，一般都让两种算法共同工作，发挥各自的优点。下面是一个非常巧妙的联合对称和非对称算法的解决方案，这种解决问题的思路大量运用到实际加密技术中，如图 4-10 和图 4-11 所示。

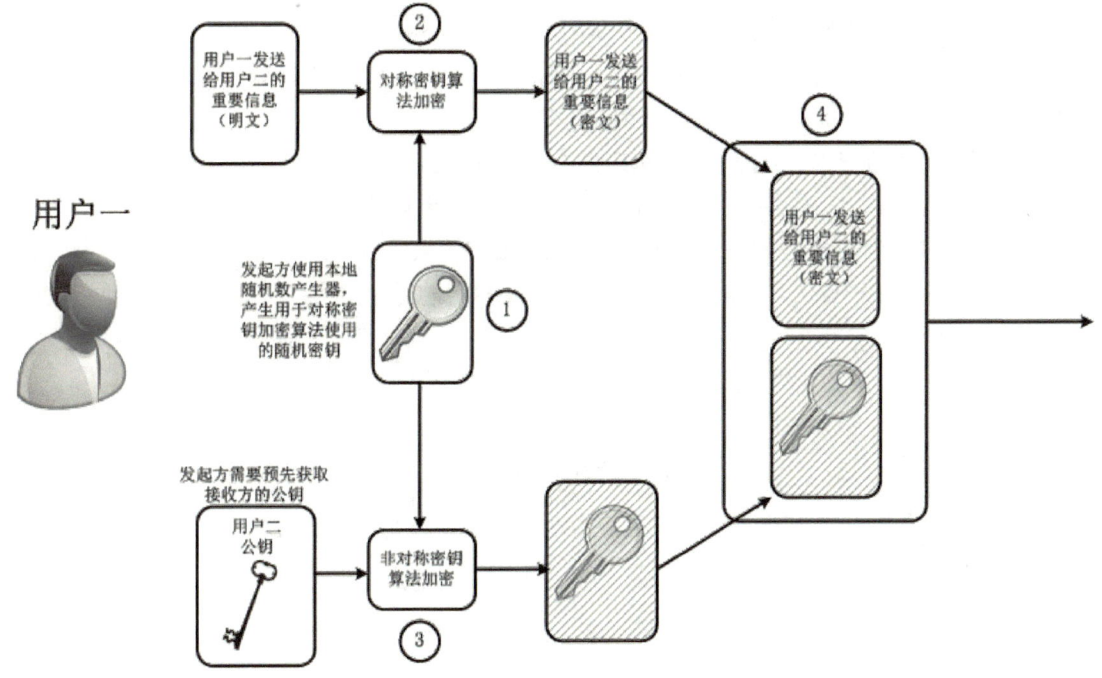

图 4-10　发起方处理过程

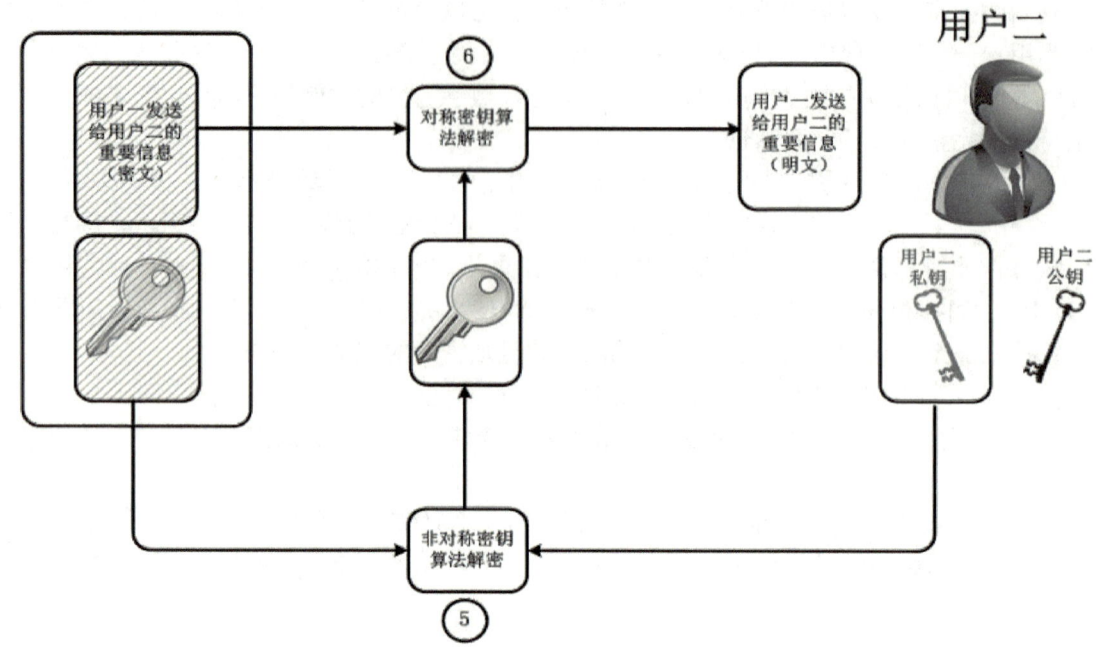

图 4-11 接收方处理过程

① 用户一（发起方）本地随机数产生器产生用于对称密钥算法使用的随机密钥，如果使用的对称密钥算法是 DES，则 DES 的密钥长度为 56 位，也就是说随机数产生器需要产生 56 个随机的 "00011101001000110000111…" 用于加密数据。

② 使用步骤①产生的随机密钥，对重要的明文信息通过对称密钥算法进行加密，得到密文（很好地利用了对称密钥算法速度快和结果紧凑的特点）。

③ 用户一（发送方）需要预先获取用户二（接收方）的公钥，并且使用用户二的公钥对步骤①产生的随机密钥进行加密，得到加密的密钥包。

④ 对步骤②和步骤③产生的密文和密钥包进行打包，一起发送给接收方。

⑤ 用户二首先提取出密钥包，并且使用自己的私钥对它进行解密，得到明文的随机密钥（使用非对称密钥算法进行密钥交换，有效防止密钥被中途劫持）。

⑥ 用户二提取出密文，并且使用步骤⑤解密得到的随机密钥进行解密，得到明文的重要信息。

Yueda：小李，关于密码学的基本原理，是否明白了？

小 李：这回真正理解了。

Yueda：好，自己找一款称为 PGP（Pretty Good Privacy）的软件，找到后先了解如何使用，然后在明天的会议上讲给大家听。

小 李：好的，岳总。

场景

第二天，在 TaoJin 电子商务公司的会议室里，Yueda、小李、白先生依旧进行每天一次的例会。

Yueda：PGP（Pretty Good Privacy）的软件学会如何使用了吗？

小　李：没问题了，岳总。使用这个软件的过程就等于将您昨天讲到的密码学进行了实践。

Yueda：用会议室里面的投影仪连接你的计算机，给大家实际演示 PGP（Pretty Good Privacy）的使用吧。

小　李：好的。当打开 PGP（Pretty Good Privacy）这个程序以后，首先要生成自己的密钥对（公钥和私钥），并且给这个密钥对命名，如 XiaoLi（Email：lizt@taojin.com），如图 4-12 所示。

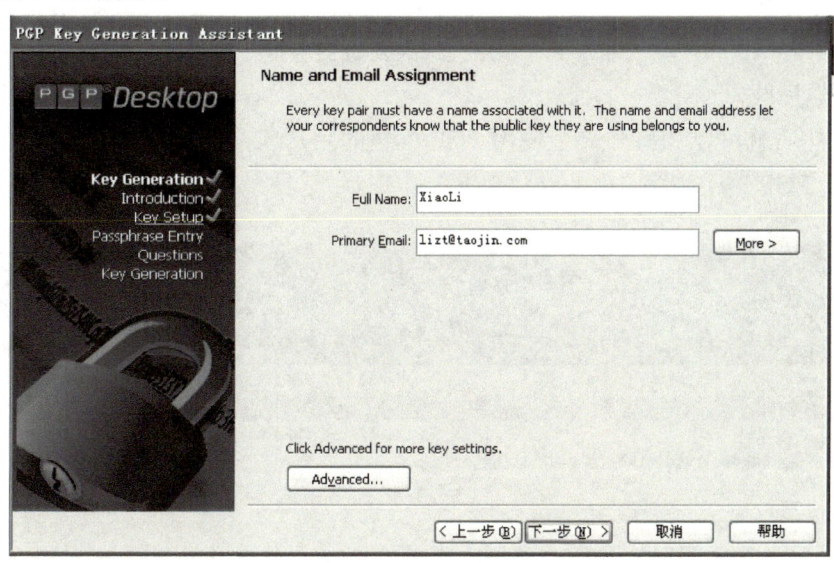

图 4-12　PGP 生成 XiaoLi 的密钥对

设置一个保护私钥的密码（因为私钥必须被保护），然后就生成了这个密钥对，如图 4-13 和图 4-14 所示。

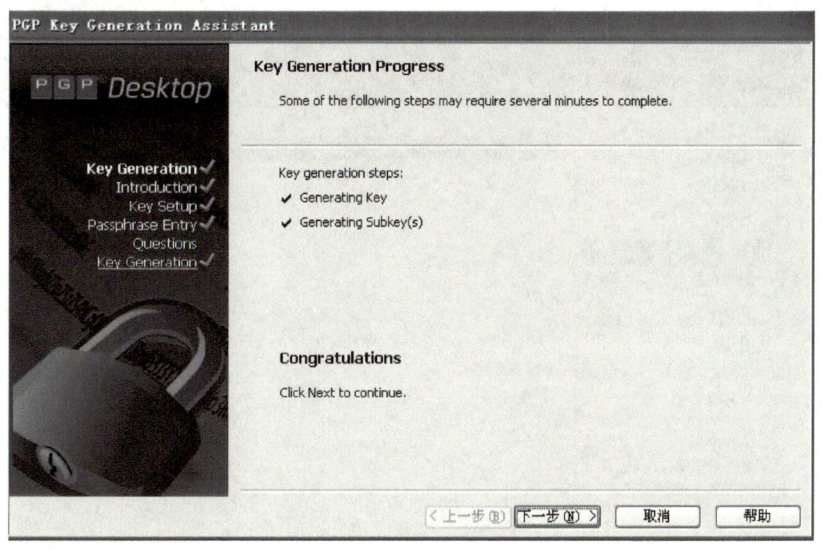

图 4-13　PGP 生成 XiaoLi 的密钥对 1

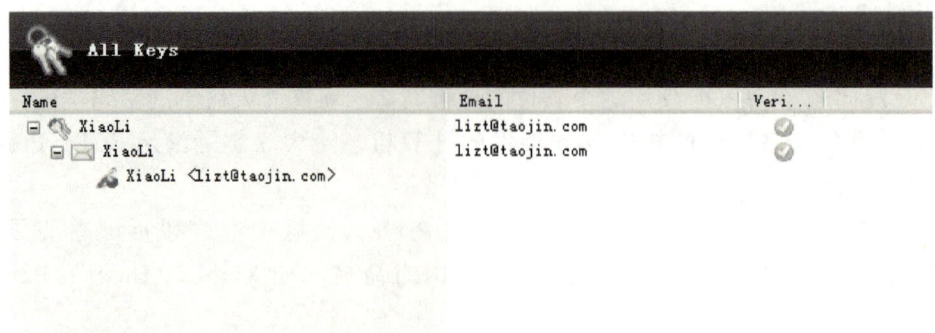

图 4-14　PGP 生成 XiaoLi 的密钥对 2

Yueda： 然后呢？

小　李： 然后就可以和另外一个使用 PGP 程序的用户来交换公钥了，如岳总的个人计算机上也使用了 PGP 这个程序，如图 4-15 所示。

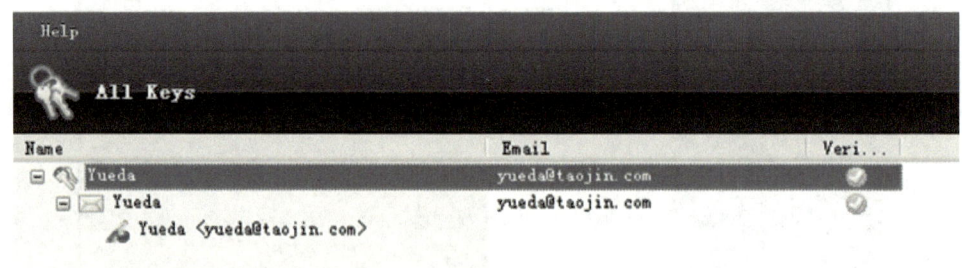

图 4-15　PGP 生成 Yueda 的密钥对

Yueda： 那么应该如何交换公钥呢？

小　李： 这两台安装了 PGP 程序的计算机应该各自将自己的公钥导出，然后可以通过各种方式发送给对方，如图 4-16 所示。

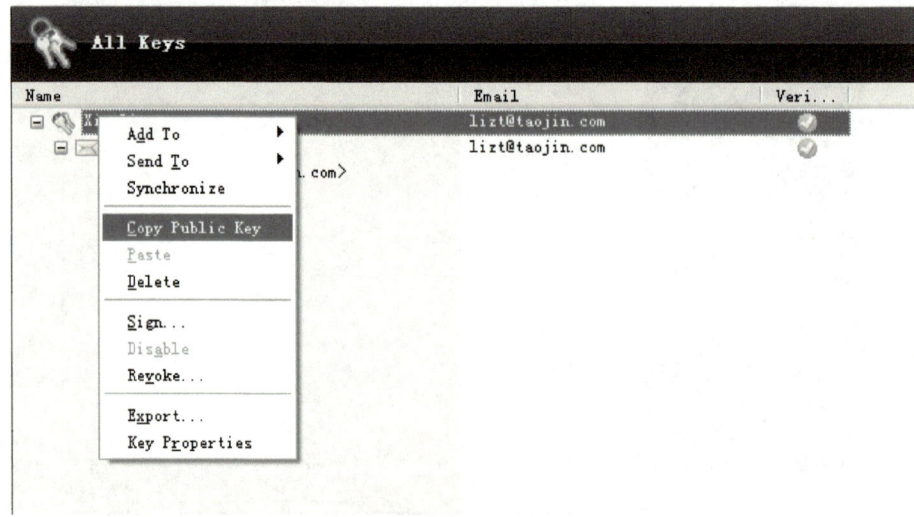

图 4-16　公钥导出 1

例如将 XiaoLi 的公钥先复制，然后粘贴到 XiaoLi_Pub.txt 这个文本文件中去，如图 4-17 所示。

图 4-17　公钥导出 2

最后将这个文本文件通过各种方式发到岳总的计算机。

Yueda：将你的公钥发到我的计算机上以后，又该如何做呢？

小　李：在你的计算机中再将我的公钥导入你的 PGP 就可以了，如图 4-18 所示。

图 4-18　公钥导入

我的计算机也要使用同样的方式导入你的公钥，如图 4-19 和图 4-20 所示。这样双方就可以对信息进行加密了。

图 4-19 公钥导出

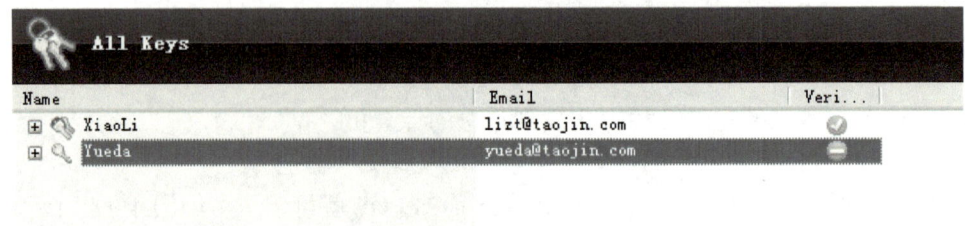

图 4-20 公钥导入

Yueda：具体如何对信息进行加解密呢？

小 李：例如，现在我要对给您发送的一个叫 Big_File 的文件进行加密，按照您昨天提到的密码学原理，PGP 程序要随机产生一个用于对称加密的密钥，用这个密钥进行加密文件，然后用您的公钥对这个对称密钥本身进行加密，得到加密后的密钥，最后将这个加密后的密钥连同利用对称密钥加密后的文件一起发送给您，如图 4-21 所示。

在这个过程中，PGP 程序还可以选择将这个 Big_File 的文件代入一个散列函数，得到一个散列值，然后对这个散列值用我的私钥进行加密，得到数字签名，如图 4-22 所示。

将加密后的密钥、利用对称密钥加密后的文件和对这个文件的签名一起"打包"发送给您，如图 4-23 所示。

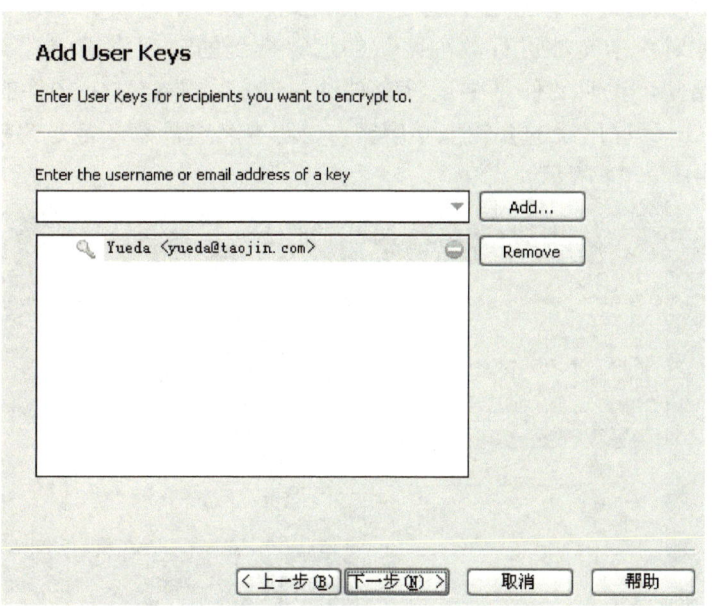

图 4-21　使用 Yueda 的公钥对随机产生的对称密钥本身进行加密

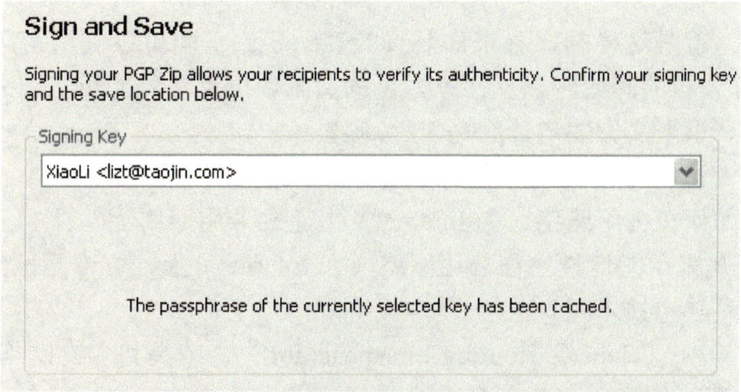

图 4-22　使用 XiaoLi 的私钥对数据的散列值进行加密

图 4-23　将 3 个文件一起"打包"

当您的 PGP 程序收到了这个打包以后，首先利用您的私钥解密我的 PGP 加密的对称密钥，然后用这个对称密钥解密利用对称密钥加密后的文件，得到 Big_File 文件，最后再对这个文件进行散列函数的运算，得到散列值。

Yueda：然后呢？

小 李：刚才的那个"打包"文件里还有一个我的签名，这个签名是用我的私钥签的名，您的 PGP 程序再用我的公钥解密这个签名，就得到了明文的 Big_File 文件的散列值。如果这个散列值和刚才对这个文件进行散列函数的运算得到的散列值相同，那么就说明了 2 个问题：①散列值相同，说明文件是中途没有被改过的；②之前这个文件的签名是我的私钥签的名，而您的 PGP 程序用我的公钥能够解密，说明签名这件事一定是公钥的持有者做的，也就是我做的，如图 4-24 所示。

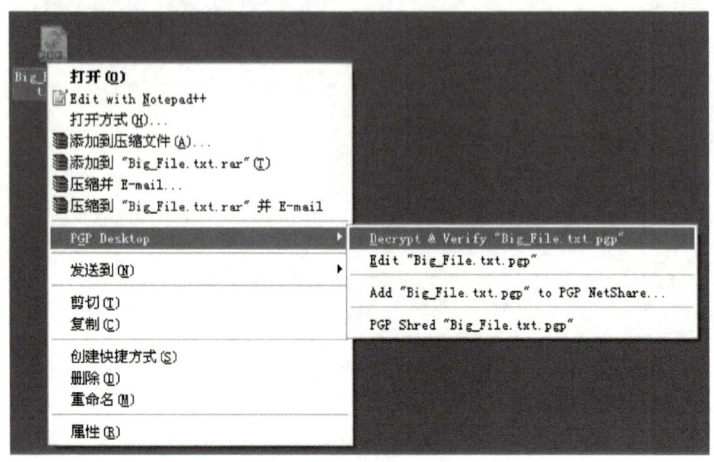

图 4-24　解密过程

　　Yueda：很好。就是这样的，看来你是真的理解了。下面可以利用密码学的原理，让公司在全国各地的分公司的局域网以及在家办公的员工、出差在外的员工与总公司的网络进行安全的 VPN 连接。小李，你知道什么是 VPN 吗？

　　小　李：VPN 是虚拟专用网络，它的作用是在公用网络（如 Internet）上建立专用网络。

　　Yueda：应该如何在公用网络（如 Internet）上建立专用网络呢？

　　小　李：VPN 是采用隧道技术在公用网络（如 Internet）上建立专用网络的。

　　Yueda：什么是隧道技术呢？

　　小　李：比如 GRE（Generic Routing Encapsulation），就是将专有网络的 IP 数据包（包括 IP 头部和 IP 数据两部分）用公有网络的 IP 头部进行封装。

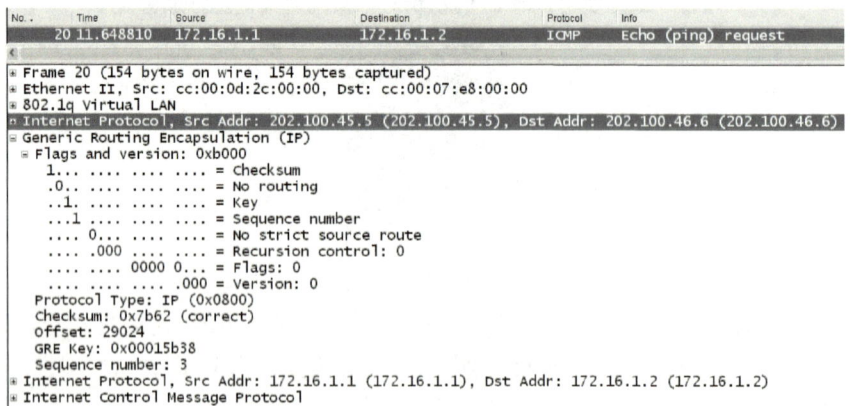

图 4-25　GRE 数据包分析

　　如图 4-25 所示，将 172.16.1.1 → 172.16.1.2 的 ICMP 数据包，二次封装了 202.100.45.5 →

202.100.46.6 这个 IP 头部，在整个数据包中，内层 IP 头部是用于数据在专有网络中进行路由的，而外层的 IP 头部，则是用于数据包在公有网络中进行路由的。

所以相当于在 202.100.45.5 和 202.100.46.6 这两个公有网络的结点之间建立了一条隧道，只要是从这条隧道通过的专有网络的数据，就必须二次封装 202.100.45.5 → 202.100.46.6 这个 IP 头部，这样才能进入这条隧道。

Yueda：什么是这两个公有网络的结点呢？

小 李：比如公司用于 VPN 的网关，可以是路由器，也可以是防火墙，而 202.100.45.5 和 202.100.46.6 这两个 IP 地址就分别是 VPN 连接至公有网络和公有网络为其分配的 IP 地址。

Yueda：没错。但是公司之前使用的 GRE VPN 是不安全的，你看图 4-25 中，数据部分没有被加密，是明文的；还有在家办公的员工、出差在外的员工在与总公司的网络进行通讯时，之前使用的是远程拨号 VPN、PPTP 或 L2TP，也是不安全的。

小 李：接下来要换成安全的 VPN 了吧。

Yueda：你有什么想法吗？

小 李：在学校时我学过 IPSec 和 SSL 这两种 VPN 都是安全的。

Yueda：没错。你了解这两种 VPN 分别应该如何运用吗？

小 李：公司全国各地的分公司的局域网与总公司的网络进行连接时，使用 IPSec VPN；在家办公的员工以及出差在外的员工在与总公司的网络进行连接时，使用 SSL VPN。

Yueda：为什么呢？

小 李：因为 IPSec VPN 一般用于站点到站点的 VPN，而 SSL VPN 一般用于远程拨号 VPN。

Yueda：应用是没错，就这么做吧。

小 李：好的，岳总。

4.2　IPSec VPN

4.2.1　IPSec 介绍

场景

Yueda：在测试和实施 IPSec 之前，还是要先将 IPSec VPN 的原理了解清楚。小李，你可以把这个原理给大家讲一下吗？

小 李：好的，岳总。不过内容比较多，我是否可以先准备一下？

Yueda：可以。你可以先准备一个 PPT，然后在明天的会议上给大家讲一下，今天的会议就先到这里吧。

在 TaoJin 电子商务公司的会议室里，Yueda、小李、白先生依旧进行每天一次的例会。

Yueda：首先请小李来给大家讲一讲 IPSec VPN 的基本原理。

小 李：好的，岳总。经过昨天一晚上，我已经准备好了。

Yueda：那就开始吧。

小 李：IPSec 是一个标准的加密技术，通过插入一个预定义头部的方式来保障 OSI 上层协议数据的安全。IPSec 提供了网络层的安全性，如图 4-26 所示。

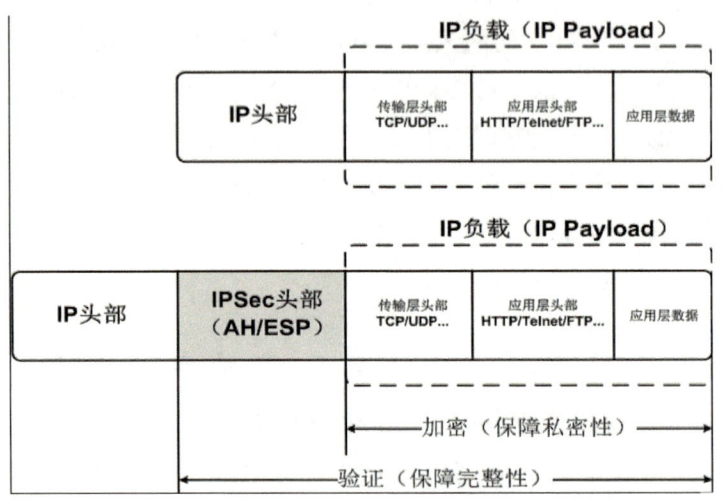

图 4-26　IPSec 基本数据结构

如图 4-27 所示，IPSec 相对于 GRE 技术，提供了更多的安全特性，对 VPN 流量提供了以下 3 个方面的保护。

1）私密性（Confidentiality）：数据私密性也就是对数据进行加密，就算第三方能够捕获加密后的数据，也不能恢复成明文。

2）完整性（Integrity）：确保数据在传输过程中没有被第三方篡改。

3）源验证（Authentication）：源认证也就是对发送数据包的源进行认证，确保是合法的源发送了此数据包。

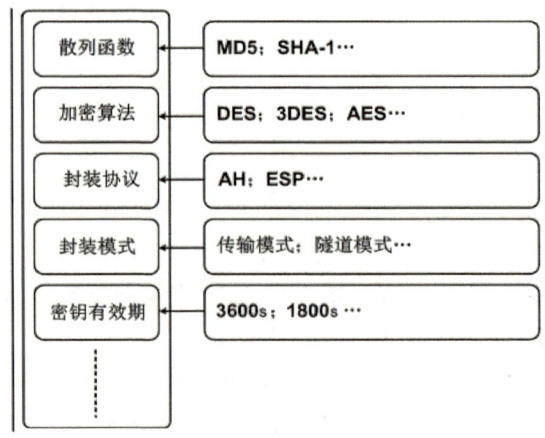

图 4-27　IPSec 框架

传统的安全技术（如 HTTPS）和一些老的无线安全技术（WEP/WPA）都是固定使用某一特定加密算法和散列函数。IPSec 并没有定义具体的加密算法和散列函数，而是提供了一个框架。每一次 IPSec 会话所使用的具体算法，可以协商决定。也就是说，如果认为 3DES 算法所提供的 168 位的加密强度能够满足当前的需要，那么暂时就可以用这个协议来加密数据。如果某一天 3DES 出现了严重漏洞或者出现了一个更好的加密协议，则可以马上修改加密协议。

下面介绍 IPSec 的两种封装协议：ESP 和 AH。

（1）ESP（Encapsulation Security Payload）

ESP 的 IP 为 50，ESP 能够对数据提供私密性（加密）、完整性和源认证，并且能够抵御重放攻击（反复发送相同的包，接收方由于不断的解密消耗系统资源，实现拒绝服务攻击（DoS）。ESP 只保护 IP 负载数据，不对原始 IP 头部进行任何安全防护。ESP 头部示意图如图 4-28 所示。

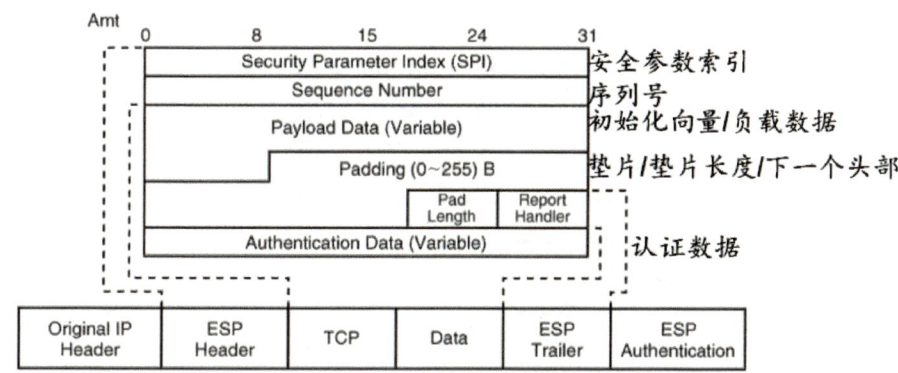

图 4-28　ESP 头部示意图

1）安全参数索引（SPI）：一个 32bit 的字段，用来标识处理数据包的安全关联（Security Association）。

2）序列号（SN）：一个单调增长的序号，用来标识一个 ESP 数据包。例如，当前发送的 ESP 包序列号是 101，下一个传输的 ESP 包序列号就是 102，再下一个就是 103。接收方通过序列号来防止重放攻击。原理也很简单，当接收方收到序列号 102 的 ESP 包后，如果再次收到 102 的 ESP 包，则被视为重放攻击，采取丢弃处理。

3）初始化向量（Initialization Vector）：CBC 块加密为每一个包产生的随机数，用来扰乱加密后的数据，当然 IPSec VPN 也可以选择不加密（加密不是必须的，虽然一般都采用），如果不加密则不存在 IV 字段。

4）负载数据（Payload Data）：负载数据就是 IPSec 实际加密的内容，很有可能就是 TCP 头部加相应的应用层数据。

5）垫片（Padding）：IPSec VPN 都采用 CBC 的块加密方式，既然采用块加密，就需要把数据补齐块边界。以 DES 为例，需要补齐 64bit 的块边界，追加的补齐块边界的数据就叫作垫片。如果不加密，则不存在垫片字段。

6）垫片长度（Pad Length）：告诉接收方，垫片数据有多长，接收方解密后就可以清除这部分多余数据。如果不加密，则不存在垫片长度字段。

7) 下一个头部（Next Header）：下一个头部标识 IPSec 封装负载数据里边的下一个头部，根据封装模式的不同下一个头部也会发生变化。如果是传输模式，则下一个头部一般都是传输层头部（TCP/UDP）；如果是隧道模式，则下一个头部肯定是 IP。

8) 认证数据（Authentication Data）：ESP 会对从 ESP 头部到 ESP 尾部的所有数据进行验证，也就是做 HMAC（Hash-based Message Authentication code，密钥相关的哈希运算消息认证码）的散列计算，得到的散列值会被放到认证数据部分，接收方可以通过这个认证数据部分对 ESP 数据包进行完整性和源认证的校验。

（2）AH（Authentication Header）协议

AH 的 IP 为 51，AH 只能够对数据提供完整性和源认证，并且抵御重放攻击。AH 并不对数据提供私密性服务，也就是说不加密，所以在实际部署 IPSec VPN 时很少使用 AH，绝大部分都使用 ESP 来封装。当然 AH 不提供私密性服务，只是其中的一个原因，后面部分还会介绍 AH 不被大量使用的另外一个原因。AH 头部示意图如图 4-29 所示。

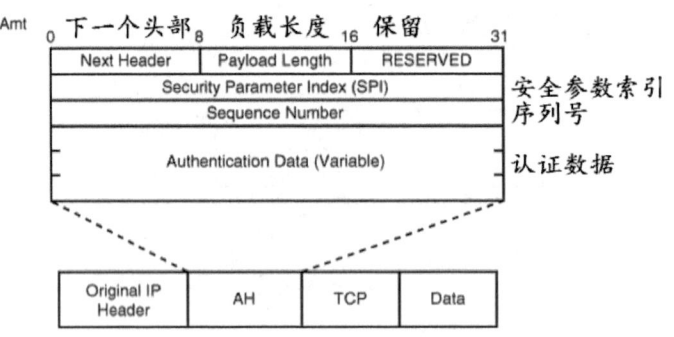

图 4-29　AH 头部示意图

AH（认证头部）得名的原因就是它和 ESP 不一样，ESP 不验证原始 IP 头部，AH 却要对 IP 头部的一些不变的字段进行验证。AH 验证 IP 头部字段介绍，如图 4-30 所示。

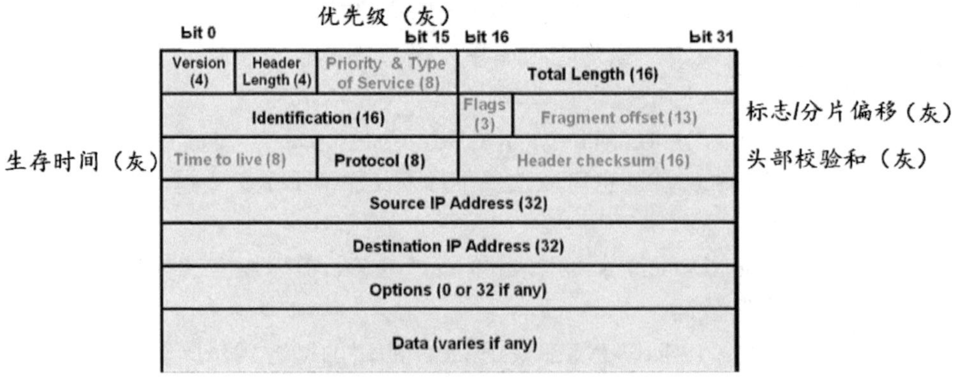

图 4-30　AH 验证 IP 头部字段介绍

图 4-30 中的灰色部分是不进行验证的（散列计算），但是白色部分 AH 认为应该不会

发生变化，需要对这些部分进行验证。可以看到 IP 地址字段是需要验证的，不能被修改。AH 这么选择也有其自身的原因。IPSec 的 AH 封装最初是为 IPv6 设计的，在 IPv6 的网络里地址不改变非常正常，但是现在使用的主要是 IPv4 的网络，地址转换技术（NAT）经常被采用。一旦 AH 封装的数据包穿越 NAT，地址就会改变，抵达目的地之后就不能通过验证，所以 AH 协议封装的数据不能穿越 NAT，这就是 AH 不被 IPSec 大量使用的第 2 个原因。

IPSec 有以下两种数据封装模式：传输模式（Transport Mode）和隧道模式（Tunnel Mode）。

4.2.2　IPSec Transport Mode

传输模式实现起来很简单，主要就是在原始 IP 头部和 IP 负载（TCP 头部和应用层数据）中间插入一个 ESP 头部，当然 ESP 还会在最后追加上 ESP 尾部和 ESP 验证数据部分，并且对 IP 负载（TCP 头部和应用层数据）和 ESP 尾部进行加密和验证处理，原始 IP 头部被完整地保留下来。IPSec VPN 传输模式的示意图，如图 4-31 所示。

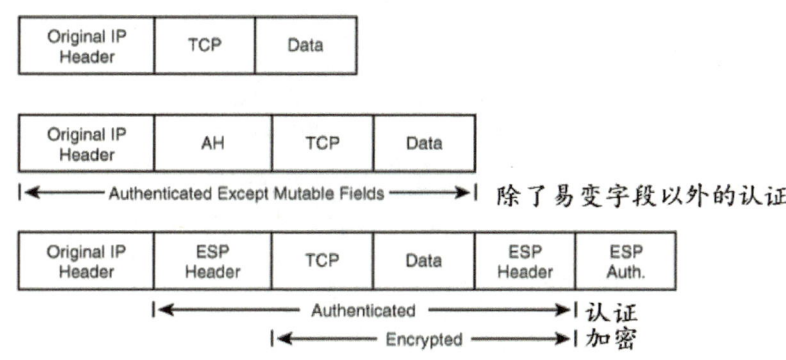

图 4-31　IPSec VPN 传输模式的示意图

设计这个 IPSec VPN 的主要目的是，对计算机访问内部重要文件服务器的流量进行安全保护。如图 4-32 所示。计算机的 IP 地址为 10.1.1.5，服务器的 IP 地址为 10.1.19.5。这两个地址是 TaoJin 电子商务公司网络的内部地址，至少在公司网络内部是全局可路由的。传输模式只是在原始 IP 头部和 IP 负载中间插入了一个 ESP 头部（图 4-32 例中省略了 ESP 尾部和 ESP 认证数据部分），并且对 IP 负载进行加密和验证操作。把实际通信的设备叫作通信点，加密数据的设备叫作加密点。在图 4-32 中，实际通信和加密设备都是我的计算机（10.1.1.5）和服务器（10.1.19.5），加密点等于通信点，只要能够满足加密点等于通信点的条件，就可以进行传输模式封装。

Yueda：小李，这里我先打扰一下！你觉得在公司的网络中，什么时候会使用到 IPSec 的传输模式？

小 李：我觉得由于公司内部的网络包括总公司的网络、全国各地分公司的局域网通过 VPN 连到总公司的网络、在家办公人员和出差人员通过 VPN 连到总公司的网络，这些整个构成的网络，内部都是全局可路由的。如果在公司内部的网络中需要对主机与主机之间通信的流量进行加密，这时就可以使用到 IPSec 的传输模式。

Yueda：没错，这样再配合上局域网安全的防范措施，就相当于是双保险了。你知道如何实现 IPSec 的传输模式吗？

小 李：我记得在 Windows 操作系统下就支持 IPSec，如图 4-33 所示。

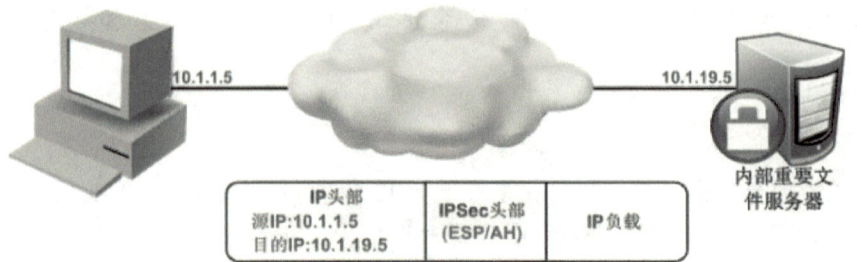

图 4-32　传输模式 IPSec VPN 实例分析

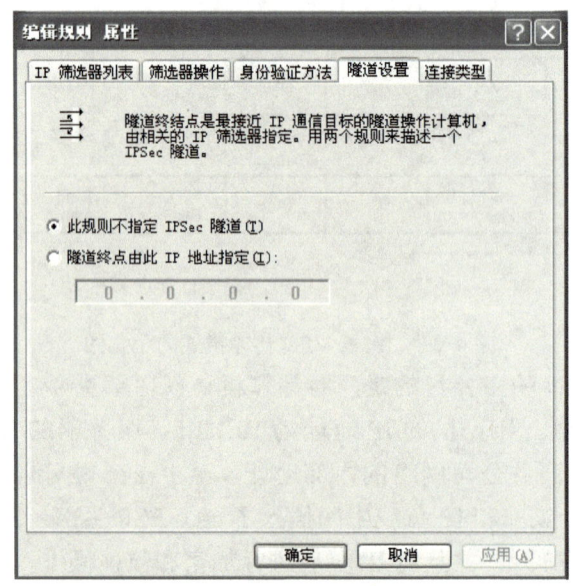

图 4-33　Windows 操作系统下支持的 IPSec

如果这里选中"此规则不指定 IPSec 隧道"单选按钮，则就是使用 IPSec 的传输模式。

Yueda：好的。那接下来你再介绍一下 IPSec 的隧道模式吧。

小 李：好的。

4.2.3　IPSec Tunnel Mode：L2L IPSec VPN

场景

小 李：讲完了传输模式，下面来看一看隧道模式是如何对数据进行封装的，如图 4-34

所示。

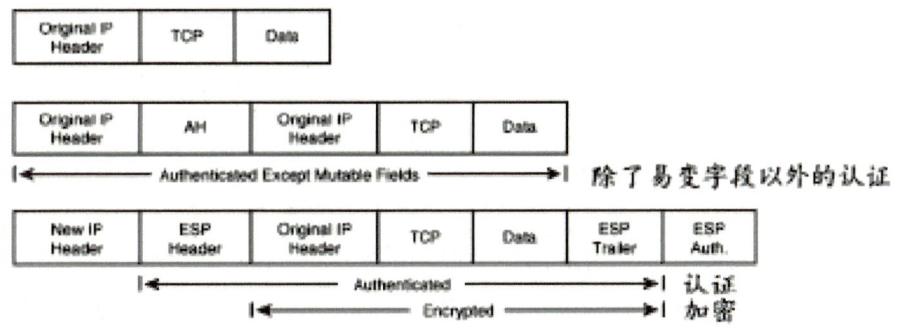

图 4-34　隧道模式封装示意图

隧道模式把原始 IP 数据包整个封装到了一个新的 IP 数据包中，并且在新 IP 头部和原始 IP 头部中间插入了 ESP 头部，对整个原始 IP 数据包进行了加密和验证处理。什么样的网络拓扑适合使用隧道模式来封装 IP 数据包呢？站点到站点的 IPSec VPN 就是一个经典的实例，如图 4-35 所示。

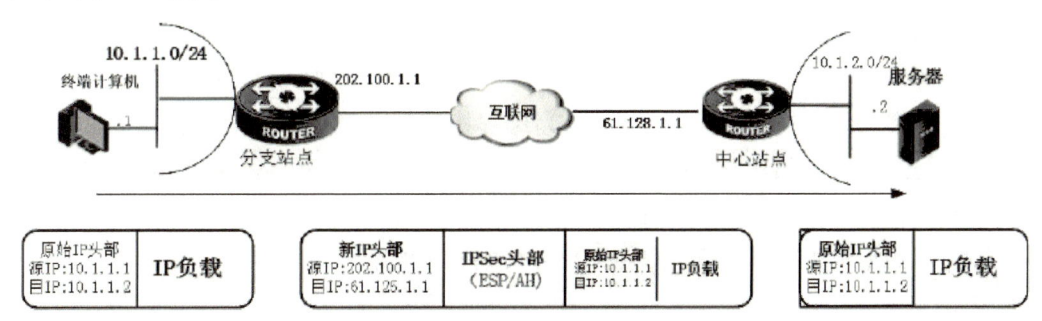

图 4-35　站点到站点隧道模式分析示意图

图 4-35 所示是一个典型的站点到站点 IPSec VPN，分支站点身后保护网络为 10.1.1.0/24，中心站点后面的保护网络为 10.1.2.0/24。分支站点有一台终端计算机要通过站点到站点的 IPSec VPN 来访问中心站点的数据库服务器。这两台计算机就是我们所说的通信点。真正对数据进行加密的设备是两个站点连接互联网的路由器，假设分支站点路由器获取的互联网地址为（202.100.1.1），中心站点的互联网地址为（61.128.1.1）。路由器的这两个地址就是加密点。很明显加密点不等于通信点，这时就应该采用隧道模式来对数据进行封装。假设依然进行传输模式封装，则封装后的结果如图 4-36 所示。

IP头部 源IP：10.1.1.1 目的IP：10.1.2.2	IPSec头部 （ESP/AH）	IP负载

图 4-36　站点到站点 IPSec VPN 使用传输模式封装包结构

如果这种包被直接发送到互联网中，则一定会被互联网路由器丢弃，因为 10.1.1.0/24 和 10.1.2.0/24 都是客户内部网络，在互联网上不是全局可路由的。为了能够让站点到站点的流量通过 IPSec VPN 加密后穿越互联网，需要在两个站点间制造一个"隧道"，把站点间的流量封装到这个隧道里边来穿越互联网。这个隧道其实就是通过插入全新的 IP 头部和 ESP 头部来实现的。

Yueda：小李，我再打扰你一下，你觉得公司的网络什么时候会使用到 IPSec 的隧道模式？

小李：依照刚才我介绍的 IPSec 的隧道模式的概念，在公司的网络中，当全国各地分公司的局域网要通过 VPN 接入到总公司的网络中来时，如果我们只需要对全国各地的分公司连接至 Internet 的 VPN 网关（包括路由器、防火墙）之间跨越 Internet 的流量进行保护，就需要用到 IPSec 的隧道模式，因为这个时候加密点是各个接入 Internet 的分公司 VPN 网关，而实际的通信点则是 VPN 网关身后的局域网。

Yueda：你说的没错，但是还有一个情况，对于远程拨号用户，包括在家办公员工和出差员工的计算机，通过 Internet 拨号到公司的 VPN 网关，如果使用的是 IPSec VPN，则也为 IPSec 隧道模式。

小李：为什么呢？岳总。

Yueda：因为在这个时候，VPN 网关会为远程拨号用户分配一个用于公司内部网络的 IP 地址，而远程拨号用户还有一个用于访问 Internet、ISP 为其分配的 IP 地址，在这个情况下，加密点为 ISP 为其分配的 IP 地址到公司的 VPN 网关连接至 Internet 的 IP 地址，而通信点则是用于公司内部网络的 IP 地址到公司的网络内部的 IP 地址。

小李：这个我确实没想到。

Yueda：首先考虑全国各地分公司连接至总公司网络的 VPN 安全性问题，然后再考虑远程拨号用户连接至总公司网络的 VPN 安全性问题。

小李：好的，岳总。

Yueda：接下来你需要考虑公司网络中的中心站点 VPN 网关和分支站点的 VPN 网关分别应该如何配置？你先去查一下公司 VPN 网关的一些相关资料，然后做出一份实施计划，在明天的会议上给大家讲一讲！

小李：好的，岳总。

在 TaoJin 电子商务公司的会议室里，Yueda、小李、白先生依旧进行每天一次的例会。

Yueda：小李，昨天的实施计划做好了吗？

小李：我查了公司目前使用的 VPN 网关的相关资料，目前使用的是神州数码网络的 DCR 路由器来作为 VPN 网关，依照图 4-35 在中心站点与分支站点之间建立 IPSec VPN 的网络拓扑和配置。

在中心站点的 VPN 网关的配置：

```
interface FastEthernet0/0
  ip address 61.128.1.1 255.255.255.252
```

这里配置 VPN 网关连接至 Internet 的接口的 IP 地址：
```
crypto ipsec transform-set dcn
 transform-type esp-des esp-md5-hmac
```
这里配置一个 IPSec 加密转换集合，这个集合的名字为 dcn，集合里面指定了 IPSec 使用的封装协议为 ESP、加密算法为 DES、散列算法为 MD5。其实这里面还有一个命令，由于是默认命令，因此没有显示（mode tunnel）也就是说，默认的 IPSec 数据封装模式为隧道模式。
```
ip access-list extended dcn
 permit ip 10.1.2.0 255.255.255.0 10.1.1.0 255.255.255.0
```
这里通过 IP 访问列表 dcn 配置一个感兴趣数据流，感兴趣数据流定义了究竟什么样的流量需要被保护。
```
crypto map dcn 10 ipsec-manual
```
这里配置一个加密映射集合，集合名字叫作 dcn，在这个集合里面可以定义多个策略。例如，有多个分支站点都可以通过 IPSec 的隧道连接至中心站点，不同的分支站点在与中心站点进行 IPSec 隧道连接时，可以使用不同的策略。在这个例子里，只有一个分支站点，就是 202.100.1.1，所以为这个分支站点定义的策略编号为 10。
```
 set peer 202.100.1.1
```
这里配置 IPSec 对等体的 IP 地址，也就是分支站点的 IP 地址 202.100.1.1。
```
 set security-association outbound esp 259 cipher 0x0011223344556677 authenticator 0x00112233445566778899aabbccddeeff
 set security-association inbound esp 260 cipher 0x0011223344556677 authenticator 0x00112233445566778899aabbccddeeff
```
这里配置的是安全参数索引（SPI），用来标识处理数据包的安全关联（Security Association），对于任何一对 IPSec 的 Peer（对等体）之间，有两个安全关联（Security Association），一个为出方向，一个为入方向。在这个例子中，中心站点与分支站点之间的这对 IPSec 对等体，中心站点的出方向和分支站点的入方向为同一个安全关联，SPI 都是 259，中心站点的入方向和分支站点的出方向也为同一个安全关联，SPI 都是 260。

Cipher 是为这个安全关联设置的加密用的密钥，authenticator 是为这个安全关联设置的认证用的密钥。
```
 set transform-set dcn
```
这里配置的是通过加密映射集合调用之前定义的加密转换集合 dcn。
```
 match address dcn
```
这里配置的是通过加密映射集合调用之前定义的 IP 访问列表 dcn，也就是调用之前定义的感兴趣数据流。
```
interface FastEthernet0/0
 crypto map dcn
```
这里配置的是将加密映射集合 dcn 绑定在 VPN 网关，也就是路由器连接至 Internet 的接口上。

Yueda：解释得不错，对于分支站点又该如何配置呢？

小 李：分支站点反过来就可以了，配置如下：

```
interface FastEthernet0/0
 ip address 202.100.1.1 255.255.255.252
```

这里配置 VPN 网关连接至 Internet 的接口的 IP 地址。

```
crypto ipsec transform-set dcn
 transform-type esp-des esp-md5-hmac
```

这里配置一个 IPSec 加密转换集合，这个集合的名字为 dcn，集合里面指定了 IPSec 使用的封装协议为 ESP、加密算法为 DES、散列算法为 MD5，要与中心站点的配置相同。

```
ip access-list extended dcn
 permit ip 10.1.1.0 255.255.255.0 10.1.2.0 255.255.255.0
```

这里通过 IP 访问列表 dcn 配置一个感兴趣数据流，感兴趣数据流定义了究竟什么样的流量需要被保护，这里的源地址和目的地址要与中心站点正好相反。

```
crypto map dcn 10 ipsec-manual
 set peer 61.128.1.1
```

这里配置 IPSec 对等体的 IP 地址，在这里是中心站点的 IP 地址为 61.128.1.1，其他内容刚才都已经说过了。

```
 set security-association inbound esp 259 cipher 0x0011223344556677 authenticator 0x00112233445566778899aabbccddeeff
 set security-association outbound esp 260 cipher 0x0011223344556677 authenticator 0x00112233445566778899aabbccddeeff
 set transform-set dcn
 match address dcn
interface FastEthernet0/0
 crypto map dcn
```

Yueda：配置 IPSec 的部分没有问题了，可我怎么总觉得配置还缺些什么呢？

小 李：应该就这些了呀！

Yueda：以上你只是考虑了 IPSec 隧道建立的问题，但是没有考虑通过这条隧道到达对端 VPN 网关身后的网络的问题。也就是说，现在只是建立了隧道，但是 VPN 网关的路由表里，并没有到达对端的 VPN 网关身后的网段的路由信息。

小 李：哎呀！居然把这么重要的事情给忘了！

Yueda：另外还有一个问题，为了让每个 VPN 网关找到与它对端的 VPN 网关连接到 Internet 的 IP 地址，是不是也需要路由信息？因为总公司的 VPN 网关连接到 Internet 的 IP 地址与各个分公司的 VPN 网关连接到 Internet 的 IP 地址肯定都不在同一个网段，它们连接的是全国各地的运营商。

小 李：是的，之前路由的问题我没有考虑到。依照图 4-35，中心站点的 VPN 网关应该再配置两条路由：

```
ip route 202.100.1.0 255.255.255.252 61.128.1.2
```

这条是为了找到对端的 VPN 网关的 IP 地址。

```
ip route 10.1.1.0 255.255.255.0 61.128.1.2
```
这条是为了找到对端的 VPN 网关身后的网络 10.1.1.0。

分支站点的 VPN 网关也应该再配置两条路由：
```
ip route 61.128.1.0 255.255.255.252 202.100.1.2
ip route 10.1.2.0 255.255.255.0 202.100.1.2
```
也是一样的道理。

小 李：岳总，还有一个问题我没理解。

Yueda：什么问题？

小 李：之前我配置的路由：

中心站点：ip route 10.1.1.0 255.255.255.0 61.128.1.2

分支站点：ip route 10.1.2.0 255.255.255.0 202.100.1.2

难道是通过公有网络（61.128.1.0 或 202.100.1.0）去访问专有网络（10.1.1.0 或 10.1.2.0）吗？

Yueda：你觉得这样可以吗？

小 李：我觉得不可以，因为专有网络的数据包在公有网络上面是无法进行路由的。

Yueda：你理解的没有错，可是如果专有网络的数据包在发到公有网络上面之前进行了二次封装，你觉得这样可以吗？

小 李：这样的话当然可以了。我明白了，原来这些路由条目（中心站点：ip route 10.1.1.0 255.255.255.0 61.128.1.2、分支站点：ip route 10.1.2.0 255.255.255.0 202.100.1.2）的目的是让去往专有网络 10.1.1.0 或 10.1.2.0 的数据包能够从 VPN 网关启用了 IPSec 隧道的接口出去，数据包从这个接口出去之前就会被进行二次封装了。

Yueda：没错，就是这样的。

小 李：这下我终于明白了。

Yueda：可是还有一个问题，你刚才做的是静态路由，静态路由的缺点是无法动态更新路由信息，路由信息维护不方便。如果只有两个站点还可以，可是公司在全国有二十几个分支机构，如果全部使用静态路由，那么对于路由信息的维护岂不是太麻烦了。

小 李：不是还有动态路由协议吗？RIP、OSPF 这些协议可以解决这个问题。

Yueda：如果使用 RIP、OSPF 这些动态路由协议，使 VPN 网关之间来动态学习路由表信息，则需要 VPN 网关将 RIP、OSPF 协议发送的路由信息进行二次封装，然后通过 IPSec 隧道发给对端的 VPN 网关，你觉得这样做是否合理？

小 李：好像不可以。

Yueda：为什么呢？

小 李：在学校时老师讲过，IPSec 是不能够对广播数据包或者组播数据包进行保护的，只能够保护单播数据包。

Yueda：没错，RIP、OSPF 协议发送的路由信息都是属于广播或者组播的，所以这些信息直接用 IPSec 进行保护肯定不行。

小 李：那看来 VPN 网关之间不能使用动态路由协议了。

Yueda：动态路由协议还是可以使用的，但是我要考虑其他的方法。RIP、OSPF 协议发送的路由信息虽然不能够用 IPSec 直接进行保护，但是之前使用的 GRE 隧道是可以将

RIP、OSPF 协议发送的路由信息进行二次封装的,然后通过隧道发送给对端的 VPN 网关,那么利用 IPSec 对 GRE 流量进行保护不就可以了吗?

小 李:这个思路果然好。

Yueda:小李,你去查一查有关这个技术的相关文档,然后做一份实施计划,在明天的会议上讲给大家听。

小 李:好的,岳总。

4.2.4 GRE Over IPSec

场景

在 TaoJin 电子商务公司的会议室里,Yueda、小李、白先生依旧进行每天一次的例会。

Yueda:小李,昨天的实施计划做好了吗?

小 李:做好了,岳总。

Yueda:请你将这个实施计划给大家讲一下吧!

小 李:好的,昨天我查阅了关于公司的 VPN 网关,也就是神州数码网络 DCR 系列的路由器的相关资料,这个技术叫做 GRE Over IPSec,也就是通过 IPSec 技术来对 GRE 流量进行保护。下面我来介绍一下这个技术。

GRE Over IPSec 介绍:

IPSec 提供一种标准的、健壮的、包容广泛的机制,可用它为 IP 及上层协议提供安全保证。IPSec 协议是完备的,它能够提供数据包完整性、机密性、抗重播等特性。但是高度完备带来的是适应能力减弱,在实际中可能会遇到以下问题:

1)IPSec 无法传输组播报文的问题。

2)IPSec 无法传输 OSPF、RIP 等动态路由的问题。

GRE 协议是对某些网络层协议的数据报进行封装,使这些被封装的数据报能够在另一个网络层协议中传输。GRE 是 VPN 的第三层隧道协议,在协议层之间采用了一种被称为 Tunnel 的技术。Tunnel 是一个虚拟的点对点的连接,在实际中可以看成仅支持点对点连接的虚拟接口,该接口提供了一条通路使封装的数据报能够在这个通路上传输,并且在一个 Tunnel 的两端分别对数据报进行封装及解封装。

GRE 能够在组播报文的前面封装一个单播的 IP 报文头,构造一个普通的单播 IP 数据报文,达到传输组播数据的目的。

GRE 是一个 IP 层的协议,它的 IP 端口号是 47,没有 TCP/UDP 的端口,因此能够突破某些设备对四层端口的限制。

GRE 是一个隧道技术,在互联网上,从 Source 到 Destination 的传输可能经历了 N 跳,但对于内部承载的数据来看,它只消耗一跳。

这一特性可以解决以下问题:

1)IPSec 无法传输组播报文的问题。

2)IPSec 无法传输 OSPF、EIGRP、RIP 路由的问题。

因为 GRE 可以封装组播数据并在 GRE 隧道中传输,所以对于诸如路由协议、语音、视频等组播数据需要在 IPSec 隧道中传输的情况，可以通过建立 GRE 隧道，并对组播数据进行 GRE 封装，然后再对封装后的报文进行 IPSec 的加密处理，实现组播数据在 IPSec 隧道中的加密传输。图 4-37 所示为 GRE Over IPSec 封装的形式。

```
| IP Header          |     | IP Header          |     | IP Header |            | Tunnel
| SIP:202.100.1.1    | ESP | SIP:202.100.1.1    | GRE | SIP:NX    | IP Payload | Mode
| DIP:202.100.1.2    |     | DIP:202.100.1.2    |     | DIP:NY    |            |

                          | IP Header          |     | IP Header |            |
                          | SIP:202.100.1.1    | GRE | SIP:NX    | IP Payload |
                          | DIP:202.100.1.2    |     | DIP:NY    |            |

| IP Header          |     |     | IP Header |            | Transport
| SIP:202.100.1.1    | ESP | GRE | SIP:NX    | IP Payload | Mode
| DIP:202.100.1.2    |     |     | DIP:NY    |            |
```

图 4-37　GRE Over IPSec 封装

Yueda：小李，我先打扰你一下，你觉得对于公司的网络，VPN 网关之间的跨 Internet 流量，应该采取哪种封装方式呢？

小　李：应该也是隧道模式吧！

Yueda：隧道模式是可以的，但是你有没有想过一个问题，既然是利用 IPSec 来保护 GRE 流量，而 GRE 本身就已经是隧道了，为什么还要另外再通过 IPSec 又多加一层隧道呢？这样是不是有些多此一举呢？

小　李：这个我确实没有想过。

Yueda：所以我觉得传输模式就可以了，如果这时使用隧道模式，反而需要多增加一个没有用的外层公有网络的 IP 头部，从而增加额外的网络流量，浪费了网络带宽。

小　李：是的。

Yueda：接下来你按照我的思路，再讲一下应该如何实施 GRE Over IPSec 这个技术，也就是这个技术应该如何配置。

小　李：好的，岳总。首先要在中心站点和分支站点之间建立 GRE 隧道。

中心站点：

```
interface Tunnel0
 ip address 172.16.1.1 255.255.255.252
 tunnel source 61.128.1.1
 tunnel destination 202.100.1.1
```

通过以上命令定义了 Tunnel 接口。

```
router ospf 1
 network 10.1.2.0 255.255.255.0 area 0
 network 172.16.1.0 255.255.255.252 area 0
```

再通过以上命令配置 OSPF 路由协议，这时 VPN 网关之间将通过 Tunnel 接口来相互学习路由表。

分支站点反之：

```
interface Tunnel0
 ip address 172.16.1.2 255.255.255.252
```

```
        tunnel source 202.100.1.1
        tunnel destination 61.128.1.1
```
通过以上命令定义了 Tunnel 接口。
```
    router ospf 1
     network 10.1.1.0 255.255.255.0 area 0
     network 172.16.1.0 255.255.255.252 area 0
```
再通过以上命令配置 OSPF 路由协议，这时 VPN 网关之间将通过 Tunnel 接口来相互学习路由表。

下面利用昨天的 IPSec 配置方法来对 GRE 流量来进行保护。

在中心站点的 VPN 网关的配置：
```
    interface FastEthernet0/0
     ip address 61.128.1.1 255.255.255.252
```
这里配置 VPN 网关连接至 Internet 的接口的 IP 地址。
```
    crypto ipsec transform-set dcn
     transform-type esp-des esp-md5-hmac
     mode transport
```
这里配置一个 IPSec 加密转换集合，这个集合的名字为 dcn，集合里面指定了 IPSec 使用的封装协议为 ESP、加密算法为 DES、散列算法为 MD5。这里还有一个命令，经过之前的讨论，这里要改为传输模式来降低网络开销。
```
    ip access-list extended dcn
     permit gre 61.128.1.1 255.255.255.255 202.100.1.1 255.255.255.255
```
这里通过 IP 访问列表 dcn 配置一个感兴趣数据流，感兴趣数据流定义了究竟什么样的流量需要被保护。经过之前的讨论，这里要定义成从中心站点到分支站点的 GRE 流量。
```
    crypto map dcn 10 ipsec-manual
```
这里配置一个加密映射集合，集合名字为 dcn，在这个集合里面可以定义多个策略。例如，有多个分支站点都可以通过 IPSec 的隧道连接至中心站点，不同的分支站点在与中心站点进行 IPSec 隧道连接时，可以使用不同的策略。而在这个例子里，只有一个分支站点，就是 202.100.1.1，所以对于这个分支站点，为之定义的策略编号为 10。
```
     set peer 202.100.1.1
```
这里配置 IPSec 对等体的 IP 地址，也就是分支站点的 IP 地址 202.100.1.1。
```
     set security-association outbound esp 259 cipher 0x0011223344556677 authenticator 0x00112233445566778899aabbccddeeff
     set security-association inbound esp 260 cipher 0x0011223344556677 authenticator 0x00112233445566778899aabbccddeeff
```
这里配置的是安全参数索引（SPI，Security Parameters Index），用来标识处理数据包的安全关联（Security Association），对于任何一对 IPSec 的 Peer（对等体）之间，有两个安全关联，一个为出方向，一个为入方向。在这个例子中，中心站点与分支站点之间的这对 IPSec 对等体，中心站点的出方向和分支站点的入方向为同一个安全关联，SPI 都是 259，中心站点的入方向和分支站点的出方向也为同一个安全关联，SPI 都是 260。

Cipher 是为这个安全关联设置的加密用的密钥，authenticator 是为这个安全关联设置的认证用的密钥。

  set transform-set dcn

这里配置的是通过加密映射集合调用之前定义的加密转换集合 dcn。

  match address dcn

这里配置的是通过加密映射集合调用之前定义的 IP 访问列表 dcn，也就是调用之前定义的感兴趣数据流。

  interface FastEthernet0/0
   crypto map dcn

这里配置的是将加密映射集合 dcn 绑定在 VPN 网关，也就是路由器连接至 Internet 的接口上。

Yueda：解释得不错，那么对于分支站点又该如何配置呢？

小 李：分支站点反过来就可以了，配置如下：

  interface FastEthernet0/0
   ip address 202.100.1.1 255.255.255.252

这里配置 VPN 网关连接至 Internet 的接口的 IP 地址。

  crypto ipsec transform-set dcn
   transform-type esp-des esp-md5-hmac
   mode transport

这里配置一个 IPSec 加密转换集合，这个集合的名字为 dcn，集合里面指定了 IPSec 使用的封装协议为 ESP、加密算法为 DES、散列算法为 MD5，要与中心站点的配置相同，而且这个地方的数据封装模式也要改成传输模式。

  ip access-list extended dcn
   permit gre 202.100.1.1 255.255.255.255 61.128.1.1 255.255.255.255

这里通过 IP 访问列表 dcn 配置一个感兴趣数据流，感兴趣数据流定义了究竟什么样的流量需要被保护。经过之前的讨论，这里要定义成从分支站点到中心站点的 GRE 流量，这里的源地址和目的地址要与中心站点正好相反。

  crypto map dcn 10 ipsec-manual
   set peer 61.128.1.1

这里配置 IPSec 对等体的 IP 地址，在这里是中心站点的 IP 地址 61.128.1.1，其他内容都已经说过了。

   set security-association inbound esp 259 cipher 0x0011223344556677 authenticator 0x00112233445566778899aabbccddeeff
   set security-association outbound esp 260 cipher 0x0011223344556677 authenticator 0x00112233445566778899aabbccddeeff
   set transform-set dcn
   match address dcn
  interface FastEthernet0/0
   crypto map dcn

Yueda：配置 IPSec 的部分没有问题了，可我怎么总觉得配置还缺一些什么呢？

小 李：是不是还是路由有问题？

Yueda：你觉得呢？

小 李：由于现在有了 OSPF 路由协议，因此 VPN 网关的路由表里有了到达对端的 VPN 网关后面的网段的路由信息。

Yueda：另外还有什么问题呢？

小 李：之前您说过，为了让每个 VPN 网关找到与它对端的 VPN 网关连接到 Internet 的 IP 地址，也需要路由信息，因为总公司的 VPN 网关连接到 Internet 的 IP 地址与各个分公司的 VPN 网关连接到 Internet 的 IP 地址肯定都不在同一个网段，因为它们都连接的是全国各地的运营商。

Yueda：那就赶快把这个路由也加上吧！

小 李：好的。

中心站点的 VPN 网关应该再配置这条路由：

    ip route 202.100.1.0 255.255.255.252 61.128.1.2

分支站点的 VPN 网关也应该再配置这条路由：

    ip route 61.128.1.0 255.255.255.252 202.100.1.2

Yueda：不错，这里没有问题了。可是还有一个问题需要解决，你之前配置的关于在站点之间建立安全关联的命令还记得吗？

小 李：记得，比如这两条命令：

    set security-association outbound esp 259 cipher 0x0011223344556677 authenticator 0x001122334455 66778899aabbccddeeff

    set security-association inbound esp 260 cipher 0x0011223344556677 authenticator 0x0011223344556 6778899aabbccddeeff

在这个例子中，中心站点与分支站点之间的这对 IPSec 对等体，中心站点的出方向和分支站点的入方向为同一个安全关联，SPI 都是 259，中心站点的入方向和分支站点的出方向也为同一个安全关联，SPI 都是 260。Cipher 是为这个安全关联设置的加密用的密钥，uthenticator 是为这个安全关联设置的认证用的密钥。

Yueda：关于这两个安全关联，一个为出方向，一个为入方向；每个安全管理的参数，包括 SPI 号、加密用的密钥、认证用的密钥，是由你手工配置到 VPN 网关中的，这些参数如果长时间不改变，那么也是有安全隐患的，比如 VPN 网关的配置参数不小心被人发现，就有可能会泄露。

小 李：我们应该怎么做呢？

Yueda：比较安全的方式是这些参数由系统动态产生，并且能够定期地更换。有一个协议叫作 IKE，VPN 网关之间通过这个协议动态地协商这些参数，并且 VPN 网关之间能够定期地通过这个协议来重新协商这些参数，达到更换这些参数的目的。你去查一查有关 IKE 协议的相关资料，然后在明天的会议上介绍一下。

小 李：好的，岳总。

4.3 IKE

4.3.1 IKE 介绍

场景

在 TaoJin 电子商务公司的会议室里，Yueda、小李、白先生依旧进行每天一次的例会。

Yueda：小李，IKE 协议了解清楚了吗？

小 李：我去查了 IKE 协议的相关书籍，现在已经清楚了。

Yueda：那就给大家介绍一下 IKE 协议的原理和使用方法吧。

小 李：好的。

IKE 的工作原理：

之前已经熟悉了 IPSec 框架所提供的主要服务，知道了 IPSec VPN 需要预先协商加密协议、散列函数、封装协议、封装模式和密钥有效期等内容。实际协商这类内容的协议叫作 IKE（Internet Key Exchange，互联网密钥交换协议）。IKE 主要完成以下 3 个方面的任务。

1）协商协议参数（加密协议、散列函数、封装协议、封装模式和密钥有效期）。

2）通过密钥交换，产生用于加密和 HMAC 用的随机密钥。

3）对建立 IPSec 的双方进行认证（需要预先协商认证方式）。

协商完成后的结果就叫作安全关联（SA），也可以说 IKE 建立了安全关联。IKE 一共协商了两种类型的 SA：一种为 IKE SA，另一种为 IPSec SA。IKE SA 维护了如何安全防护（加密协议、散列函数、认证方式、密钥有效期等）IKE 协议的细节。IPSec SA 维护了如何安全防护实际流量的细节。

IKE 协议的三大组成协议，如图 4-38 所示。

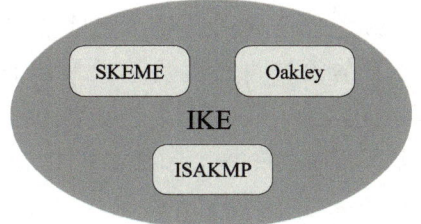

图 4-38　IKE 的三大组成协议

1）SKEME 决定了 IKE 的密钥交换方式，IKE 主要使用 DH 来实现密钥交换。

2）Oakley 决定了 IPSec 的框架设计，让 IPSec 能够支持更多的协议。

3）ISAKMP 是 IKE 的本质协议，决定了 IKE 协商包的封装格式，交换过程和模式的切换。

ISAKMP 是 IKE 的核心协议，人们经常会把 IKE 与 ISAKMP 互换。例如，IKE SA 也经常被说成 ISAKMP SA。在配置 IPSec VPN 时主要的配置内容也是 ISAKMP，SKEME 和 Oakley 没有任何相关配置内容，所以常常会认为 IKE 和 ISAKMP 是一样的。IKE 和 ISAKMP 的区别：由于 SKEME 的存在，IKE 能够决定密钥交换的方式；ISAKMP 只能够为密钥交换数据包，不能决定密钥交换实现的方式。

IKE 的两个阶段与 3 个模式如图 4-39 所示。

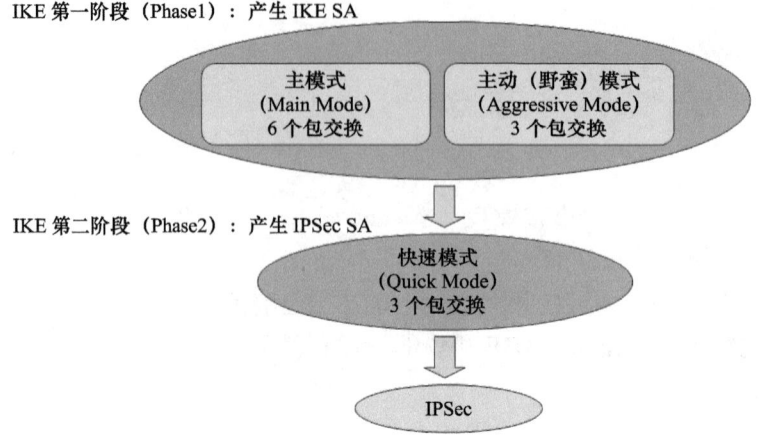

图 4-39　IKE 的两个阶段与三个模式

　　IKE 协商分为两个不同的阶段，第一阶段和第二阶段。可以使用 6 个包交换的主模式或者 3 个包交换的主动模式来完成第一阶段协商。第一阶段协商的主要目的就是对需要建立 IPSec 的双方进行认证，确保合法的对等体，这样才能够建立 IPSec VPN。协商得到的结果就是 IKE SA。第二阶段总是使用 3 个包交换的快速模式来完成。第二阶段的主要目的就是根据具体需要加密的流量（感兴趣流），协商保护这些流量的策略。协商的结果就是 IPSec SA。

　　IKE 协商过程非常像两个公司做生意的过程。两家公司在合作之前需要相互了解，最简单的方法可能就是查对方公司的工商牌照、公司营业和信誉状况。也有可能是约一个地点，双方面对面进行介绍。不管怎么样，目的就是相互的认证，建立基本的信任关系。这个过程其实就是 IKE 第一个阶段需要完成的任务。第一阶段完成后，信任关系建立了，相应的 IKE SA 也就建立了。紧接着的主要任务就是基于具体的项目来签订合同，对于 IPSec VPN 而言，具体的项目就是安全保护通信点之间的流量，具体处理这些流量的策略（IPSec SA）就是合同。IKE 的第二阶段就是基于具体需要被加密的流量（A 到 B）协商相应的 IPSec SA 来处理这个流量。第一阶段一旦信任建立，就没有必要反复认证了，就可以根据第一阶段建立的 IKE SA，给两个站点之间的很多需要被加密的流量协商不同的第二阶段策略（IPSec SA）。

　　现在重点介绍主模式 6 个包和快速模式 3 个包（一共 9 个包）的交换细节。

　　如图 4-40 所示，主模式一共要交换 6 个 ISAKMP 数据包，可以分为 1-2，3-4 和 5-6 3 次包交换。1-2 包交换主要完成两个任务：①通过核对收到 ISAKMP 数据包的源 IP 地址，来确认收到的 ISAKMP 数据包是否源自于合法的对等体；②协商 IKE 策略。先来讨论一下第一个任务的操作过程（见图 4-35），假设站点一（互联网 IP 地址 202.100.1.1）和站点二（互联网 IP 地址 61.128.1.1）之间需要建立 IPSec VPN，站点一配置对等体为 61.128.1.1，站点二配置对等体为 202.100.1.1，站点二收到第一个 ISAKMP 的数据包，查看这个 ISAKMP 数据包的源 IP，如果这个源 IP 是 202.100.1.1，就接收这个包；如果不是，就终止整个协商进程。因为站点二并不希望和这个对等体建立 IPSec VPN。由于这个 IP 地址出现在 IP 头部，并不是 ISAKMP 数据的内容，因此在图中并没有被体现出来。另外，ISAKMP 数据包是使用 UDP 进行传输的，源、目端口号都是 500。

图 4-40　主模式一共要交换 6 个 ISAKMP 数据包

如图 4-41 所示，在 1-2 包交换中，IKE 策略协商才是它主要的任务。该策略包含以下几个内容：加密策略、散列函数、DH 组、认证方式、密钥有效期。

```
⊞ User Datagram Protocol, Src Port: isakmp (500), Dst Port: isakmp (500)
⊟ Internet Security Association and Key Management Protocol
    Initiator cookie: 0x99B7727FED8B0FB5
    Responder cookie: 0x0000000000000000
    Next payload: Security Association (1)
    Version: 1.0
    Exchange type: Identity Protection (Main Mode) (2)
  ⊟ Flags
    .... ...0 = No encryption
    .... ..0. = No commit
    .... .0.. = No authentication
    Message ID: 0x00000000
    Length: 144
  ⊟ Security Association payload
    Next payload: Vendor ID (13)
    Length: 56
    Domain of interpretation: IPSEC (1)
    Situation: IDENTITY (1)
    ⊟ Proposal payload # 1
      Next payload: NONE (0)
      Length: 44
      Proposal number: 1
      Protocol ID: ISAKMP (1)
      SPI size: 0
      Number of transforms: 1
      ⊟ Transform payload # 1
        Next payload: NONE (0)
        Length: 36
        Transform number: 1
        Transform ID: KEY_IKE (1)
        Encryption-Algorithm (1): DES-CBC (1)
        Hash-Algorithm (2): SHA (2)
        Group-Description (4): Default 768-bit MODP group (1)
        Authentication-Method (3): PSK (1)
        Life-Type (11): Seconds (1)
        Life-Duration (12): Duration-Value (86400)
⊞ Vendor ID payload
⊞ Vendor ID payload
⊞ Vendor ID payload
```

图 4-41　主模式 1-2 包交换

既然叫 IKE 策略，表示它是对 IKE 数据包进行处理的策略。以加密策略为例，它决定了加密主模式（MM）5-6 包和快速模式（QM）1-3 包的策略。但是这个策略绝对不会用于加密实际通信点之间的流量，可以在第二阶段的快速模式协商另外一个加密策略，在快速模式协商的策略才会用于处理感兴趣流。在第一个包内，发起方会把本地配置的所有策略一起发送给接收方，由接收方从中挑出一个可以接收的策略，并且通过第二个 ISAKMP 包，回送被选择的那个策略给发起方。图 4-42 体现出了接收方选择策略的过程。

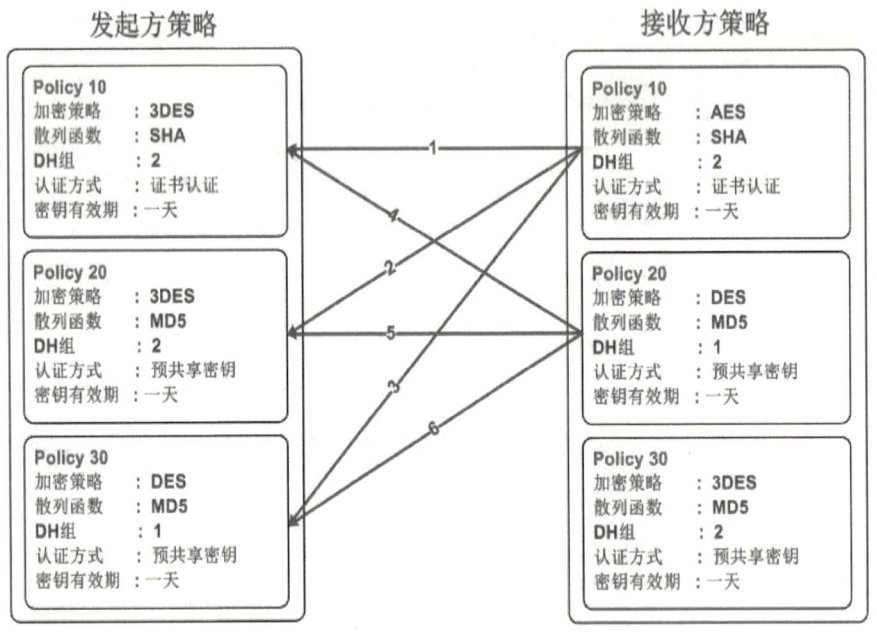

图 4-42　接收方选择 IKE 策略示意图

本次 1-2 包协商的 IKE 策略为加密策略：DES、散列函数 MD5、DH 组：1、认证方式：预共享密钥、密钥有效期：一天。

主模式 3-4 包交换如图 4-43 所示。

```
⊞ User Datagram Protocol, Src Port: isakmp (500), Dst Port: isakmp (500)
⊟ Internet Security Association and Key Management Protocol
    Initiator cookie: 0x99B7727FED8B0FB5
    Responder cookie: 0x00326559FFCB25AA
    Next payload: Key Exchange (4)
    Version: 1.0
    Exchange type: Identity Protection (Main Mode) (2)
  ⊟ Flags
    .... ...0 = No encryption
    .... ..0. = No commit
    .... .0.. = No authentication
    Message ID: 0x00000000
    Length: 272
  ⊟ Key Exchange payload
    Next payload: Nonce (10)
    Length: 100
    Key Exchange Data
  ⊟ Nonce payload
    Next payload: Vendor ID (13)
    Length: 24
    Nonce Data
  ⊞ Vendor ID payload
  ⊞ Vendor ID payload
  ⊞ Vendor ID payload
  ⊞ Vendor ID payload
  ⊞ NAT-Discovery payload
  ⊞ NAT-Discovery payload
```

图 4-43　主模式 3-4 包交换

1-2 包交换已经协商出了 IKE 策略，但是期待使用这些加密策略和散列函数来保护 IKE 数据还缺少一个重要的内容——密钥。加密和 HMAC 都需要密钥，这个密钥需要从 3-4 包的 DH 交换中产生。如图 4-43 所示。下面介绍 Diffie-Hellman（DH）算法，如图 4-44 所示。

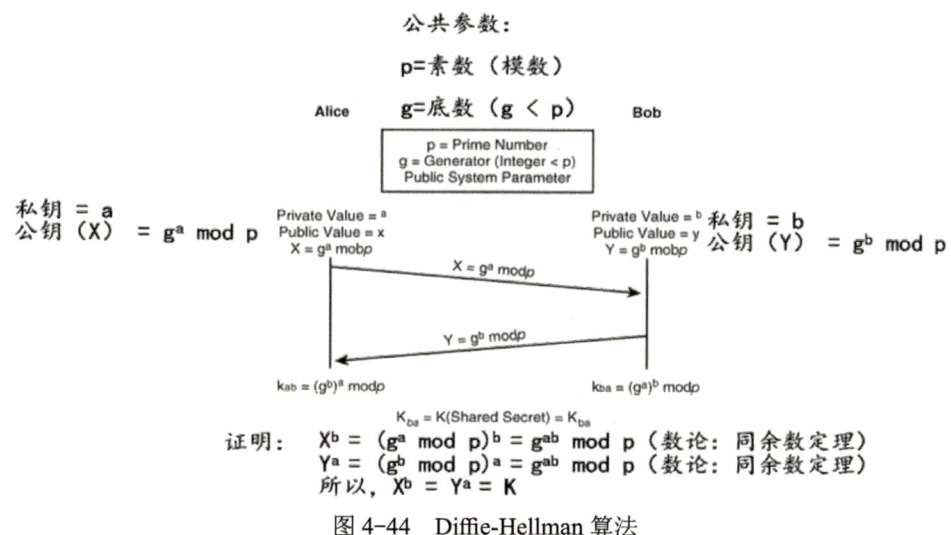

图 4-44　Diffie-Hellman 算法

DH 是一种非对称密钥算法，该算法基于一个知名的单向函数,离散对数函数 $A=g^a \bmod p$，这个公式中 mod 就是求余数。这个函数有一个特点，在 g 和 p 都很大的情况下，已知 a，求 A 会很快得到结果（使用计算机进行计算），但是已知 A，求 a 几乎无法完成，这就是所有单向函数的特点，一个方向运算很快、很容易，另一个方向几乎不能完成。了解了这个特点以后，再来看看 DH 是如何工作的，发起方（Alice）首先随机产生 g、p、a。g 和 p 的大小由 1-2 包交换的 DH 组大小来决定，DH 组 1 表示为 768 位长度，DH 组 2 表示为 1024 位长度，组越大表示 DH 交换的强度越大，然后发起方使用离散对数函数计算得出 A，并且在第 3 个包中把 g、p、A 发送给接收方（Bob）。接收方（Bob）收到后，随机产生小 b，并且使用第 3 个包接收到的 g 和 p 通过离散对数函数计算得到 B，使用第 4 个包把 B 发送给发起方（Alice）。现在 DH 算法的神奇之处就要体现了，接收方（Bob）通过 $A^b \bmod p$ 得到的结果，等于发起方（Alice）通过 $B^a \bmod p$ 计算得到的结果，也等于 $g^{ab} \bmod p$。这样收发双方就通过 DH 算法得到了一个共享秘密 $g^{ab} \bmod p$。这个值中间人是无法计算得出的，因为要计算这个值需要至少一方的私有信息（a 或者 b），但是中间人只是能够截获（g，p，A，B），并且不能通过 A 和 B 计算得出 a 和 b（离散对数特点）。有了这个共享秘密 $g^{ab} \bmod p$ 后，可以通过一系列的密钥衍生算法，得到加密和 HMAC 处理 IKE 信息的密钥，并且加密感兴趣流的密钥也是从这个共享秘密衍生而来的，可以说它是所有密钥的始祖 K。

Yueda：小李，我先打扰你一下，这个 K 值就是用来对双方后续的 IKE 数据包以及 IPSec 数据包进行保护的吗？

小　李：根据文档上说的，不是这样的。

Yueda：好的，你接着说。

小　李：主模式接下来的 5-6 包的交换，双方会进行相互认证，其中会用到预共享密钥，这个预共享密钥的值是由网络安全管理员配置的,IKE 会根据这个值衍生出一个 SKEYID 的值来。

> SKEYID = hash (Pre-Shared Key, Ni|Nr)

接下来通过 SKEYID 的值以及密钥的始祖 K 值会衍生出对后续 IPSec 流量进行保护的密钥 SKEYIDd。

> SKEYIDd = hashfunc(SKEYID, K|CI|CR|0)

通过 SKEYID、SKEYIDd、K 值,又会衍生出对后续的 IKE 流量进行认证的密钥 SKEYIDa。

> SKEYIDa = hashfunc(SKEYID, SKEYIDd|K|CI|CR|1)

通过 SKEYID、SKEYIDa、K 值,又会衍生出对后续 IKE 流量进行加密的密钥 SKEYIDe。

> SKEYIDe = hashfunc(SKEYID, SKEYIDa|K|CI|CR|2)

之前这个 SKEYIDd 的值,也就是对后续 IPSec 流量进行保护的密钥,又会在 IKE 的第二个阶段快速模式中协商出协议号和 SPI 号,进而衍生出两个 KEYMAT 值,一个用于入方向的 IPSec SA 密钥,另一个用于出方向的 IPSec SA 密钥。

> KEYMAT = HASH(SKEYIDd, protocol, SPI|Ni2|Nr2)

Yueda:不错,现在比较清楚了。看来这个算法还是比较复杂的,但是说明很安全,你接着说吧。

小 李:好的。关于主模式 5-6 包交换如图 4-45 所示。

图 4-45 主模式 5-6 包交换

IKE 第一阶段的主要任务就是认证,5-6 包交换就是在安全的环境下进行认证(从 MM 5-6 包开始往后,都使用 1-2 包所协商的加密与 HMAC 算法进行安全保护),1-2 和 3-4 包交换只是在为 5-6 包的认证做铺垫。1-2 包为认证准备好策略,如认证策略、加密策略和散列函数等,3-4 包为保护 5-6 包的安全算法提供密钥资源。IPSec VPN 的认证方式有预共享密钥认证和 RSA 数字签名认证等方式。预共享密钥认证就是需要在收发双方预先配置一个相同的共享秘密,认证时相互交换由这个共享秘密所制造的散列值来实现认证,这个思路和 OSPF 对路由更新的认证基本一致的。

Yueda:好的!那么应该如何认证呢?

小　李：就是利用之前 K 值衍生出来的 SKEYIDa 这个密钥，以及双方都知道的一些信息来进行认证。

HASHi = hash(SKEYIDa, X|Y|Ci|Cr|SAr|IDi)
HASHr = hash(SKEYIDa, X|Y|Cr|Ci|SAi|IDr)

Yueda：好，继续吧！

小　李：好的。关于快速模式 1-3 包交换，如图 4-46 所示。

发起方
（Initiator）

响应方
（Responder）

注释：
Cookie：IKE的SPI
Policy：IPSec的SA安全关联策略
X2：发起方的DH公钥（PFS）
Y2：响应方的DH公钥（PFS）
Nonce2：现时值（随机数）
ID：个人信息
Hash：HMAC认证信息

Cookie (I) 、Cookie (R) 、Policy (I) 、
Nonce2(I)、ID (I) 、ID (R) 、Hash1、X2 (g, p)

Cookie (I) 、Cookie (R) 、Policy (R) 、
Nonce2(R)、ID (I) 、ID (R) 、Hash2、Y2 (g, p)

Cookie (I) 、Cookie (R) 、Hash3

图 4-46　快速模式 1-3 包交换

快速模式 1-3 包的主要目的就是在安全的环境下，基于感兴趣流协商处理它们的 IPSec 策略。快速模式的第一个包，会把感兴趣流相关的 IPSec 策略一起发送给接收方，由接收方来选择适当策略，这个过程和主模式 1-2 包交换，接收方选择策略的过程类似。快速模式 1-2 包接收方策略选择过程示意图如图 4-47 所示。

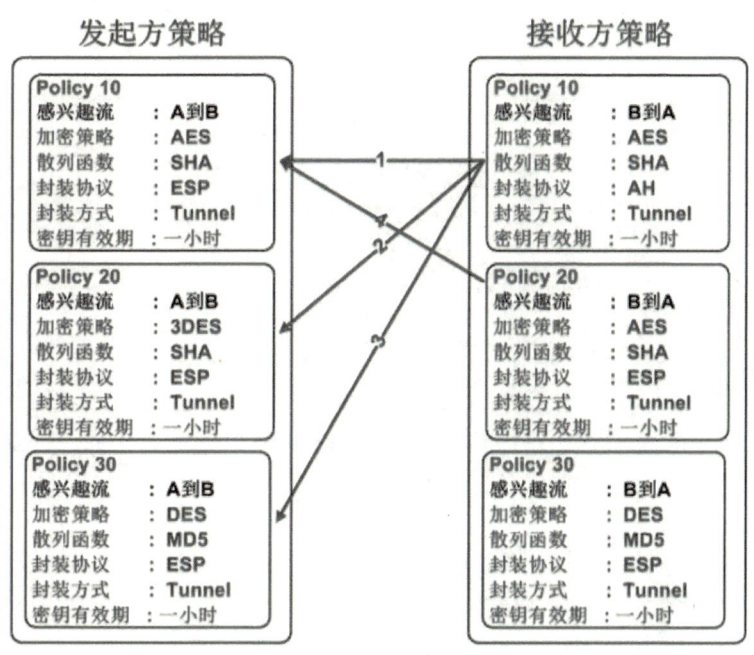

图 4-47　快速模式 1-2 包接收方策略选择过程示意图

图 4-47 的协商结果就是对 A 到 B 的感兴趣流使用 ESP 进行隧道封装，使用 AES 进行加密，使用 SHA 进行 HMAC 技术，密钥有效期为 1h。

策略协商完毕以后就会产生相应的 IPSec SA，这个 SA 使用安全参数索引（SPI）这个字段来进行标识。SPI 是一个字串，用于唯一标识一个 IPSec SA。

需要注意的是，第一阶段协商的 IKE SA 是一个双向的 SA，这个 IKE SA 使用一对 Cookie 来进行标识，如图 4-48 所示。

```
⊞ User Datagram Protocol, Src Port: isakmp (500), Dst Port: isakmp (500)
⊟ Internet Security Association and Key Management Protocol
    Initiator cookie: 0x99B7727FED8B0FB5
    Responder cookie: 0x00326559FFCB25AA
```

图 4-48　IKE SA 标识符

第二阶段协商的 IPSec SA 是一个单向的 SA。也就是说，发起方到接收方有一个 IPSec SA 来保护发起方到接收方的流量，同样地，接收方到发起方也有一个 IPSec SA，用来保护接收方到发起方的流量，标识这两个 IPSec SA 的 SPI 出现在快速模式 1-2 个包的 SA 中。

Yueda：好，现在介绍得比较清楚了，那么 IKE 技术应该如何在站点间的 VPN 网关之间进行实施呢？

小　李：还是按照图 4-35 进行介绍吧。

Yueda：可以。

小　李：还是用 GRE Over IPSec 来实现吗？

Yueda：当然！

小　李：那我就做个完整的配置计划吧！

Yueda：没问题。

小　李：有了 IKE，就没有必要再手工配置密钥了。首先还是要在中心站点和分支站点之间建立 GRE 隧道。

中心站点：

```
interface Tunnel0
ip address 172.16.1.1 255.255.255.252
tunnel source 61.128.1.1
tunnel destination 202.100.1.1
```

通过以上命令定义了 Tunnel 接口。

```
router ospf 1
 network 10.1.2.0 255.255.255.0 area 0
 network 172.16.1.0 255.255.255.252 area 0
```

再通过以上命令配置 OSPF 路由协议，这时 VPN 网关之间将通过 Tunnel 接口来相互学习路由表。

分支站点反之：

```
interface Tunnel0
ip address 172.16.1.2 255.255.255.252
tunnel source 202.100.1.1
tunnel destination 61.128.1.1
```

通过以上命令定义了 Tunnel 接口。

```
router ospf 1
 network 10.1.1.0 255.255.255.0 area 0
 network 172.16.1.0 255.255.255.252 area 0
```

再通过以上命令配置 OSPF 路由协议，这时 VPN 网关之间将通过 Tunnel 接口来相互学习路由表。

接下来利用 IPSec 来对 GRE 流量来进行保护，但是这次要加上 IKE 的配置。

在中心站点的 VPN 网关的配置：

```
crypto isakmp policy 10
 authentication pre-share
crypto isakmp key dcn address 202.100.1.1
```

这里需要配置 IKE 的第一阶段策略：

VPN 网关默认的 IKE 第一阶段策略如图 4-49 所示。

```
Default protection suite
        encryption algorithm:   DES - Data Encryption Standard (56 bit keys).
        hash algorithm:         Secure Hash Standard
        authentication method:  Rivest-Shamir-Adleman Signature
        Diffie-Hellman group:   #1 (768 bit)
        lifetime:               86400 seconds, no volume limit
```

图 4-49　VPN 网关默认的 IKE 第一阶段策略

在这里将认证方式配置为预共享密钥，其余的参数都可以使用默认策略，然后配置与分支站点 202.100.1.1 预共享的密钥为 dcn。

```
interface FastEthernet0/0
 ip address 61.128.1.1 255.255.255.252
```

这里配置 VPN 网关连接至 Internet 的接口的 IP 地址。

```
crypto ipsec transform-set dcn
 transform-type esp-des esp-md5-hmac
 mode transport
```

这里配置一个 IPSec 加密转换集合，这个集合的名字为 dcn，集合里面指定了 IPSec 使用的封装协议为 ESP、加密算法为 DES、散列算法为 MD5。其实这里还有一个命令，经过之前的讨论，这里要改为传输模式来降低网络开销。这个 IPSec 加密转换集合在这里作为 IKE 的第二阶段策略。

```
ip access-list extended dcn
 permit gre 61.128.1.1 255.255.255.255 202.100.1.1 255.255.255.255
```

这里通过 IP 访问列表 dcn 配置一个感兴趣数据流，感兴趣数据流定义了究竟什么样的流量需要被保护。经过之前的讨论，这里要定义成从中心站点到分支站点的 GRE 流量。

```
crypto map dcn 10 ipsec-isakmp
```

这里配置一个加密映射集合，集合的名字为 dcn，在这个集合里面可以定义多个策略。例如，有多个分支站点都可以通过 IPSec 的隧道连接至中心站点，不同的分支站点在与中心站点进行 IPSec 隧道连接时，可以使用不同的策略。在这个例子里，只有一个分支站点，就是 202.100.1.1，所以对于这个分支站点，为之定义的策略编号为 10。这次后面的参数需要换成 ipsec-isakmp，因为这次需要通过 IKE 来协商密钥。

  set peer 202.100.1.1

这里配置 IPSec 对等体的 IP 地址，也就是分支站点的 IP 地址 202.100.1.1。

  set transform-set dcn

这里配置的是通过加密映射集合调用之前定义的加密转换集合 dcn。

  match address dcn

这里配置的是通过加密映射集合调用之前定义的 IP 访问列表 dcn，也就是调用之前定义的感兴趣数据流。

  interface FastEthernet0/0
   crypto map dcn

这里配置的是将加密映射集合 dcn 绑定在 VPN 网关，也就是路由器连接至 Internet 的接口上。

Yueda：做得不错！那么对于分支站点又该如何配置呢？

小 李：分支站点反过来就可以了，配置如下：

  crypto isakmp policy 10
   authentication pre-share
  crypto isakmp key dcn address 61.128.1.1

这里需要配置 IKE 的第一阶段策略：

VPN 网关默认的 IKE 第一阶段策略如图 4-49 所示。

在这里将认证方式配置为预共享密钥，其余的参数都可以使用默认策略，然后配置与中心站点 61.128.1.1 预共享的密钥为 dcn。

  interface FastEthernet0/0
   ip address 202.100.1.1 255.255.255.252

这里配置 VPN 网关连接至 Internet 的接口的 IP 地址。

  crypto ipsec transform-set dcn
   transform-type esp-des esp-md5-hmac
   mode transport

这里配置一个 IPSec 加密转换集合，这个集合的名字为 dcn，集合里面指定了 IPSec 使用的封装协议为 ESP、加密算法为 DES、散列算法为 MD5，要与中心站点的配置相同，而且这里的数据封装模式也要改成传输模式。将此配置作为 IKE 的第二阶段策略。

  ip access-list extended dcn
   permit gre 202.100.1.1 255.255.255.255 61.128.1.1 255.255.255.255

这里通过 IP 访问列表 dcn 配置一个感兴趣数据流。感兴趣数据流定义了究竟什么样的流量需要被保护。经过之前的讨论，这里要定义成从分支站点到中心站点的 GRE 流量，这里的源地址和目的地址要与中心站点正好相反。

  crypto map dcn 10 ipsec-isakmp
   set peer 61.128.1.1

这里配置 IPSec 对等体的 IP 地址，在这里是中心站点的 IP 地址 61.128.1.1，其他的内容刚才都已经说过了。

```
    set transform-set dcn
    match address dcn
  interface FastEthernet0/0
    crypto map dcn
```

小 李：剩下的还有路由的问题。

Yueda：这次终于知道了！

小 李：

中心站点的 VPN 网关应该再配置这条路由：

```
ip route 202.100.1.0 255.255.255.252 61.128.1.2
```

分支站点的 VPN 网关也应该再配置这条路由：

```
ip route 61.128.1.0 255.255.255.252 202.100.1.2
```

Yueda：不错！这里没有问题了。目前公司在站点之间使用的是 IKE 预共享密钥的方式进行身份认证，如果你刚才配置的 dcn 预共享密钥在密钥的分发过程中泄露了，那么这样和之前配置手工密钥进行加密和认证又有何区别呢？从这个角度来看，还不如之前的手工密钥方式呢，至少那个手工密钥比配置的 dcn 的密钥要长。

小 李：……

4.3.2 PKI 介绍

场景

小 李：我确实没有想到 IKE 协议还有这个问题，现在感觉刚才做的一切都是无用功。

Yueda：刚才做的也不是无用功，换另外一种身份认证的方法就可以了。刚才你说过 IKE 的认证方式有预共享密钥认证和数字签名认证，现在如果将 IKE 的认证方式更换为数字签名认证，就可以解决这个问题。因为数字签名是基于非对称密钥算法的，所以不担心密钥分发过程中密钥会泄露的问题。你先回顾一下之前介绍的密码学原理，我当时说的数字签名是什么？

小 李：好的。请看图 4-50。

用户二对用户一来进行数字签名认证的过程如下：

① 重要明文信息通过散列函数计算得到散列值。

② 用户一（发起者）使用自己的私钥对步骤①计算的散列值进行加密，加密后的散列值就叫作数字签名。

③ 把重要明文信息和数字签名一起封装为数据包发送给用户二（接收方）。

④ 用户二从封装的数据包中提取出重要明文信息。

⑤ 用户二使用和用户一相同的散列函数对步骤④提取出来的重要明文信息计算散列值，得到的结果简称"散列值 1"。

⑥ 用户二从封装的数据包中提取出数字签名。

⑦ 用户二使用预先获取的用户一的公钥，对步骤⑥提取出的数字签名进行解密，得到明文的"散列值 2"。

⑧ 比较"散列值 1"和"散列值 2"是否相等，如果相等，则数字签名校验成功。

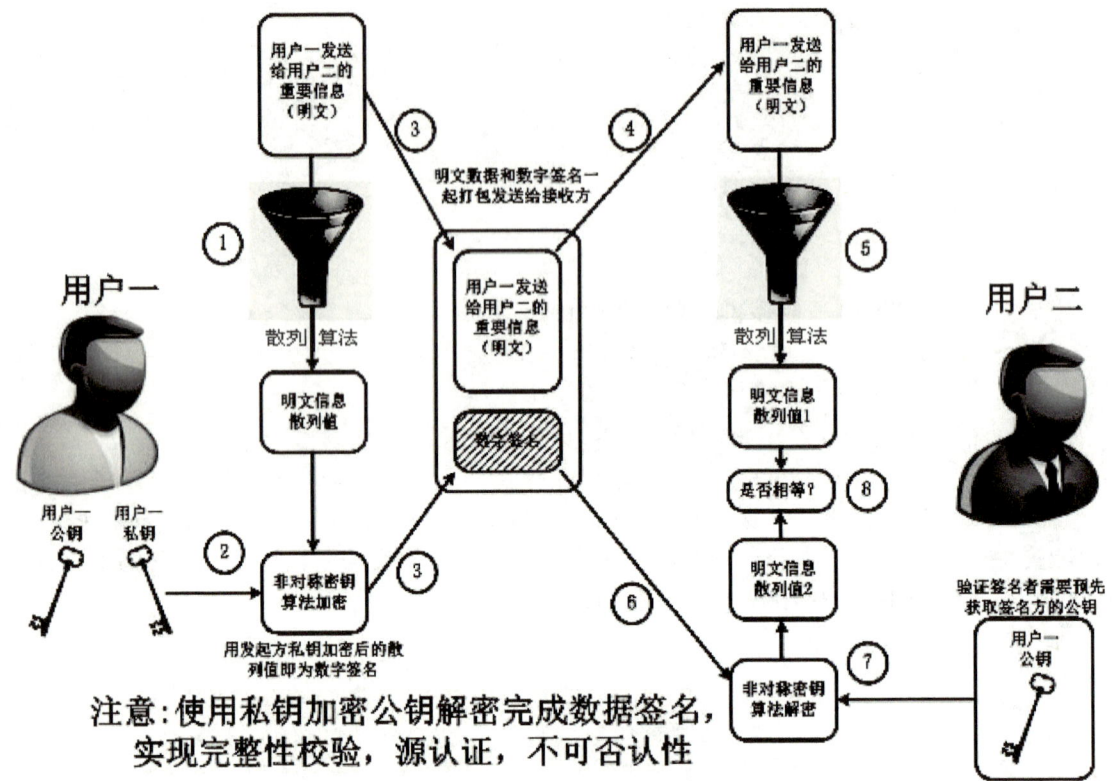

图 4-50 数字签名的概念

数字签名校验成功能够说明哪些问题呢？①保障了传输的重要明文信息的完整性，因为散列函数拥有冲突避免和雪崩效应两大特点。②可以确定对重要明文信息进行数字签名的用户为用户一，因为使用用户一的公钥成功解密了数字签名。只有用户一使用私钥加密产生的数字签名，才能够使用用户一的公钥进行解密。数字签名的实例说明，数字签名提供两大安全特性：完整性校验、源认证。

Yueda：没错，我当时确实是这么说的。这里的源认证是否可以用于 IKE 协议的发起方和接收方之间的身份认证呢？

小 李：我觉得可以，不过那就需要双方各自产生公钥和私钥，而且还要将各自的公钥分发给对方，这样才能实现数字签名认证。

Yueda：要将各自的公钥分发给对方，那么当任何一方（如中心站点的 VPN 网关）拿到了另一方分支站点的 VPN 网关的公钥，如何保证这个公钥的合法性？如果黑客用他的公钥来假冒分支站点的 VPN 网关的公钥，那么黑客就可以通过中心站点的 VPN 网关对他的身份进行认证，从而接入公司的网络。

小 李：如何保证这个公钥的合法性呢？

Yueda：思路是这样的，不管是公司的中心站点还是分支站点，可以为每一方定义一个身份 ID，让这一方的 ID 和它的公钥之间建立一种映射关系，然后让这种映射关系被一个第三方的权威机构认可，也就是让这个第三方的权威机构来为每一方的 ID 和它的公钥之间的映射关系进行数字签名，每一方的这种信息就叫作数字证书，而这个第三方的权威机构就是证书服务器。这种架构叫作 PKI（Public Key Infrastructure，公钥架构）。关于 PKI 的相关资料，你去查一查，在明天的会议上讲给大家。

小 李：好的，岳总。

在 TaoJin 电子商务公司的会议室里，Yueda、小李、白先生依旧进行每天一次的例会。

Yueda：首先请小李介绍一下 PKI 架构。

小 李：好的。

在数据加密和数字签名中，如何保证这些公钥的合法性？这就需要通过受信任的第三方颁发证书机构来完成，该证书证实了公钥所有者的身份标识。

证书颁发机构 CA 是 PKI 公钥基础结构中的核心部分，CA 负责管理 PKI 结构下所有用户的数字证书，负责发布、更新和取消证书。

PKI 系统中的数字证书简称证书，它把公钥和用户个人信息（如名称、电子邮件、身份证号）捆绑在一起。

证书包含以下信息：使用者的公钥值、使用者的标识信息、有效期（证书的有效时间）、颁发者的标识信息、颁发者的数字签名。

假设某个用户要申请一个证书，以实现安全通信，申请流程如下：

1）用户生成密钥对，根据个人信息填好申请证书的信息，并提交证书申请。

2）CA 用自己的私钥对用户的公钥和用户的 ID 进行签名，生成数字证书。

3）CA 将电子证书传送给用户（或者用户主动取回）。

这样一来，当任何一方将自己的证书分发给另一方，由于证书中含有 CA 的数字签名，另一方就可以通过 CA 的公钥验证这个证书确实由 CA 颁发。

Yueda：既然另一方可以通过 CA 的公钥验证这个证书确实由 CA 颁发，那么另一方为何会有 CA 的公钥呢？

小 李：CA 的公钥是要求每一方事先安装 CA 的根证书。

Yueda：如何保证这个 CA 的根证书的合法性呢？万一这个 CA 也是黑客假冒的，该怎么办？

小 李：这个问题没有办法了……

Yueda：这个问题总要有解决办法的，任何一方为了验证 CA，就需要有 CA 的公钥，这个公钥包含在 CA 的根证书当中，但是如何来验证这个根证书的合法性，可以进行离线确认的方式。例如，CA 的管理员首先对 CA 的根证书进行散列函数的运算，计算出散列值 1，然后当任何一方获得 CA 的根证书以后，也进行散列函数的运算，计算出散列值 2，最后和管理员进行电话确认，看一看散列值 1 和计算得到的散列值 2 是否相等，如果相等，则说明该 CA 的根证书就是合法的。

小 李：这确实是个好办法。

Yueda：现在将 PKI 技术结合前面谈到的数字签名，看看 IKE 如何利用这种方式来进行身份认证。再去查一查相关资料，看看如何实施？明天的会议，继续讨论这个问题。

在 TaoJin 电子商务公司的会议室里，Yueda、小李、白先生依旧进行每天一次的例会。

Yueda：小李，你来讲一下，IKE 如何利用 PKI 和数字签名来进行身份认证。

小 李：我还是用个图来讲吧。

Yueda： 这个习惯很好，可以开始了。

小 李： 昨天查了有关 IKE 身份认证的资料，于是画了以下这两张图，如图 4-51 和图 4-52 所示。

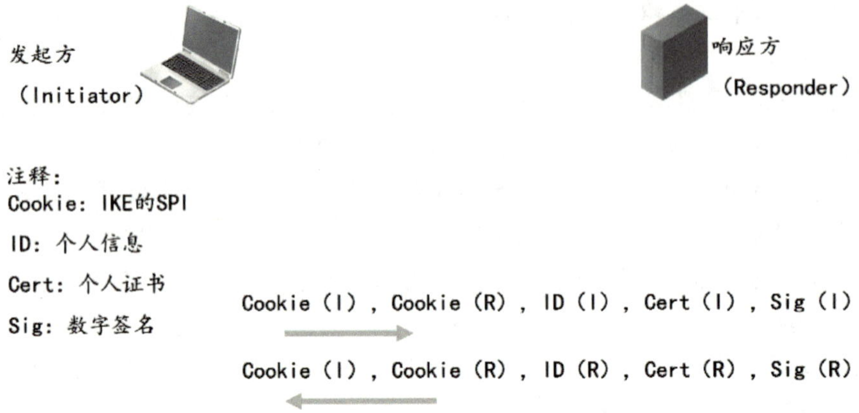

注释：
Cookie: IKE的SPI
ID: 个人信息
Cert: 个人证书
Sig: 数字签名

Cookie (I), Cookie (R), ID (I), Cert (I), Sig (I) →

Cookie (I), Cookie (R), ID (R), Cert (R), Sig (R) ←

图 4-51　IKE 身份认证过程

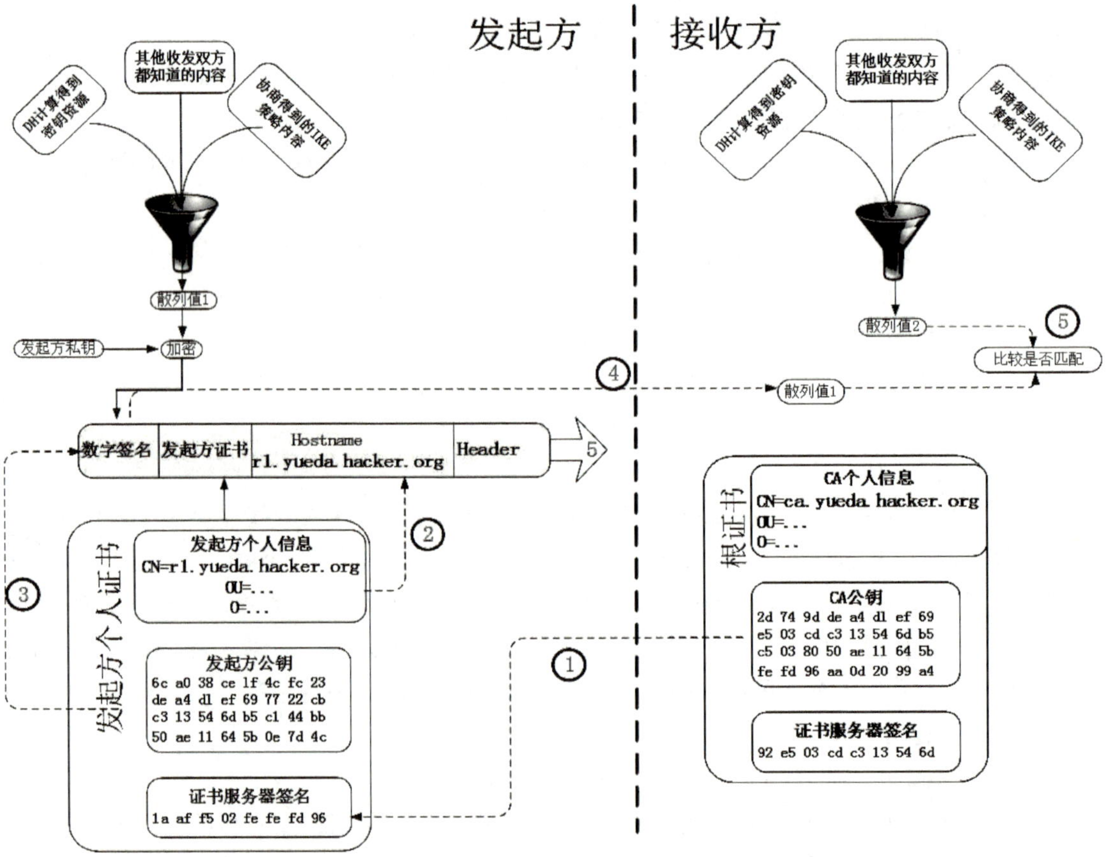

图 4-52　IKE 数字签名 / 数字证书认证过程

IKE 通过主模式 5～6 个包的交换来实现身份认证：

① 发起方将之前协商得到的 IKE 策略内容、DH 计算得到的密钥资源等其他发起方、接收方都知道的内容进行散列函数计算，得到散列值 1；然后用发起方的私钥，对散列值 1

进行加密，得到发起方的数字签名，将携带了该数字签名、发起方的数字证书、发起方的主机名的 IKE 主模式第 5 个包发送给接收方；接收方收到 IKE 主模式第 5 个包，由于接收方本地有 CA 的根证书，CA 的根证书中有 CA 的公钥，因此接收方通过该 CA 的公钥来对发起方的个人证书中的 CA 签名进行认证。如果认证通过，则证明发起方的个人证书确实是由 CA 颁发的证书，说明该证书内容是可信的。

② 发起方的个人证书中含有发起方的 ID，接收方提取该 ID 信息，和 IKE 第 5 个包中发起方的 ID 进行比较。如果发起方的 ID 和包含在发起方证书的 ID 相等，那么说明发起方和发起方证书是匹配的。

③、④ 发起方的个人证书中含有发起方的公钥，接收方提取该公钥，对发起方的数字签名（发起方私钥加密后的散列值 1）进行解密，得到明文的散列值 1。

⑤ 接收方将之前协商得到的 IKE 策略内容、DH 计算得到的密钥资源等其他发起方、接收方都知道的内容进行散列函数计算，得到散列值 2，利用散列值 2 和散列值 1 进行比较，如果散列值 2 和散列值 1 相等，则通过身份认证。

IKE 主模式第 5 个包为接收方认证发起方的过程，那么 IKE 主模式第 6 个包就是发起方认证接收方的过程。

Yueda：是的，现在这些问题已经都比较清楚了。下面的问题是如何通过 PKI 和数字签名的方式来实施 IKE 的身份认证，也就是如何配置？

小 李：既然是 PKI 架构，首先需要在公司的网络中安装一台证书服务器，以 Windows Server 操作系统为例。

首先需要安装 CA 证书服务，如图 4-53 所示。

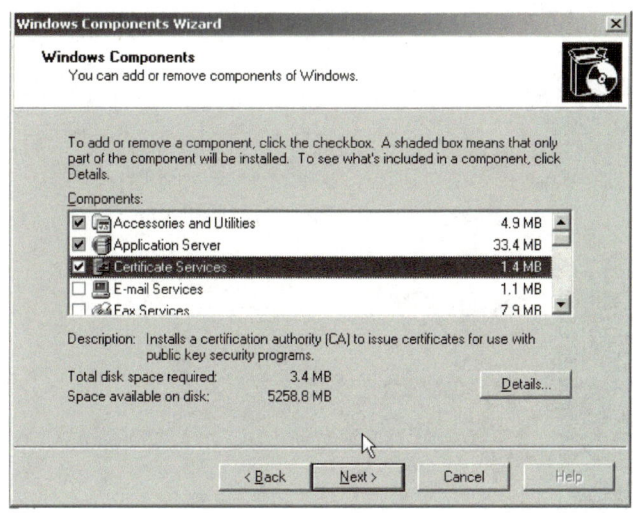

图 4-53　安装 CA 证书服务

安装成功后，开始安装简单证书注册协议（SCEP）：

（SCEP）可以从微软公司的官方网站上下载 cepsetup.exe 进行安装，如图 4-54～图 4-56 所示。

安装完成后，就可以通过浏览器访问 http://CA 服务器 IP/certsrv/mscep/msdep.dll 来申请证书了。

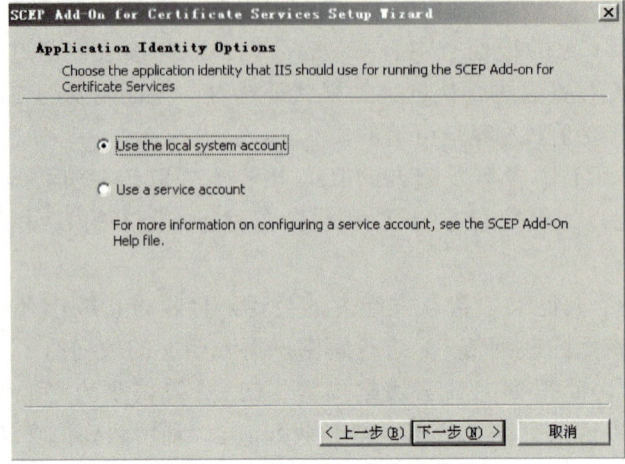

图 4-54　安装简单证书注册协议 1

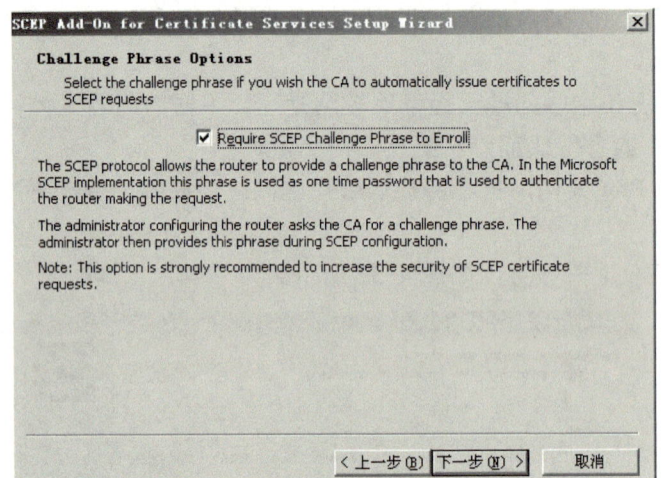

图 4-55　安装简单证书注册协议 2

图 4-56　安装简单证书注册协议 3

Yueda：利用 IKE 的 PKI 和数字签名进行身份认证应该如何在站点间的 VPN 网关之间

进行实施呢？

小 李：还是按照图 4-35 进行配置吧。

Yueda：好。

小 李：那就做个完整的配置计划吧。

Yueda：没问题。

小 李：有了 IKE，就没有必要再手工配置密钥了。

首先还是要在中心站点和分支站点之间建立 GRE 隧道。

中心站点：

```
interface Tunnel0
 ip address 172.16.1.1 255.255.255.252
 tunnel source 61.128.1.1
 tunnel destination 202.100.1.1
```

通过以上命令定义了 Tunnel 接口。

```
router ospf 1
 network 10.1.2.0 255.255.255.0 area 0
 network 172.16.1.0 255.255.255.252 area 0
```

再通过以上命令配置 OSPF 路由协议，这时 VPN 网关之间将通过 Tunnel 接口来相互学习路由表。

分支站点：

```
interface Tunnel0
 ip address 172.16.1.2 255.255.255.252
 tunnel source 202.100.1.1
 tunnel destination 61.128.1.1
```

通过以上命令定义了 Tunnel 接口。

```
router ospf 1
 network 10.1.1.0 255.255.255.0 area 0
 network 172.16.1.0 255.255.255.252 area 0
```

再通过以上命令配置 OSPF 路由协议，这时 VPN 网关之间将通过 Tunnel 接口来相互学习路由表。

下面利用 IPSec 来对 GRE 流量进行保护。

在中心站点的 VPN 网关的配置：

```
crypto isakmp policy 10
```

这里需要配置 IKE 的第一阶段策略：

VPN 网关默认的 IKE 第一阶段策略如图 4-49 所示。

因为在这里将认证方式配置为 RSA 签名，所以使用默认的策略即可。

```
interface FastEthernet0/0
 ip address 61.128.1.1 255.255.255.252
```

这里配置 VPN 网关连接至 Internet 的接口的 IP 地址：

```
crypto ipsec transform-set dcn
 transform-type esp-des esp-md5-hmac
```

```
        mode transport
```
这里配置一个 IPSec 加密转换集合，这个集合的名字为 dcn，集合里面指定了 IPSec 使用的封装协议为 ESP，加密算法为 DES，散列算法为 MD5。这里还有一个命令，经过之前的讨论，这里要改为传输模式来降低网络开销。这个 IPSec 加密转换集合在这里作为 IKE 的第二阶段策略：

```
    ip access-list extended dcn
        permit gre 61.128.1.1 255.255.255.255 202.100.1.1 255.255.255.255
```
这里通过 IP 访问列表 dcn 配置一个感兴趣数据流，感兴趣数据流定义了究竟什么样的流量需要被保护。经过之前的讨论，这里要定义成从中心站点到分支站点的 GRE 流量：

```
    crypto map dcn 10 ipsec-isakmp
```
这里配置一个加密映射集合，集合叫作 dcn，在这个集合里面可以定义多个策略。例如，可以有多个分支站点都通过 IPSec 的隧道连接至中心站点，不同的分支站点在与中心站点进行 IPSec 隧道连接时，可以使用不同的策略。而在这个例子里，只有一个分支站点，就是 202.100.1.1，所以对于这个分支站点，为之定义的策略编号为 10；这次后面的参数需要换成 ipsec-isakmp，因为这次需要通过 IKE 来协商密钥：

```
        set peer 202.100.1.1
```
这里配置的是 IPSec 对等体的 IP 地址，也就是分支站点的 IP 地址 202.100.1.1。

```
        set transform-set dcn
```
这里配置的是通过加密映射集合调用之前定义的加密转换集合 dcn：

```
        match address dcn
```
这里配置的是通过加密映射集合调用之前定义的 IP 访问列表 dcn，也就是调用之前定义的感兴趣数据流。

```
    interface FastEthernet0/0
        crypto map dcn
```
这里配置的是将加密映射集合 dcn 绑定在 VPN 网关，也就是路由器连接至 Internet 的接口上。

Yueda：做得不错。对于分支站点又该如何配置呢？

小 李：分支站点反过来就可以了，配置如下：

```
    crypto isakmp policy 10
```
这里需要配置 IKE 的第一阶段策略：
VPN 网关默认的 IKE 第一阶段策略如图 4-49 所示。
由于在这里也是将认证方式配置为 RSA 签名，因此也可以使用默认策略，与中心站点保持一致。

```
        interface FastEthernet0/0
          ip address 202.100.1.1 255.255.255.252
```
这里配置 VPN 网关连接至 Internet 的接口的 IP 地址。

```
    crypto ipsec transform-set dcn
        transform-type esp-des esp-md5-hmac
        mode transport
```

这里配置一个 IPSec 加密转换集合，这个集合的名字为 dcn，集合里面指定了 IPSec 使用的封装协议为 ESP、加密算法为 DES、散列算法为 MD5，要与中心站点的配置相同，这里的数据封装模式也要改成传输模式。将此配置作为 IKE 的第二阶段策略。

  ip access-list extended dcn
   permit gre 202.100.1.1 255.255.255.255 61.128.1.1 255.255.255.255

这里通过 IP 访问列表 dcn 配置一个感兴趣数据流，感兴趣数据流定义了究竟什么样的流量需要被保护。经过之前的讨论，这里要定义成从分支站点到中心站点的 GRE 流量。这里的源地址和目的地址要与中心站点正好相反。

  crypto map dcn 10 ipsec-isakmp
   set peer 61.128.1.1

这里配置 IPSec 对等体的 IP 地址，在这里是中心站点的 IP 地址 61.128.1.1，其他内容刚才都已经说过了。

   set transform-set dcn
   match address dcn
  interface FastEthernet0/0
   crypto map dcn

小 李：剩下的还有路由的问题。

中心站点的 VPN 网关应该再配置这条路由：

  ip route 202.100.1.0 255.255.255.252 61.128.1.2

分支站点的 VPN 网关也应该再配置这条路由：

  ip route 61.128.1.0 255.255.255.252 202.100.1.2

Yueda：到这里就结束了吗？

小 李：还没有结束，还要分别为每个站点的 VPN 网关向 CA 服务器申请个人证书。

Yueda：只向 CA 服务器申请 VPN 网关的个人证书就可以了吗？如何验证个人证书的有效性呢？你应该首先获得 CA 服务器的根证书，继续往下说配置吧。

小 李：好的。

要想获得证书，首先要配置一个 trustpoint，用于指定申请证书的 URL 和提交各个站点 VPN 网关的个人信息。

中心站点：

  crypto pki trustpoint CA
  enroll url http://CA 服务器 IP:80/certsrv/mscep/mscep.dll
  subject-name cn=Beijing.taojin.com, ou=HQ, o=TaoJin, l=Beijing

分支站点：

  crypto pki trustpoint CA
  enroll url http://CA 服务器 IP:80/certsrv/mscep/mscep.dll
  subject-name cn=Shanghai.taojin.com, ou=BranchShanghai, o=TaoJin, l=Shanghai

这里面的 CA 是个任意的本地有效的 trustpoint 名字，后面每个站点的 VPN 网关要通过这个名字来申请 CA 的根证书以及个人证书。

接下来为各个站点的 VPN 网关来申请 CA 的根证书，各个站点都是通过这个命令：

```
crypto pki authenticate CA
```
经过测试,接下来会出现如下提示:
```
Certificate has the following attributes:
    Fingerprint MD5: CA4DE0BB 9D1D9FA5 A2F153C8 057C9BA5
    Fingerprint SHA1: 2B0B38EA 4657830B 079EC73F 4963E0F4 D355661B
% Do you accept this certificate? [yes/no]: yes
Trustpoint CA certificate accepted.
```
也就是获取了 CA 的根证书,同时这里会产生根证书的散列值,要将这个散列值通过 CA 的管理员来进行电话确认。

Yueda:很好,VPN 网关个人证书的申请呢?

小 李:接下来为各个站点的 VPN 网关申请个人证书,各个站点都是通过这个命令:
```
crypto pki enroll CA
```
执行了这个命令以后,系统会提示输入密码,出现如下信息:
```
% Start certificate enrollment.
% Create a challenge password. You will need to verbally provide this
  password to the CA Administrator in order to revoke your certificate.
  For security reasons your password will not be saved in the configuration.
  Please make a note of it.
```
Password: <此处填写微软证书系统 enrollment challenge password>

Re-enter password: <此处填写微软证书系统 enrollment challenge password>

在浏览器中输入:"http://CA 服务器 IP/certsrv/mscep /mscep.dll",会弹出如图 4-57 所示的页面。

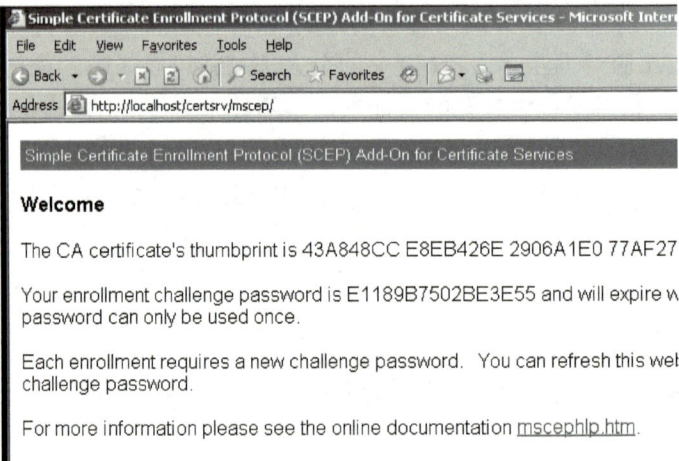

图 4-57 获取微软证书系统 enrollment challenge password

这将提供在 VPN 网关个人信息注册期间需要指定的"密钥"。"密钥"在 60min 内有效。

Yueda:好的,说到这一步,说明你之前确实做过测试。现在 IKE 这个问题先到这里吧,关于公司总部的网络,全国 22 个分公司的网络都要通过这种方式(GRE Over IPSec、基于 RSA 数字签名的 IKE 认证方式)接入其中。小李,记得会后写出完整的实施计划,然后再进行实施。

小 李:好的,岳总。

4.4　SSL VPN

4.4.1　SSL

场景

Yueda：到目前为止，在公司的网络中，已经解决了对站点之间的穿越 Internet 的 VPN 流量的保护问题，还有另外两类用户必须考虑：一类是公司的在家办公用户和在外出差用户，他们需要通过远程拨号 VPN 来接入公司的网络，对于这类用户的 VPN 流量，是需要被保护的；另一类是通过 Internet 访问公司电子商务网站的客户，这类流量也是需要穿越 Internet 的，所以也是需要被保护的。

小　李：是的。这个问题之前确实没有考虑，之前做的工作只是对站点之间的穿越 Internet 的 VPN 流量进行了保护，现在就通过 IPSec 技术实现对这两类用户的穿越 Internet 流量进行保护吧。

Yueda：小李，你这个想法从理论上来讲是可以的，但是有没有考虑另外一个问题，之前通过 IPSec 技术实现的是建立 VPN 网关之间的 Tunnel，现在对于远程拨号的 VPN 用户，如果使用 IPSec 技术，则需要他们的计算机与 VPN 网关之间来建立 Tunnel。你觉得一个对计算机专业知识缺乏的员工具备这样的能力吗？对于他们来讲，就是使用起来越方便越好。如果你为了使用这个技术，还要去培训他们如何来建立 IPSec 隧道，那么代价就太大了。对于通过 Internet 访问公司电子商务网站的客户，更是如此，难道用户为了浏览公司的网站，还必须先学会如何来建立 IPSec 隧道吗？

小　李：您这么一说，我觉得真的是这样。我们应该考虑另外一种技术既能实现对这两类用户的穿越 Internet 流量进行保护，同时又能方便他们使用。

Yueda：没错，对于这样的技术你之前了解过吗？

小　李：没有，我回去查一查公司的 VPN 网关的相关资料吧，看一下它目前是否支持这类技术来解决公司目前的问题。

Yueda：你这个思路方向是正确的。你再查一下 SSL 技术，这个技术对于终端用户的很多种流量都可以进行保护，而且最主要的一点是使用起来方便。你先准备一下资料，在明天的例会上先讲给大家听。

小　李：好的。

第二天，在 TaoJin 电子商务公司的会议室里，Yueda、小李、白先生依旧进行每天一次的例会。

Yueda：请小李来给大家讲一下 SSL 技术。

小　李：好的，岳总。

SSL（Secure Socket Layer，安全套接层）是由 Netscape Communitcation 于 1990 年开发的，用于保障 Word Wide Web（WWW，万维网）通信的安全。它的主要任务是提供私密性、信息完整性和身份认证。SSL 1994 年改版为 SSLv2，1995 年改版为 SSLv3。

Transport Layer Security 标准协议由 IETF 于 1999 年颁布，整体来说 TLS 非常类似于

SSLv3，只是对 SSLv3 做了一些增加和修改。

SSL 是一个不依赖于平台和应用程序的协议，用于保障运用安全，SSL 在传输层和应用层之间，就像应用层连接到传输层的一个插口，如图 4-58 所示。

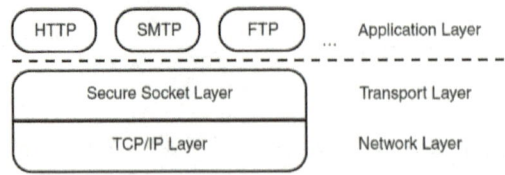

提示：不依赖于平台和运用程序的协议，用于保障TCP-Based运用安全，SSL在TCP层和应用层之间，就像应用层连接到TCP连接的一个插口。

图 4-58　SSL 和 TCP/IP 示意图

SSL 连接的建立有以下两个主要的阶段：

（1）**Handshake Phase**（握手阶段）

1）协商加密算法。

2）认证服务器。

3）建立用于加密和 HMAC 用的密钥。

Yueda：这个阶段是否可以理解为相当于 IPSec 中的 IKE 协议？

小　李：是的，是这样理解的。

Yueda：可以，继续吧。

小　李：

（2）**Secure Data Transfer Phase**（安全的数据传输阶段）

Yueda：这个阶段是否可以理解为相当于 IPSec 中的 ESP 协议？

小　李：是的，是这样理解的。

Yueda：可以，继续吧。

小　李：

SSL 是一个层次化的协议，最底层是 SSL Record Protocol（SSL 纪录协议），Record Protocol 包含一些信息类型或者说是协议，用于完成不同的任务，如图 4-59 所示。

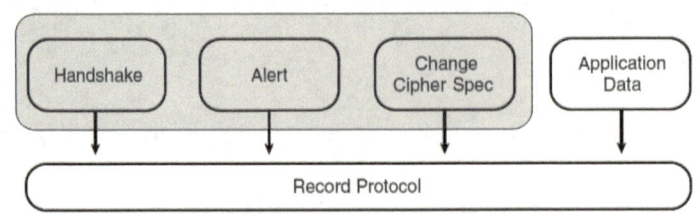

图 4-59　SSL/TLS 协议架构架构

下面对 SSL/TLS 里的每一个协议的主要作用进行介绍：

1）Record Protocol（记录协议）：是主要的封装协议，它传输不同的高层协议和应用层数据。它从上层用户协议获取信息并且传输，执行需要的任务，如分片、压缩，运用 MAC 和加密，并且传输最终数据。它也执行反向行为，解密、确认、解压缩和重组装来获取数据。记录协议包括 4 个上层客户协议，Handshake（握手）协议，Alert（告警）协议，Change Cipher Spec（修改密钥说明）协议，Application Data（运用层数据）协议。

2）Handshake Protocols（握手协议）：负责建立和恢复 SSL 会话。它由以下 3 个子协议组成。

① Handshake Protocol：协商 SSL 会话的安全参数。

② Alert Protocol（告警协议）：一个事务管理协议，用于在 SSL 对等体间传递告警信息。告警信息包括 errors（错误）；exception conditions（异常状况），如错误的 MAC 或者解密失败；notification（通告），如会话终止。

③ Change Cipher Spec Protocol（修改密钥说明协议）：用于在后续记录中通告密钥策略转换。

Handshake Protocols（握手协议）用于建立 SSL 客户和服务器之间的连接，这个过程由以下几个主要任务组成：

① Negotiate Security Capabilities（协商安全能力）：处理协议版本和加密算法。

② Authentication（认证）：客户认证服务器，服务器也可以认证客户。

③ Key Exchange（密钥交换）：双方交换用于产生 master keys（主密钥）的密钥或信息。

④ Key Derivation（密钥引出）：双方引出 Master Secret（主秘密），这个主秘密用来产生用于数据加密和 MAC 的密钥。

3）Application Data protocol（运用程序数据协议）：处理上层运用程序数据的传输。

TLS Record Protocol 使用框架式设计，新的客户协议能够很轻松地被加入。

图 4-60 表示了一个典型 SSL 连接建立过程。

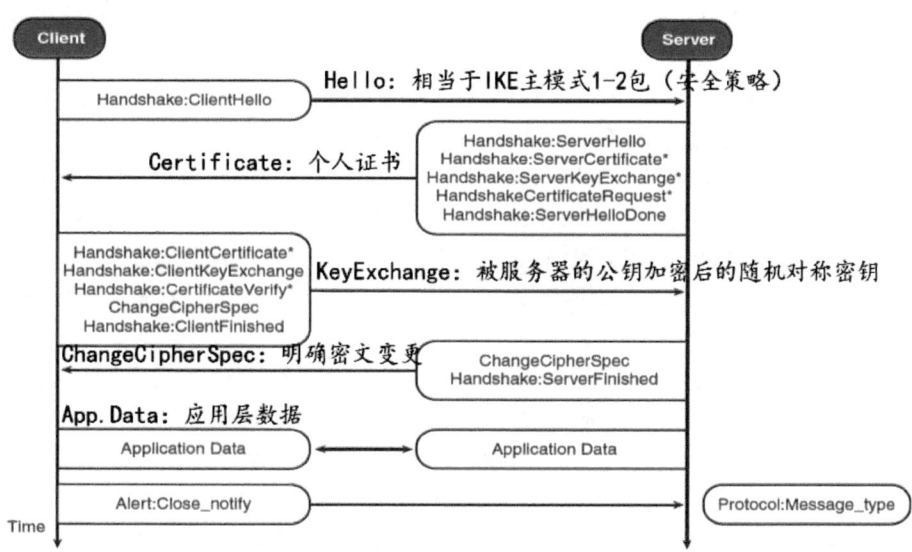

图 4-60　SSL 连接建立过程

（1）Hello Phase（Hello 阶段）

在这个阶段，客户和服务器开始逻辑地连接并且协商 SSL 会话的基本安全参数，如 SSL 协议版本和加密算法。由客户初始化连接。Client Hello 信息里包含的内容，如图 4-61 所示。

```
⊞ Frame 4 (132 bytes on wire, 132 bytes captured)
⊞ Ethernet II, Src: 00:0c:29:8f:46:42, Dst: 00:03:0f:40:7d:8a
⊞ Internet Protocol, Src Addr: 192.168.1.211 (192.168.1.211), Dst Addr: 192.168.1.1 (192.168.1.1)
⊞ Transmission Control Protocol, Src Port: 3116 (3116), Dst Port: https (443), Seq: 1, Ack: 1, Len: 78
⊟ Secure Socket Layer
    ⊟ SSLv2 Record Layer: Client Hello
        Length: 76
        Handshake Message Type: Client Hello (1)
        Version: SSL 3.0 (0x0300)
        Cipher Spec Length: 51
        Session ID Length: 0
        Challenge Length: 16
      ⊟ Cipher Specs (17 specs)
            Cipher Spec: TLS_RSA_WITH_RC4_128_MD5 (0x000004)
            Cipher Spec: TLS_RSA_WITH_RC4_128_SHA (0x000005)
            Cipher Spec: TLS_RSA_WITH_3DES_EDE_CBC_SHA (0x00000a)
            Cipher Spec: SSL2_RC4_128_WITH_MD5 (0x010080)
            Cipher Spec: SSL2_DES_192_EDE3_CBC_WITH_MD5 (0x0700c0)
            Cipher Spec: SSL2_RC2_CBC_128_CBC_WITH_MD5 (0x030080)
            Cipher Spec: TLS_RSA_WITH_DES_CBC_SHA (0x000009)
            Cipher Spec: SSL2_DES_64_CBC_WITH_MD5 (0x060040)
            Cipher Spec: TLS_RSA_EXPORT1024_WITH_RC4_56_SHA (0x000064)
            Cipher Spec: TLS_RSA_EXPORT1024_WITH_DES_CBC_SHA (0x000062)
            Cipher Spec: TLS_RSA_EXPORT_WITH_RC4_40_MD5 (0x000003)
            Cipher Spec: TLS_RSA_EXPORT_WITH_RC2_CBC_40_MD5 (0x000006)
            Cipher Spec: SSL2_RC4_128_EXPORT40_WITH_MD5 (0x020080)
            Cipher Spec: SSL2_RC2_CBC_128_CBC_WITH_MD5 (0x040080)
            Cipher Spec: TLS_DHE_DSS_WITH_3DES_EDE_CBC_SHA (0x000013)
            Cipher Spec: TLS_DHE_DSS_WITH_DES_CBC_SHA (0x000012)
            Cipher Spec: TLS_DHE_DSS_EXPORT1024_WITH_DES_CBC_SHA (0x000063)
        Challenge
```

图 4-61 Client Hello 信息

1）Protocol Version（协议版本）：该字段表明了客户能够支持的最高协议版本，格式为 < 主版本 . 小版本 >，SSLv3 版本为 3.0，TLS 版本为 3.1。

2）Client Random（客户随机数）：由客户的日期和时间加上 28B 的伪随机数组成，这个客户随机数以后会用于计算 Master Secret（主秘密）和 Prevent Replay Attacks（防止重放攻击）。

3）Session ID（会话 ID）< 可选 >：一个会话 ID 标识一个活动的或者可恢复的会话状态。一个空的会话 ID 表示客户想建立一个新的 SSL 连接或者会话，然而一个非零的会话 ID 表明客户想恢复一个先前的会话。

4）Client Cipher Suite（客户加密算法组合）：罗列了客户支持的一系列加密算法。该加密算法组合定义了整个 SSL 会话需要用到的一系列安全算法，如认证、密钥交换方式、数据加密和 Hash 算法。例如，TLS_RSA_WITH_RC4_128_SHA 标识客户支持 TLS 并且使用 RSA 用于认证和密钥交换，RC4 128-bit 用于数据加密，SHA-1 用于 MAC。

5）Compression Method（压缩的模式）：定义了客户支持的压缩模式。

若收到了 Client Hello 信息，则服务器回送 Server Hello，Server Hello 和 Client Hello 拥有相同的架构，如图 4-62 所示。

服务器回送客户和服务器共同支持的 Highest Protocol Versions（最高协议版本）。这个版本将会在整个连接中使用。服务器也会产生自己的 Server Random（服务器随机数），将会用于产生 Master Secret（主秘密）。Cipher Suite 是服务器选择的由客户提出所有策略组合中的一个。Session ID 可能出现以下两种情况。

① New Session ID（新的会话 ID）：如果客户发送空的 Session ID 来初始化一个会话，则服务器会产生一个新的 Session ID；如果客户发送非零的 Session ID 请求恢复一个会话，但是服务器不能或者不希望恢复一个会话，则服务器也会产生一个新的 Session ID。

② Resumed Session ID（恢复会话 ID）：服务器使用客户端发送的相同的 Session ID 来恢复客户端请求的先前会话。

最后服务器在 Server Hello 中也会回应选择的 Compression Method（压缩模式）。Hello

阶段结束以后，客户和服务器已经初始化了一个逻辑连接并且协商了安全参数，如 Protocol Version（协议版本）、Cipher Suites（加密算法组合）、Compression Method（压缩模式）和 Session ID（会话 ID）。它们也产生了随机数，这个随机数会用于以后 Master key 的产生。

```
⊞ Frame 6 (719 bytes on wire, 719 bytes captured)
⊞ Ethernet II, Src: 00:03:0f:40:7d:8a, Dst: 00:0c:29:8f:46:42
⊞ Internet Protocol, Src Addr: 192.168.1.1 (192.168.1.1), Dst Addr: 192.168.1.211 (192.168.1.211)
⊞ Transmission Control Protocol, Src Port: https (443), Dst Port: 3116 (3116), Seq: 1, Ack: 79, Len: 665
⊟ Secure Socket Layer
  ⊟ SSLv3 Record Layer: Handshake Protocol: Server Hello
      Content Type: Handshake (22)
      Version: SSL 3.0 (0x0300)
      Length: 74
    ⊟ Handshake Protocol: Server Hello
        Handshake Type: Server Hello (2)
        Length: 70
        Version: SSL 3.0 (0x0300)
        Random.gmt_unix_time: Jan  1, 2000 14:09:49.000000000
        Random.bytes
        Session ID Length: 32
        Session ID (32 bytes)
        Cipher Suite: TLS_RSA_WITH_RC4_128_MD5 (0x0004)
        Compression Method: null (0)
  ⊞ SSLv3 Record Layer: Handshake Protocol: Certificate
  ⊞ SSLv3 Record Layer: Handshake Protocol: Server Hello Done
```

图 4-62　Server Hello 信息

（2）Authentication and Key Exchange Phase（认证和密钥交换阶段）

当结束了 Hello 交换，客户和服务器协商了安全属性，并且进入到了认证和密钥交换阶段。在这个阶段，客户和服务器需要产生一个认证的 Shared Secret（共享秘密），叫作 Pre_master Secret。它将用于转换成为 Master Secret（主秘密）。

SSLv3 和 TLS 支持一系列认证和密钥交换模式，下面介绍 SSLv3 和 TLS 支持的主要密钥交换模式。

RSA：最广泛被使用的认证和密钥交换模式。客户产生的 Random Secret（随机秘密）叫作 Pre_master Secret，被服务器 RSA 公钥加密后通过 Client Key Exchange 信息发送给服务器，如图 4-63 所示。

```
⊞ Frame 7 (258 bytes on wire, 258 bytes captured)
⊞ Ethernet II, Src: 00:0c:29:8f:46:42, Dst: 00:03:0f:40:7d:8a
⊞ Internet Protocol, Src Addr: 192.168.1.211 (192.168.1.211), Dst Addr: 192.168.1.1 (192.168.1.1)
⊞ Transmission Control Protocol, Src Port: 3116 (3116), Dst Port: https (443), Seq: 79, Ack: 666, Len: 204
⊟ Secure Socket Layer
  ⊟ SSLv3 Record Layer: Handshake Protocol: Client Key Exchange
      Content Type: Handshake (22)
      Version: SSL 3.0 (0x0300)
      Length: 132
    ⊟ Handshake Protocol: Client Key Exchange
        Handshake Type: Client Key Exchange (16)
        Length: 128
  ⊞ SSLv3 Record Layer: Change Cipher Spec Protocol: Change Cipher Spec
  ⊞ SSLv3 Record Layer: Handshake Protocol: Encrypted Handshake Message

0020  01 01 0c 2c 01 bb 33 87  87 b4 66 c6 31 33 50 18   ...,..3. ..f.13P.
0030  f8 57 62 06 00 00 16 03  00 00 84 10 00 00 80 0b   .Wb..... ........
0040  8a 4d bf 20 23 7e a1 64  a5 a6 a6 6d 8d 25 68 ab   .M. #~.d ...m.%h.
0050  c7 67 b4 15 32 1d 79 7c  5e 36 10 1f 6b e4 8a 8b   .g..2.y| ^6..k...
0060  df f9 6d cd f1 0a 70 2c  0c c3 5d 5a 5a 1b 75 e8   ..m...p, ..]ZZ.u.
0070  44 b6 9c 29 03 bd dd aa  66 91 c3 c9 b4 e2 13 2f   D..).... f....../
0080  2e 05 5b 79 47 5c bd aa  c4 ba 4e b9 88 f8 64 33   ..[yG\.. ..N...d3
0090  bc 3d d0 4a c6 1c 9c 7d  2b 5a f0 8b bc 4a 2f 59   .=.J...} +Z...J/Y
00a0  b1 6e 56 5e 35 88 95 e3  a5 91 73 0d 09 2a a3 38   .nV^5... ..s..*.8
00b0  68 46 2d 31 db 9c 6e 98  b3 d7 64 5c 0b 48 9d 14   hF-1..n. ..d\.H..
00c0  03 00 00 01 01 16 03 00  00 38 9d cd eb 29 71 9f   ........ .8...)q.
00d0  99 16 64 30 e1 1f 89 a6  25 22 73 96 12 1b 0d 8e   ..d0.... %"s.....
00e0  60 db 7c b5 ca 88 19 4e  db ba 8c f4 c7 d1 e2 ec   `.|....N ........
00f0  f1 fd 65 59 47 36 f9 45  41 ba 88 35 4a 96 b7 c9   ..eYG6.E A..5J...
0100  bf c1                                              ..
```

图 4-63　Client Key Exchange 信息

Server Hello 信息发送以后,服务器发送 Server Certificate 信息和 Server Hello Done 信息。Server Certificate 信息发送服务器证书(证书里包含服务器公钥)。Server Hello Done 信息是一个简单的信息,表示服务器已经在这个阶段发送了所有的信息,如图 4-64 和图 4-65 所示。

图 4-64 Server Certificate 信息

图 4-65 Server Hello Done 信息

Pre_master Secret 由两个部分组成,客户提供的 Protocol Version(协议版本)和 Random Number(随机数)。客户使用服务器公钥来加密 Pre_master Secret。

如果需要对客户进行认证,则服务器需要发送 Certificate Request 信息来请求客户发送自己的证书。客户回送两个信息:Client Certificate 和 Certificate Verify。Client Certificate 包含客户证书,Certificate Verify 用于完成客户认证工作。它包含一个对所有 Handshake 信息进行的 Hash,并且这个 Hash 被客户的私钥做了签名。为了认证客户,服务器从 Client Certificat 获取客户的公钥,然后使用这个公钥解密接收到的签名,最后把解密后的结果和服务器对所有 Handshake 信息计算 Hash 的结果进行比较。如果匹配,则客户认证成功。

本阶段结束后,客户和服务器走过了认证的密钥交换过程,并且他们已经有了一个共享的秘密 Pre_master Secret。客户和服务器已经拥有计算出 Master Secret 的所有资源。

(3)Key Derivation Phase(密钥引出阶段)

在该阶段,要了解 SSL 客户和服务器如何使用先前安全交换的数据来产生 Master Secret

（主秘密）。Master Secret（主秘密）是绝对不会交换的，它是由客户和服务器各自计算产生的，并且基于 Master Secret 还会产生一系列密钥，包括信息加密密钥和用于 HMAC 的密钥。SSL 客户和服务器使用以下数据来产生 Master Secret：

1）Pre_master Secret。

2）The Client Random and Server Random（客户和服务器随机数）。

SSLv3 使用图 4-66 所示的方式来产生 Master Secret（主秘密）。

```
master_secret =
    MD5(pre_master_secret + SHA('A' + pre_master_secret +
        ClientHello.random + ServerHello.random)) +
    MD5(pre_master_secret + SHA('BB' + pre_master_secret +
        ClientHello.random + ServerHello.random)) +
    MD5(pre_master_secret + SHA('CCC' + pre_master_secret +
        ClientHello.random + ServerHello.random));
master_secret =
    MD5(pre_master_secret + SHA('A' + pre_master_secret +
        ClientHello.random + ServerHello.random)) +
    MD5(pre_master_secret + SHA('BB' + pre_master_secret +
        ClientHello.random + ServerHello.random)) +
    MD5(pre_master_secret + SHA('CCC' + pre_master_secret +
        ClientHello.random + ServerHello.random));
```

图 4-66 产生 Master Secret

Master Secret 是产生其他密钥的源，它最终会衍生为信息加密密钥和 HMAC 的密钥，并且通过下面的算法产生 key_block（密钥块），如图 4-67 所示。

```
key_block =
    MD5(master_secret + SHA('A' + master_secret +
                            ServerHello.random +
                            ClientHello.random)) +
    MD5(master_secret + SHA('BB' + master_secret +
                            ServerHello.random +
                            ClientHello.random)) +
    MD5(master_secret + SHA('CCC' + master_secret +
                            ServerHello.random +
                            ClientHello.random)) + [...];
key_block =
    MD5(master_secret + SHA('A' + master_secret +
                            ServerHello.random +
                            ClientHello.random)) +
    MD5(master_secret + SHA('BB' + master_secret +
                            ServerHello.random +
                            ClientHello.random)) +
    MD5(master_secret + SHA('CCC' + master_secret +
                            ServerHello.random +
                            ClientHello.random)) + [...];
```

图 4-67 产生 key_block（密钥块）

通过 key_block 产生以下密钥。

1）Client Write Key：客户使用这个密钥加密数据，服务器使用这个密钥解密客户信息。

2）Server Write Key：服务器使用这个密钥加密数据，客户使用这个密钥解密服务器信息。

3）Client Write MAC Secret：客户使用这个密钥产生用于校验数据完整性的 MAC，服务器使用这个密钥验证客户信息。

4）Server Write MAC Secret：服务器使用这个密钥产生用于校验数据完整性的 MAC，客户使用这个密钥验证服务器信息。

（4）Finishing Handshake Phase（Handshake 结束阶段）

当密钥产生完毕，SSL 客户和服务器都已经准备好结束 Handshake，并且在建立好的安全会话里发送运用数据。为了标识准备完毕，客户和服务器都要发送 Change Cipher Spec 信息来提醒对端，本端已经准备使用已经协商好的安全算法和密钥。Finished 信息是在 Change Cipher Spec 信息发送后紧接着发送的（见图 4-68），Finished 信息是被协商的安全算法和密钥保护的。

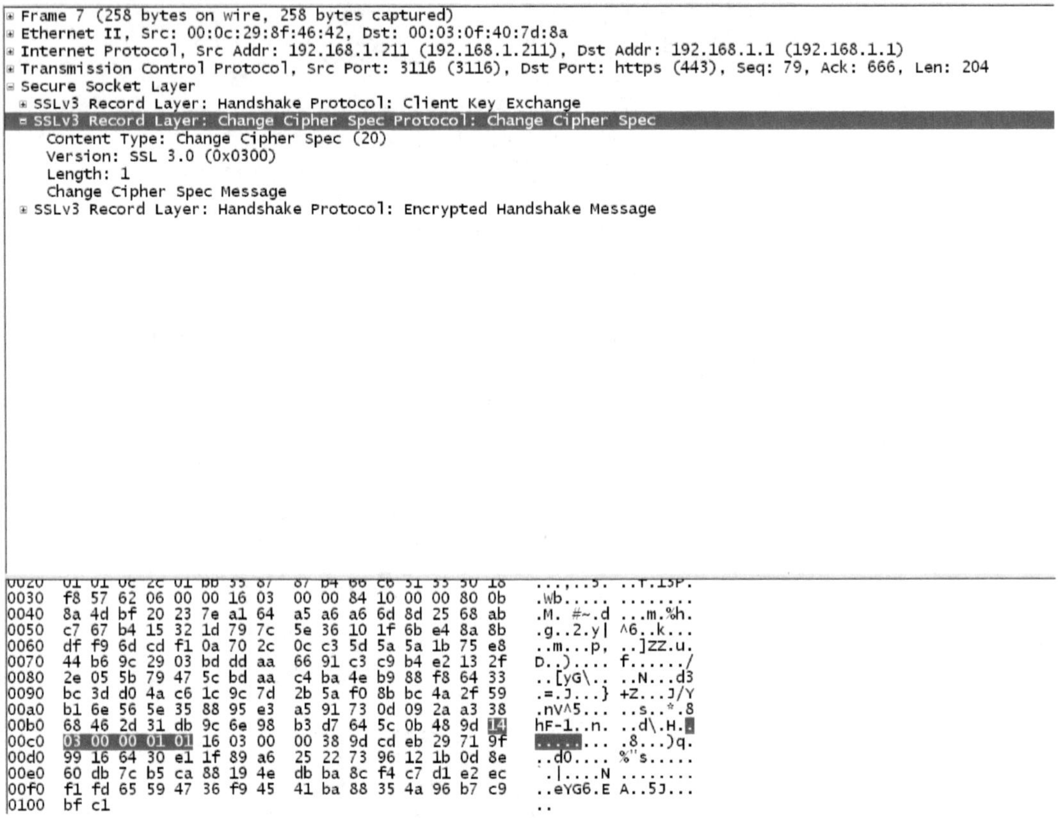

图 4-68　Change Cipher Spec 信息

Finished 信息是用整个 Handshake 信息和 Master Secret 算出来的一个 Hash。若确认了这个 Finish 信息，则表示认证和密钥交换成功。若这个阶段结束，则 SSL 客户和服务器就可以开始传输应用层数据了。

（5）Application Data Phase（应用层数据阶段）

当 Handshake 阶段结束，运用程序就能够在新建立的安全的 SSL 会话里进行通信。Record Protocol（记录协议）负责把 Fragmenting（分片），Compressing（压缩）、Hashing（散列）和 Encrypting（加密）后的所有运用数据发送到对端，并且在接收端，Decrypting（解密）、Verifying（校验）、Decompressing（解压缩）和 Reassembling（重组装）信息。

SSL/TLS Record Protocol 操作细节如图 4-69 所示。

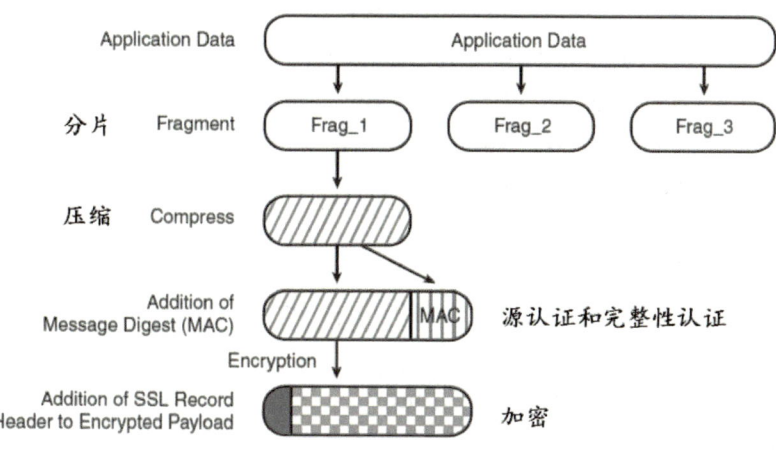

图 4-69　SSL/TLS Record Protocol 操作细节

Yueda：小李，这次的 SSL 协议技术细节理解得不错！

小　李：谢谢！接下来是否要通过 SSL 这个协议，对公司网络的远程拨号用户和访问公司电子商务网站的 Internet 用户流量来进行保护呢？

Yueda：通过 SSL 对公司网络的远程拨号用户的 VPN 流量进行保护就是 SSL VPN，而通过 SSL 对访问公司电子商务网站的 HTTP 流量进行保护就是 HTTP Over SSL（HTTPS），现在 SSL 这个技术已经清楚了，接下来你再给大家讲一讲 SSL VPN 吧！

小　李：好的，岳总。

4.4.2　SSL VPN 的访问模式

小　李：下面我再来为大家介绍一下 SSL VPN。

SSL VPN 提供了以下 3 种访问模式：Reverse Proxy Technology（Clientless Mode）、Port-Forwarding Technology（Thin Client Mode）、SSL VPN Tunnel Client（Thick Client Mode）。

1. Reverse Proxy Technology（Clientless Mode）

Reverse Proxy 是一个内部服务器和远程用户之间的代理服务器，为远程用户提供访问内部 Web 运用资源的入口点。对于外部用户而言，Reverse Proxy 服务器是一个真正的 Web 服务器。当接收到用户的 Web 请求时，Reverse Proxy 中继客户的请求被发送到内部服务器，就像用户直接去获取一样，并且回送服务器的内容给客户，可能会对内容进行额外的处理。

SSL VPN 的 Reverse Proxy 模式也叫作 Clientless Web Access 或者 Clientless Access，因为它不需要在客户设备上安装任何客户端代理。

2. Port-Forwarding Technology（Thin Client Mode）

Clientless Web Access 只能支持一部分重要的商务运用，这些运用拥有 Web 界面或者很容易 Web 化。为了实现完整的远程 VPN，SSL VPN 需要支持其他类型的应用程序，Port-forwarding 客户端就解决了一部分这样的问题。

SSL VPN Port-Forwarding 客户端是一个客户代理程序，用于为特殊的运用程序流量做中继，并且重定向这些流量到 SSL VPN 网关，通过已经建立的 SSL 连接。Port-Forwarding 客户端也叫作 Thin Client（瘦客户端），这个客户端一般小于 100KB。

SSL VPN 厂商把不同的技术运用到 Port-Forwarding，如 java Applet、ActiveX 控件、Windows Layered Service Provider（LSP）和 Windows Transport Interface（TDI）。最广泛使用的还是 Java Applet Port-Forwarding 客户端。和 Windows 技术比较，Java Applet 在 Windows 操作系统和非 Windows 操作系统均适用，如 Linux 和 Mac OS，只要客户的操作系统支持 Java 即可。

下面是对这一过程的描述：

1）客户通过 Web 浏览器连接 SSL VPN 网关，当用户登录时，用户可以点击并且加载 Port-Forwarding 客户端。

2）客户端下载并且运行 Java Applet Port-Forwarding 客户端。Port Forwarding 可以被配置成为以下两种方式：

① 为了每一个客户能够连接到一个内部的应用服务器，一个本地环回口和端口需要预先被指定。例如，一个 Telnet 运用希望连接到内部服务器 10.1.1.1，Port Forwarding 客户端需要把它映射到环回口地址 127.0.0.10 和 6500 号端口。最终用户通过输入 Telnet 127.0.0.10 6500 Telnet 到本地 127.0.0.10 6500 号端口的方式来替代 Telnet 到 10.1.1.1。这样的行为将发送流量到监控在这个地址和端口上的 Port-Forwarding 客户端。Port-Forwarding 客户端封装客户 Telnet 流量，并且通过已经建立的 SSL 连接发送到 SSL VPN 网关。SSL VPN 网关紧接着打开封装的流量，并且发送 Telnet 请求到内部服务器 10.1.1.1。使用这种方式，最终用户每一次使用都不得不修改运用程序，并且指派环回口地址和端口号，这样的操作会让用户感觉非常不方便。

② 为了解决这个问题，Port-forwarding 为内部应用程序服务器指定一个主机名。例如，Port-Forwarding 客户端首先备份客户主机上的 Host 文件，为内部服务器在 Host 文件里添加一个条目，映射到环回口地址。现在通过先前使用的例子来说明它是如何工作的，内部服务器 10.1.1.1 映射到一个主机名 router.company.com，Port-Forwading 客户端首先备份客户端 Host 文件到 Hosts.webvpn，然后在 Host 文件里添加 127.0.0.10 router.company.com。这样用户输入 telnet router.company.com，执行 DNS 查询，客户主机查询被修改过的 Hosts 文件，并且发送 Telnet 流量到 Port-Forwarding 客户端正在监听的环回口地址。通过这种方式，最终用户没有必要每一次都去修改客户应用程序。但是要修改 Hosts 文件，最终用户需要适当的用户权限。

3）当用户加载客户应用程序，Port-Forwarding 客户端在已经建立的 SSL 连接保护的基础下，Port-Forwarding 客户运用程序数据到 SSL VPN 网关。

4）SSL VPN 网关不对流量进行修改，直接转发客户运用程序流量到内部服务器，并且中继后续客户和服务器之间的流量。

5）当用户结束应用程序并且退出后，Port-Forwarding 客户端恢复客户主机上的 Hosts 文件。Port-Forwarding 客户端可以驻留在客户主机，也可以在退出时卸载。

Port-Forwarding 技术有以下特性：

① 每一个 TCP 流都需要定义一个 port-forwarding 条目来映射到本地环回口地址和 TCP 端口号。

② 运用程序需要由客户发起。

Java Applet 的 Port-Forwarding 客户端一般只能支持简单的单信道客户——服务器 TCP 运用，如 Telnet、SMTP、POP3 和 RDP。对于使用多个 TCP 端口或者动态 TCP 端口的协议，Java Applet 的 Port-Forwarding 不是一个好的选择。

和 Clientless Web Access 相比，Port-Forwarding 技术支持更多的应用程序，但是缺少更大力度的访问控制。

3．SSL VPN Tunnel Client（Thick Client Mode）

传统的 Clientless Web Access 和 Port-Forwarding Access 不能满足超级用户和在家工作的员工使用公司计算机运行 VPN，并且希望对公司实现完整访问的需要。如今，绝大多数 SSL VPN 解决方案也能够提供一个 Tunnel Client（隧道客户端）选项，为公司提供一个绿色的远程 VPN 部署方案。不像 IPSec VPN，SSL VPN 隧道客户端不是一个标准技术，不同厂商都有不同的隧道技术，但是他们拥有相同的特性：隧道客户端经常会安装一张逻辑网卡在客户主机上，并且获取一个内部地址池的地址。这张逻辑网卡捕获并且封装客户访问公司内部网络的流量，在已经建立的 SSL 连接里发送数据包到 SSL VPN 网关。

Yueda：SSL VPN 技术就介绍到这里吧！你还需要查一查公司的 VPN 网关的相关资料，看一看公司的 VPN 网关设备，关于 SSL VPN 支持的是哪种访问模式？

小 李：这个资料昨天我已经查过了，只支持一种，也就是第 3 种（Thick Client Mode），称它为"厚客户端模式"。

Yueda：对于公司的在家办公用户和在外出差用户，需要通过远程拨号 VPN 来接入公司的网络，应该如何通过这种访问模式的 SSL VPN 来实现对他们的接入呢？

小 李：下面再介绍一下关于这种访问模式的 SSL VPN，VPN 网关设备的配置：

假如已经连入 Internet 的远程接入用户计算机，则需要为他们的计算机分配一段公司内部网络的 IP 地址段：10.10.10.100/24 ～ 10.10.10.200/24。假设这个地址集名字叫作 ippool，则

```
(config)# scvpn pool ippool
(config-pool-scvpn)# address 10.10.10.100 10.10.10.200 netmask 255.255.255.0
```

为他们分配远程接入认证的用户名和密码，假设用户名为 user1、密码为 123456，当然也要为每个 SSL VPN 用户分配他们各自的用户名和密码，而且密码应该尽量复杂，这里的密码 123456 只是举个例子。

```
(config)# aaa-server local
(config-aaa-server)# user user1
(config-user)# password 123456
```

接下来就要为远程接入用户来创建 SSL VPN 的实例：sslvpn1

```
(config)# tunnel scvpn sslvpn1
```

调用之前定义的地址集：

```
(config-tunnel-scvpn)# pool ippool
```

调用之前定义的认证方式：

```
(config-tunnel-scvpn)# aaa-server local
```

定义 VPN 网关连接至 Internet 的物理接口，前提是远程用户通过 Internet 能够访问到这个接口的地址：

(config-tunnel-scvpn)# interface ethernet0/5

启用隧道分割技术，仅对用户访问公司内网 10.10.0.0/16 的流量进行保护：

(config-tunnel-scvpn)# split-tunnel-route 10.10.0.0/16

创建名字叫 "SSL_VPN" 的安全域：

(config)# zone SSL_VPN

(config-zone-SSL_VPN)# exit

创建隧道接口 tunnel1 并将该接口加入安全域 "SSL_VPN"，隧道接口的 IP 地址必须与之前定义的地址集中的 IP 地址在同一网段：

(config)# interface tunnel1

(config-if-tun1)# zone SSL_VPN

(config-if-tun1)# ip address 10.10.10.1/24

把之前定义的 SSL VPN 实例绑定到此接口：

(config-if-tun1)# tunnel scvpn sslvpn1

由于这个 VPN 网关同时也是防火墙，因此还要定义从 SSL_VPN 安全域到公司内部网络 trust 安全域的安全策略：

(config)# policy-global

(config-policy)# rule

(config-policy-rule)# src-zone SSL_VPN

(config-policy-rule)# dst-zone trust

(config-policy-rule)# src-addr any

(config-policy-rule)# dst-addr any

(config-policy-rule)# service any

(config-policy-rule)# action permit

Yueda：对于 Internet 的远程接入用户计算机，应该如何通过 SSL VPN 访问公司的内部网络呢？

小 李：假设公司的 VPN 网关通过公有 IP 地址（6.6.6.1）接入 Internet，那么来自 Internet 的远程接入用户计算机需要首先通过 HTTP Over SSL 的方式访问 VPN 网关，从中下载并安装 DigitalChina Secure Connect 这个程序。从 VPN 网关中下载 DigitalChina Secure Connect 程序，默认的 TCP 端口号为 4433，也就是说，来自 Internet 的远程接入用户计算机需要通过 URL：https://6.6.6.1:4433 来从 VPN 网关中下载 DigitalChina Secure Connect 这个程序，然后再通过这个程序对公司的 VPN 网关进行 SSL VPN 连接，如图 4-70 所示。

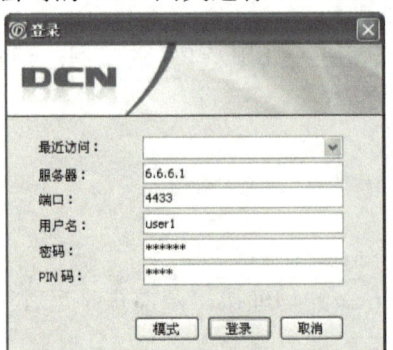

图 4-70　通过 DigitalChina Secure Connect 这个程序进行 SSL VPN 连接

Yueda：SSL VPN 的问题就到这里吧！你刚才还提到了一个问题，就是 HTTP Over SSL 的问题，比如 Internet 用户访问公司的网站进行购物，也应该对这种访问流量进行保护。

小 李：是的，岳总。我的理解是：如果和 IPSec 技术进行类比，刚才提到的 SSL VPN 实际上可以理解为 SSL 的隧道模式，而 HTTP Over SSL 实际上可以理解为 SSL 的传输模式。

Yueda：没错，因为 SSL VPN 加密点在 Internet 公有网络的 IP 地址之间，而通信点在公司内部网络 IP 地址之间；HTTP Over SSL 无论是加密点还是通信点都是在公有网络的 IP 地址之间，你是这样理解的吧。

小 李：是的。接下来我再来介绍一下 HTTP Over SSL 应该如何实现吧！这个我已经做了测试，没有问题。

Yueda：可以。

小 李：首先，无论是客户端还是服务器，都需要获得 CA（Certificate Authority，认证授权）的根证书，要信任从这个证书颁发机构颁发的证书，如图 4-71 所示。

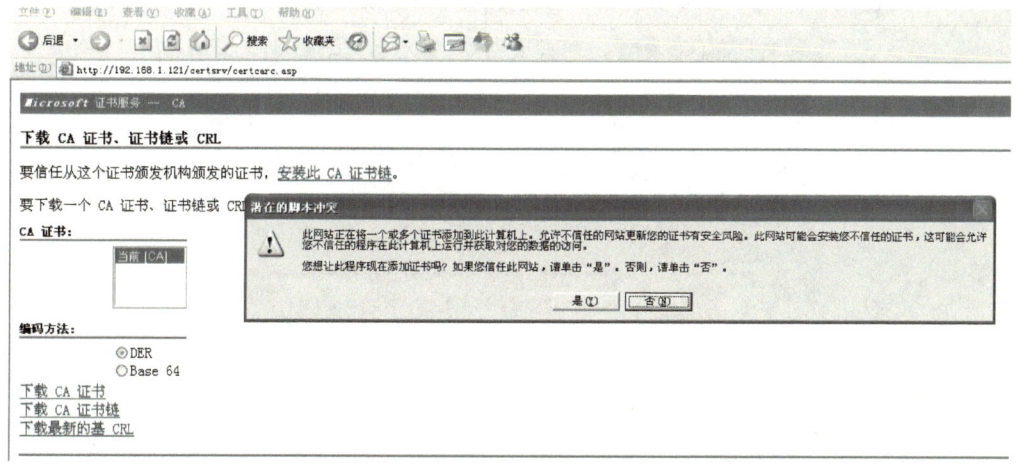

图 4-71　信任证书颁发机构颁发的证书

接下来安装这个 CA 证书链，如图 4-72 所示。

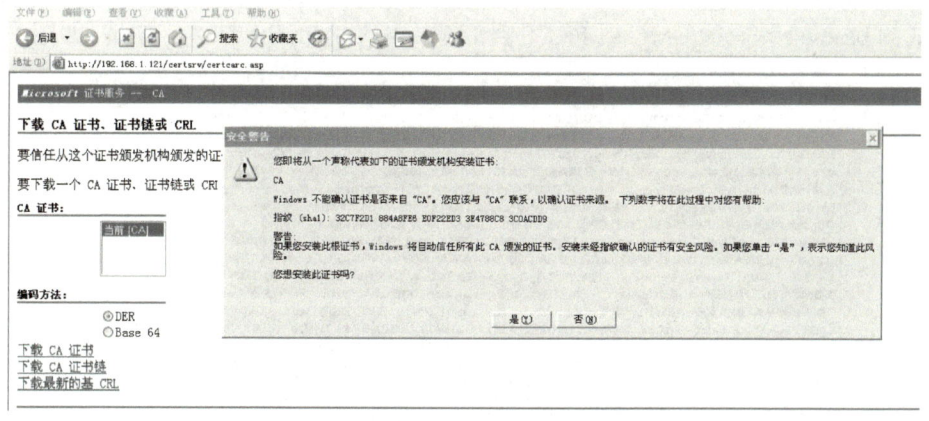

图 4-72　安装 CA 证书链

确认已经安装了 CA 的根证书，如图 4-73 所示。

接下来需要为 Server 端申请 Server 个人证书，如图 4-74 所示。

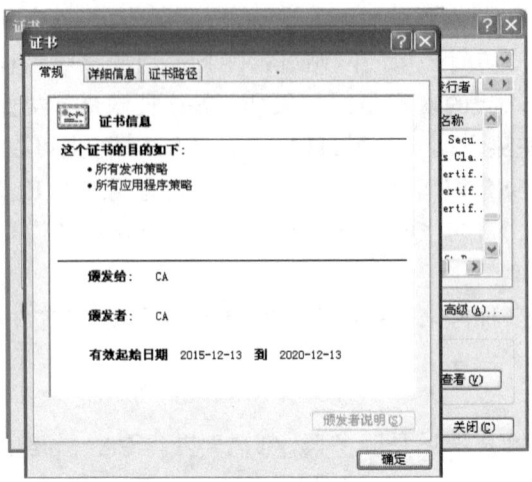

图 4-73　确认已经安装了 CA 的根证书

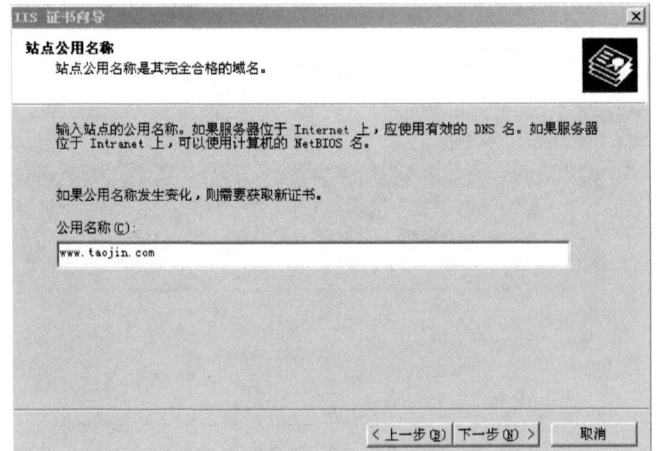

图 4-74　为 Server 端来申请 Server 个人证书

要提交一个保存的申请到 CA，在"保存的申请"对话框中粘贴一个由外部源（如 Web 服务器）生成的 base-64 编码的 CMC 或 PKCS #10 证书申请或 PKCS #7 续订申请，如图 4-75 所示。

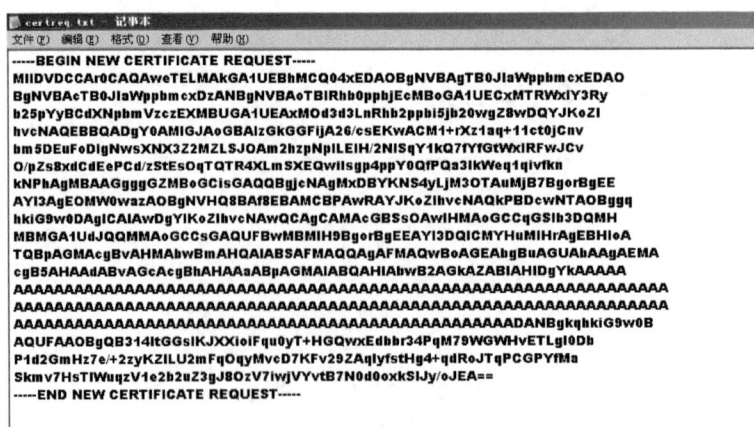

图 4-75　提交一个保存的申请到 CA

第 4 章　虚拟专用网络安全

如果 CA 管理员已经颁发了该 Server 证书，则需要对该 Server 证书进行下载、安装，如图 4-76～图 4-79 所示。

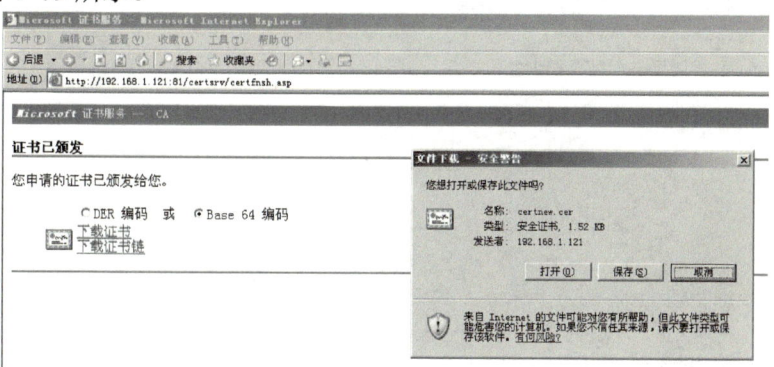

图 4-76　下载已颁发的 Server 证书

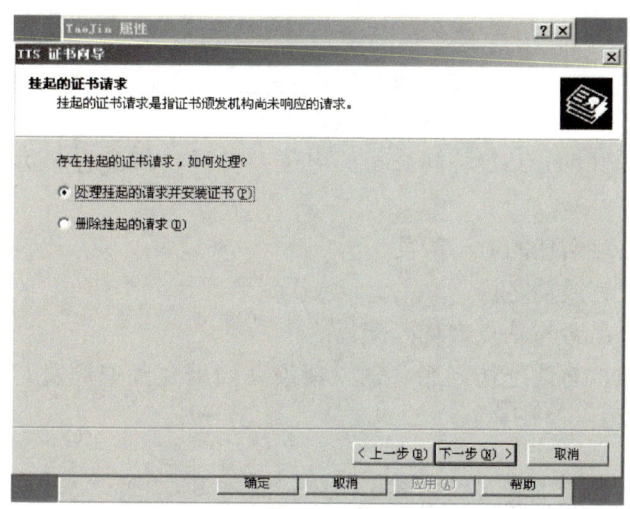

图 4-77　处理挂起的请求并安装证书

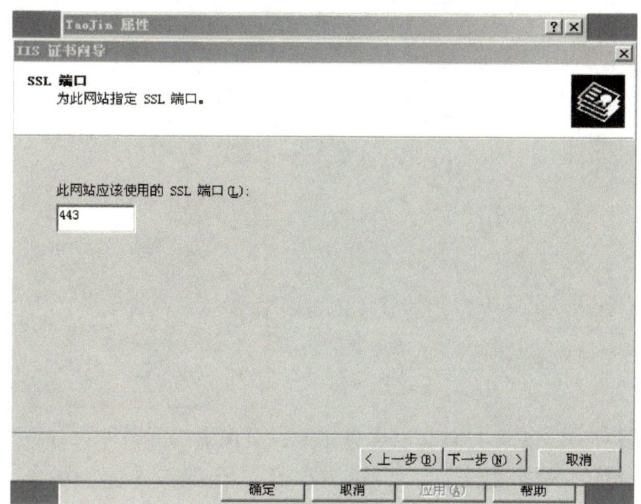

图 4-78　SSL 端口默认为 443

153

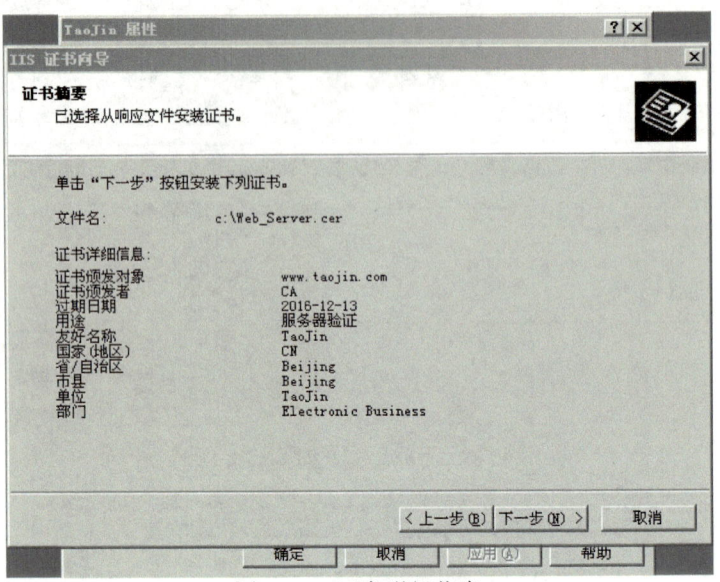

图 4-79 证书详细信息

在客户通过 HTTP Over SSL 访问公司的电子商务网站时，客户对服务器的认证需要确认以下 3 点：

1）该证书是否由可信任的 CA 颁发。
2）该证书是否在有效期之内。
3）证书颁发对象是否与站点名称匹配。

例如，客户端通过 IP 地址访问服务器，就没有使用与证书颁发对象相同的名称，如图 4-80 所示。

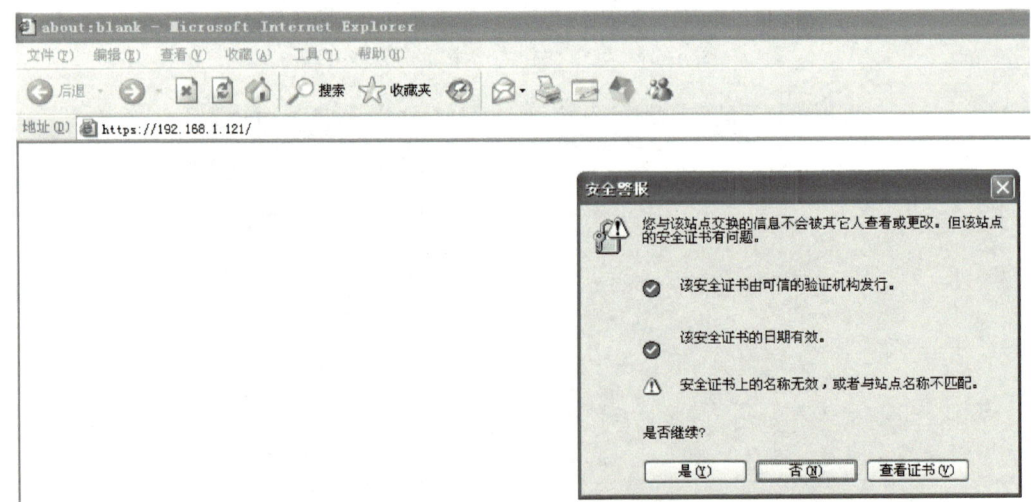

图 4-80 客户端通过 IP 地址访问服务器，没有使用与证书颁发对象相同的名称

只有使用与证书颁发对象相同的名称，才可以正常访问公司的电子商务网站，如图 4-81 所示。

图 4-81　使用与证书颁发对象相同的名称，访问公司的电子商务网站

Yueda：介绍到这里就可以了，这些都是你亲自测试过的吧？

小 李：是的，已经全部测试过了。

Yueda：很好！小李，记得会后写出完整的实施计划，然后再进行实施。

小 李：好的，岳总。

参考文献

[1] Willie L. Pritchett, David De Smet. Kali Linux Cookbook[M]. Birmingham: Packt Publishing, 2013.
[2] 海吉. 网络安全技术与解决方案 [M]. 田果,刘丹宁,译. 北京:人民邮电出版社,2010.
[3] 凯文 R. 福尔,W. 理查德·史蒂文斯. TCP/IP 详解 卷 1:协议(原书第 2 版)[M]. 吴英,张玉,许昱玮,译. 北京:机械工业出版社,2016.